HISTOIRE
DE
L'ORDRE DES ASSASSINS,
Par J. de HAMMER,

Traduit de l'Allemand,

Par J. HELLERT,

Docteur en droit, professeur au Collège Rollin,

ET

P. A. de LA NOURAIS, Avocat.

PROSPECTUS.

Depuis quelque temps le monde oriental, si peu connu jusqu'à nos jours, attire les regards de tous les hommes qui se sont consacrés à de sévères études historiques. Autrefois il a rempli l'Europe de ses contes merveilleux, aujourd'hui une connaissance plus avancée de ses langues et de sa littérature a ouvert aux savans une route toute nouvelle. Les uns nous ont révélé une philosophie qu'ils ont aussitôt rattachée aux systèmes déjà connus, les autres ont agrandi, corrigé, éclairé l'histoire par leurs intéressantes découvertes.

Les savans de tous les pays ont apporté à ce grand œuvre le tribut de leurs lumières et de leurs travaux. En France, les Sylv. de Sacy, les Rémusat, les Klaproth, les Quatremère, en Angleterre, les Colebrooke et les Wilkins, en Russie le professeur Schmidt, ont rendu à l'histoire et à la philologie d'éminens services. L'Allemagne, toujours patiente et toujours laborieuse, n'est point restée en arrière de ce mouvement sans cesse progressif. Si elle s'enorgueillit à juste titre de la haute science d'un Bopp, d'un W. de Humboldt, d'un Schlegel, elle n'a pas moins de reconnaissance pour ceux qui lui ont révélé les annales des peuples orientaux. A leur tête nous devons placer M. de Hammer, si célèbre par son grand ouvrage sur les Ottomans, et dont l'immense érudition et le zèle infatigable ont si puissamment contribué à faire connaître à l'Occident l'histoire de cette religion dont les sectateurs peuplent aujourd'hui encore l'Asie et l'Afrique.

Depuis longtemps nous avions formé le projet de publier l'ouvrage d'un si haut intérêt, dans lequel l'illustre orientaliste nous a offert, le premier, une idée à la fois complète et précise de l'origine, des institutions et de la politique de ce peuple dont l'histoire fut si souvent mêlée à celle de l'occident, et qui ébranla encore l'Europe après avoir manqué de l'écraser. Mais l'immensité de ce travail, les recherches qu'il a nécessitées et les événemens du jour qui attirent l'attention générale, nous ont fait un devoir d'ajourner cette publication. Toutefois, nous avons cru convenable de la faire précéder d'un des épisodes les plus curieux et les plus dramatiques de l'histoire d'orient, l'histoire de l'ordre des Assassins. Il eut pour fondateur et pour chef ce fameux Hassan Sabah, que les romanciers et les historiens même ont presque toujours appelé *le Vieux de la Montagne*. A voir les singulières hypothèses, les erreurs et la confusion dans lesquelles, faute d'être remontés aux véritables sources, sont tombés une foule d'écrivains, on serait tenté de croire que, renonçant à leur nom et à leur mission d'historiens, ils n'ont pas cherché à s'élever dans leurs ouvrages au-dessus de simples romans faits avec des lambeaux de chroniques latines.

M. de Hammer s'est chargé de combler cette lacune historique; nul en effet n'en était plus capable, et ne devait s'y croire plus naturellement appelé; à une connaissance entière des auteurs Turcs, Arabes et Persans, dont témoigne son style riche et fleuri, à une étude approfondie des Langues, des Dialectes et de la Littérature des peuples orientaux, le célèbre écrivain réunit l'avantage peu commun d'un séjour de 36 ans dans les pays dont il écrit l'histoire. En effet, qui avant lui nous avait fait assister à la naissance et aux développemens progressifs de cet ordre extraordinaire des Assassins ? Qui nous avait conduit dans l'intérieur de ce palais d'Alamut, que personne avant lui n'avait connu, car jusqu'ici tous les Auteurs avaient pris pour le grand maître de la secte le grand prieur de Syrie? Qui mieux que lui a su rattacher au grand drame que cet ordre terrible joue sur la scène orientale les pittoresques aventures des croisades, la première apparition de l'islamisme sur la terre, l'exposé de la doctrine des différentes sectes musulmanes, et nous dérouler toute l'histoire du Califat Abbasside ? Qui comme lui nous avait montré ces redoutables Kans des Tartares, s'avançant vers l'orient, suivis de leurs innombrables armées, exterminant cette famille d'Abbas, autrefois si puissante, qui avait eu 37 Califes, et rasant Bagdad la reine des cités, *la ville du salut*, Bagdad enfin la première ville du monde, depuis que Rome n'existait plus, et que Constantinople expirait dans une lente agonie? Quel écrivain enfin nous avait présenté l'imposant spectacle de l'extermination d'un ordre, dont l'influence terrible avait si longtems ébranlé les trônes de l'Asie, et qui restait encore l'effroi des souverains, même après que la formidable puissance des Mongols l'avait écrasé ?

C'est la traduction de cette curieuse histoire que nous offrons aujourd'hui au public français. Bien que dans un moment où l'histoire contemporaine et la politique du jour font la principale préoccupation des esprits, nous avons pensé que ce livre pouvait réunir le double avantage d'être un moyen d'intéressante distraction pour ceux qui viendraient y chercher des circonstances attachantes, des faits extraordinaires, des situations dramatiques, et une source d'études et de notions curieuses pour ceux qui, essentiellement désireux des hauts enseignemens de l'histoire, veulent surtout y trouver autre chose qu'une biographie de princes et qu'un catalogue de dynasties.

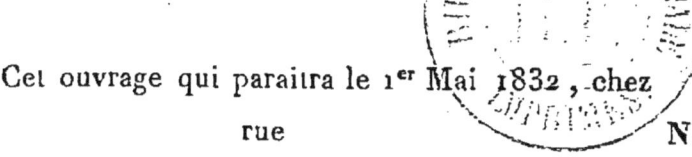

Cet ouvrage qui paraitra le 1er Mai 1832, chez
rue   N.
formera 1 fort vol. in-8°. — Prix : 7 fr. 50.

Imprimerie de CHAIGNIEAU Fils, rue du Caire, N. 4.

HISTOIRE

DE

L'ORDRE DES ASSASSINS.

HISTOIRE

DE

L'ORDRE DES ASSASSINS,

Par J. de Hammer;

OUVRAGE TRADUIT DE L'ALLEMAND ET AUGMENTÉ
DE PIÈCES JUSTIFICATIVES,

PAR

J. J. HELLERT ET P. A. DE LA NOURAIS.

PARIS.
PAULIN, LIBRAIRE-ÉDITEUR, PLACE DE LA BOURSE.

MARS 1833.

HISTOIRE DE L'ORDRE DES ASSASSINS.

✳✳

LIVRE PREMIER.

INTRODUCTION.

Dans tous les pays et chez tous les peuples, les événemens tournent et se reproduisent en général dans un cercle infini et perpétuel, comme les nuits et les jours suivent la loi éternelle de la rotation. Toutefois, en parcourant l'histoire de la destinée du genre humain, nous rencontrons par intervalle des faits qui nous surprennent par leur grandeur et la richesse de leurs résultats, et interrompent l'uniformité de l'histoire du monde, tantôt en nous faisant éprouver de douces et fécondes émotions, tantôt en nous offrant le triste spectacle d'un monde bouleversé par le fanatisme. Plus est agréable ou pénible l'impression que laisse dans notre esprit le récit de ces événemens, plus ils méritent d'exciter l'attention de l'observateur et de trouver un impartial historien. Des faits inouïs et dont la vérité, bien que révoquée en doute, n'en est pas moins incontestable, sont une mine bien précieuse pour l'écrivain à qui il est donné de l'exploiter. Des événemens dont la connaissance est parvenue jusqu'à nous depuis qu'on écrit l'histoire, un des plus singuliers et des plus surprenans est sans contredit l'existence et la puissance de l'Ordre des Assassins, de cet ordre qui formait un état au sein des états et demandait à ses membres une soumission que n'avaient pas encore exigée de leurs sujets les despotes de l'Orient; de cette association de fourbes et de dupes, qui, sous le prétexte d'améliorer les mœurs et d'épurer les croyances, ne faisait que saper les bases de toute morale et de toute religion ; enfin de cet ordre d'Assassins qui tenait toujours le poignard suspendu sur la tête des princes. Pendant deux siècles entiers, ils furent tout-puissans, parce qu'ils étaient partout redoutés. Enfin cette tourbe d'Assassins fut exterminée, et disparut sous les débris du khalifat, dont elle avait juré la ruine, parce qu'il était le centre de toute autorité spirituelle et séculière. L'organisation politique de cette société ne peut se comparer à celle d'aucune autre des sociétés secrètes ou des associations de brigands et de pirates qui ont précédé ou suivi. L'histoire de ces dernières ne nous présente que de malheureux essais ou d'infructueuses imitations. Quelque renommée que se soit acquise, des extrémités de l'Orient aux confins de l'Occident, le nom d'assassin qui, dans toutes les langues, a conservé la signification de meurtrier, il n'en est pas moins vrai qu'on n'a su jusqu'à ce jour que bien peu de choses sur l'histoire et les destinées de l'Ordre, sur ses doctrines, sur les principes de son gouvernement. Encore, ces détails, si incomplets par eux-mêmes, nous ont-ils été transmis sans suite, sans ordre, sans aucune vue claire et précise. Long-temps on a regardé comme un conte oriental et comme une tradition populaire tout ce que racontaient de cette colonie d'Assassins les historiens byzantins, les croisés et surtout Marco Polo; on n'ajoutait pas plus de foi aux récits de ce dernier qu'à ceux qu'Hérodote nous avait donnés sur les pays et les peuples de l'antiquité la plus reculée. Cependant plus les voyages ou l'étude des langues nous dévoilent l'Orient, plus nous ajoutons de confiance à ces vénérables matériaux d'histoire et de géographie, plus nous voyons dans tout son jour le respect que professaient pour la vérité le père de l'histoire ancienne et celui des voyageurs modernes. L'historien de l'Ordre des Assassins s'estime heureux de trouver sur sa route les recherches philosophiques, historiques, chronologiques et topographiques d'un Falconet, d'un Sylvestre de Sacy, d'un Quatremère et d'un Rousseau: ces ouvrages, qui ne laissent rien ignorer des rapports de l'Europe avec l'Orient, ne lui ont pas été moins utiles que ceux des Deguignes et des d'Herbelot, et que l'histoire récente des croisades par Wilken, pour laquelle cet écrivain a exploré les plus anciens documens que nous ont laissés les historiens des croisades et les Arabes contemporains; mais ni Withof, avec sa loquace prolixité, ni Mariti, dont l'esprit étroit se complaît dans l'obscurité, ne sauraient mériter la même reconnaissance de la part de l'historien. Outre l'ouvrage arabe d'Aboulféda, celui de Mirkhond en langue persane et les morceaux pleins d'intérêt que nous a donnés Jourdain sur la dynastie des Ismaïlites, il est encore une foule de sources inconnues où peut puiser l'historien. Tels sont, chez les Arabes, la grande topographie d'Egypte par Macrisi et les prolégomènes politiques d'Ibn-Khaledoun; chez les Turcs, la Géographie précieuse et les Tables chronologiques d'Hadschi-Khalfa, le Lit de roses des khalifes par Nasmisade, les deux Collections des histoires et des contes de Mohammed le secrétaire et de Mohammed Klaufi, l'Explication et le choix des histoires par Hessarfenn et

Mohammed-Effendi; et chez les Persans, l'Histoire universelle de Lari, le Musée de Ghaffari, etc., ouvrages qui, tous, peuvent servir de modèles dans l'art de classer les faits et d'écrire l'histoire. Tels sont encore l'Histoire de Wassaf, le Conquérant du monde par Dschovaïni, la Biographie des poètes par Devletschâh, l'Histoire du Thabéristân et du Masendérân de Sahireddin, et enfin, les Conseils aux rois par Dschelali de Kaïn.

Tous ceux qui jouissent de l'inappréciable avantage de pouvoir puiser à ces sources encore inexplorées de l'histoire orientale, ne peuvent s'étonner assez de la richesse de ces trésors. Là, l'historien apprend quel fut le gouvernement de ces grandes monarchies, comment une multitude d'autres dynasties héritèrent de cette puissance d'abord unique; il les voit se produire sous mille et mille formes, il pénètre au sein des chronologies les plus fabuleuses des peuples anciens, en même temps qu'il trouve sous sa main les annales les plus exactes des empires modernes. C'est alors qu'il découvre quelles ténèbres régnaient avant l'apparition du prophète et quelles lumières se répandirent après lui; il aime à lire les miracles des Persans, les hauts faits des Arabes, à voir comment le génie destructeur des Mogols menaçait les empires d'une destruction totale, et admire la judicieuse politique des Ottomans. A la vue de tant de richesses encore ignorées, l'historien désespère de ses forces, la plus longue vie lui semble trop courte pour épuiser cette mine féconde, et l'abondance des matériaux ne contribue qu'à augmenter son incertitude sur le choix. Malgré cette foule d'écrits divers, il ne trouve nulle part un ouvrage complet; peu importe que son choix soit guidé par le hasard ou par ses affections particulières, la nouveauté ou l'intérêt des faits excitera toujours l'attention. Dailleurs, dans un siècle éminemment historique il se présentera des hommes qui sauront mettre en œuvre ces documens inconnus.

Un proverbe arabe dit : « On ne laisse point sur la route la pierre de construction : » celui qui veut étendre ses connaissances, qui s'est voué aux recherches historiques et qui peut puiser aux sources, s'inquiète peu de savoir avec quoi et dans quel but il commencera ses travaux. Il n'en est pas ainsi de l'écrivain consciencieux qui ne travaille avec amour qu'après s'être entouré de tous les documens connus, désireux de s'éviter par une scrupuleuse exactitude le reproche de légèreté. Envisagés sous ce rapport, les matériaux d'abord si nombreux pour l'histoire de l'Orient, se réduisent dans une étonnante progression. Où est en Orient ou en Occident la riche bibliothèque qui possède les ouvrages nécessaires pour traiter à fond les époques les plus mémorables de l'histoire orientale et dont le nom même nous est à peine connu?

Qui, par exemple, se chargerait d'écrire l'histoire du khalifat, celle du gouvernement des familles de Bén-Ommia et d'Abbas, sans connaître dans tous ses détails l'histoire de Bagdad par Ibn-Khatib, et celle de Damas par Ibn-Hassaker, la première en soixante, la seconde en quatre-vingts volumes? Qui oserait faire une histoire complète de l'Egypte sans avoir lu Macrisi et les ouvrages où cet auteur a puisé lui-même?

Celui qui veut écrire l'histoire persane rencontre encore de plus grandes difficultés, qu'il veuille traiter soit l'époque la plus reculée où la vie des héros est si entremêlée de fables, soit l'époque intermédiaire où la monarchie persane se subdivise en un nombre infini de dynasties, soit enfin l'époque moderne où cet empire s'écroule en proie à toutes les fureurs de l'anarchie. Plusieurs siècles encore passeront avant que les trésors littéraires de l'Orient soient complétés dans les bibliothèques de l'Occident par des princes amis des lettres ou des voyageurs avides d'instruction, avant que des traductions ou des études philologiques plus étendues les rendent accessibles au grand nombre. Il est impossible d'écrire l'histoire de l'Orient sans lire et sans consulter les auteurs originaux. Explorer ces sources, tel est le premier devoir de l'écrivain. L'histoire des Ottomans fait seule exception : aujourd'hui encore on peut s'ouvrir les sources relatives à l'histoire primitive de ce peuple, sources qui n'ont pas plus de cinq cents ans d'existence; elles peuvent en outre se compléter et se rectifier par les histoires contemporaines des Byzantins et de quelques Européens modernes. Cependant un ouvrage historique exige tant d'années de recherches et de si longs travaux préparatoires, que c'est seulement lorsque nous nous sommes vu en possession de toutes les sources originales qui pouvaient éclairer l'histoire des Assassins, que nous nous sommes déterminé à livrer au public le résultat de nos études. On y trouve en abondance des matériaux que l'Europe savante s'affligerait de ne point connaître et dont la rareté avait plus d'une fois arrêté au milieu de leur carrière ceux qui avaient tenté d'écrire l'histoire des empires d'Orient. Quand même de brillantes descriptions de batailles, un récit d'actions éblouissantes et de magnifiques entreprises commerciales, la liste des grands monumens qui furent élevés durant cette période, présenteraient quelque sécheresse, elle sera plus que compensée par le haut intérêt historique qu'inspire cet ordre des Assassins qui a si fortement influé sur les gouvernemens et les religions de l'Orient. Les Assassins ne sont qu'une branche des Ismaïlites, qui ne sont point, comme on a long-temps supposé, les ancêtres des Arabes, descendus eux-mêmes d'Ismaïl, fils d'une femme nommée Hagar, mais une secte qui a pris naissance au sein même de l'Islamisme, et dont l'origine remonte à l'Imam Ismaïl, fils de Dschafer. Afin de faire connaître à fond quelles étaient leurs doctrines et sur quelles bases fut assise leur puissance, nous croyons nécessaire de remonter à l'Islamisme même et de dire quelques mots de son fondateur et des sectes qui s'élevèrent de la nouvelle religion qu'il venait de proclamer.

Au septième siècle de l'ère chrétienne, lorsque Nouschirwan, surnommé le juste, faisait briller sur le trône impérial de Perse l'éclat de ses hautes vertus, et que le tyran Phocas déshonorait par ses cruautés celui de Byzance, la même année où les armées persanes fuyaient pour la première fois devant les hordes arabes du vice-roi révolté d'Hira, et où Abraha, roi chrétien de Habesch, *le Seigneur des Eléphans*, accouru de l'Afrique pour détruire la sainte maison de la Kaaba, fut contraint de renoncer à son entreprise, arrêté par la variole qui dévastait alors le vieux continent, ou, comme dit le Koran, *l'année où les oiseaux de la vengeance céleste* jetèrent après ses troupes de petites pierres qui causèrent leur mort, cette année, si mémorable pour les Arabes qu'elle fut pour eux la date d'une ère nouvelle, celle des éléphans, la nuit même où le palais de Khosroès à Médaïn fut prêt à s'écrouler, ébranlé jusque dans ses fondemens par un tremblement de terre qui tarit les lacs et éteignit sous les ruines des temples les feux sacrés, cette nuit, Mohammed vint au monde. Sa biographie a été écrite par tous les peuples qui suivent ses lois; Maracci (1), Gagnier (2) et Sale (3) ont tiré de ces nombreux volumes ce qu'on connaissait de lui jusqu'à ce jour en Europe; le premier, entraîné par un zèle fanatique, ne présente pas toujours les faits sous leur véritable jour; le second est le plus profond et le plus véridique; le dernier est libre de préjugés; mais en écrivant la vie de ce législateur à la fois conquérant et prophète, il est difficile d'atteindre à la hauteur ou se sont élevés Voltaire, (4) Gibbon (5) et Muller (6). Nous nous bornerons donc ici à ne dire de lui que ce que ces trois derniers historiens ont omis faute de sources; cependant il est nécessaire de donner une idée juste de sa doctrine et de celle des Ismaïlites qui dans la suite mine et remplace la première.

Mohammed, fils d'Abdallah et petit-fils d'Abdolmotaleb, sorti du sang le plus noble parmi les

---

(1) Maracii *Prodromus Alcorani*. Patavii. 1698.
(2) Gagnier, *Vita Mohammedis ex Abulfeda*, Oxonii 1723.
(3) Sale's *Koran*, London, 1734; *Mohammed*, par Claudius et Savary.
(4) Voltaire, *Essai sur les Mœurs et l'Esprit des Nations*, t. 11, chap. 6.
(5) *The History of the decline and fall of the roman Empire*, by Gibbon, chap. L.
(6) Les vingt-quatre livres de *l'Histoire Universelle*, par J. de Muller, liv. XII, chap. 2.

Arabes, c'est-à-dire de la famille des Koreisch, gardienne des clés de la sainte maison de la Kaaba, se sentit appelé à ramener sa nation perdue dans l'idolatrie à la connaissance d'un seul et vrai Dieu. En commençant ce grand œuvre, il se proposait de purifier la religion naturelle des taches de la superstition, entreprise essayée avant lui par divers prophètes à des époques différentes, et d'accomplir cette sublime mission en devenant le législateur de son peuple. Trois religions, le christianisme, le judaïsme et le sabéisme, se partageaient l'Arabie. Fondre ces trois religions en une seule, réunir ce qu'elles avaient de commun, afin que la religion nouvelle pût donner aux Arabes la liberté et la puissance dans le monde politique, tel était son but; il l'atteignit au déclin de sa vie, après avoir passé toute sa jeunesse en méditations. Sa mère, Emina, née juive, mais convertie en bas âge, dans un voyage en Syrie, par le moine chrétien Sergius, avait, dès son enfance, imbu son esprit des idées religieuses que Moïse et J.-C. avaient jetées dans le monde. Aussi l'idolatrie de la Kaaba, où trois cents idoles réclamaient l'adoration des peuples, lui apparaissait-elle dans toute sa turpitude. Les juifs attendaient le Messie comme le sauveur d'Israël, les chrétiens le Paraclet comme un consolateur, un médiateur: pénétré de ces croyances, Mohammed arrivé à l'âge de 40 ans, âge qui de tout temps fut considéré dans l'Orient comme l'âge nécessaire d'un prophète, sentit au fond de son âme comme une voix divine qui l'exhortait à lire au nom du seigneur les commandemens du ciel (1) et à se faire reconnaître par son peuple comme le prophète et l'envoyé de Dieu. Son éloquence entraînante, ce génie de poésie enthousiaste dont la nature l'avait doué, la vivacité de son imagination, la noblesse de ses manières commandaient un profond respect; ses mœurs étaient douces, il était brave, généreux et possédait au plus haut dégré le don de la persuasion; ces qualités qu'admirent tous les peuples, mais plus encore les fils du Désert, lui gagnèrent tous les cœurs. L'Arabe de tous les temps a sympathisé avec les héros et a chéri la libéralité, mais rien n'égale son amour pour les grands poètes, dont les œuvres, écrites en lettres d'or, étaient suspendues aux murs de la Kaaba en honneur de Dieu, comme témoignage d'une inspiration divine.

Le Koran est le chef-d'œuvre de la poésie arabe; ce qui distingue ce poëme de tous les autres, c'est la sublimité des idées qui percent au milieu d'un chaos de traditions et de lois confuses, et l'énergie du langage. Jamais, ni avant ni après lui, poète arabe n'eut une si haute gloire. Lebid, un

---

(1) *Ikra biismi reblike*, lis au nom de ton seigneur: tel est le commencement de la première soura qui fut publiée; dans l'ordre actuel, elle se trouve la quatre-vingt-seizième.

des sept grands poètes dont les ouvrages portaient le nom d'Al-Moallakat, *les suspendus*, parce qu'ils étaient suspendus aux murs de la Kaaba, les en arracha comme n'étant pas dignes d'un tel honneur après avoir lu le commencement sublime de la deuxième soura du Koran; Hassan le satirique, qui poursuivait le prophète de sa verve moqueuse et qui, suivant la tradition, fut réfuté par des vers envoyés du ciel, se vit forcé de reconnaître la puissance irrésistible de sa parole et de ses armes après la conquête de la Mecque, et Kaab, fils de Soheir, lui rendit un hommage spontané, en lui adressant une hymne de louanges qui lui fit obtenir du prophète comme récompense le don de son manteau. Il se trouve encore aujourd'hui parmi les trésors de l'empire Ottoman et est vénéré et touché tous les ans au mois de ramasan, avec de grandes cérémonies, par le sultan, les grands fonctionnaires et la cour. La haute destinée à laquelle parvint Mohammed en changeant le titre de poète contre celui de prophète, engagea depuis quelques poètes arabes à suivre son exemple, mais ce fut sans succès et souvent au péril de leur vie : Moseleima, contemporain de Mohammed et comme lui poète de la nature, fut cependant sur le point d'être pour lui un rival très dangereux. L'idée qu'on ne saurait jamais atteindre la divinité du Koran n'avait pas encore reçu la sanction des siècles. Ibn-Mokaffaa, l'agréable traducteur des fables de Bidpaï, qui s'était enfermé des semaines entières pour faire un seul vers et qui soutint la comparaison avec ce passage sublime du Koran sur le déluge : *Terre, bois tes eaux, cieux, retenez vos cataractes*, ne rapporta pour fruit de ses longs travaux que la renommée d'un déiste; Motenebbi (homme qui prophétise) acquit à la vérité la gloire d'un grand poète, mais non celle d'un prophète. Ainsi le Koran fut exclusivement regardé pendant douze siècles comme un poëme incréé, céleste, inimitable, comme la parole éternelle de Dieu.

La parole du prophète c'est la sunna, c'est-à-dire la collection de ses harangues et de ses commandemens qu'il donnait de vive voix. Dans ces lois, de même que dans le Koran écrit, on trouve une vive imagination, une grande force de volonté, une connaissance profonde de l'homme; on y reconnaît à chaque pas le génie du grand poète et du législateur. Jusqu'à ce jour le Koran n'a été présenté nulle part sous ce point de vue; dans ce qui suit nous allons analyser la parole du prophète.

L'acte de foi de l'islamisme, c'est à dire *résignation à la volonté de Dieu*, est : « il n'y a d'autre Dieu que Dieu et Mohammed est son prophète; » toute sa doctrine se réduit à cinq articles de foi et à autant de devoirs pour le culte extérieur : les premiers consistent dans les dogmes suivans : la croyance en Dieu, à ses anges, à ses prophètes, au jugement dernier et à la prédestination; les devoirs religieux sont l'ablution, la prière, le jeûne, l'aumône et le pélérinage à la Mecque. Ils forment à eux tous un mélange de christianisme, de judaïsme et de sabéisme, seulement il n'y a point d'autres miracles que celui de la création et de la parole, c'est-à-dire les vers du Koran; l'Ascension de Mohammed qui s'y trouve n'est qu'une figure dans le genre de celle d'Ezéchiel, et l'alborak ou le cheval céleste du prophète avec un visage d'homme, une imitation de la vision du prophète juif. Les dogmes des choses dernières, du jugement des morts, de la balance où se pèsent les âmes, du pont de l'épreuve, des sept enfers et des huit paradis, sont empruntés aux traditions persanes et égyptiennes. Les joies que donnent les plaisirs des sens et les raffinemens de la volupté, des lits de gazon sous l'ombrage, près desquels murmurent des ruisseaux cachés sous les fleurs, des kiosques dorés, des coupes précieuses, des buffets magnifiques, des sofas moëlleux, des sources aux ondes argentées et de jeunes garçons d'une ravissante beauté, sont les plus grandes récompenses du ciel; les sorbets mousseux et le plus pur vin puisé aux sources de Kewszer et de Selsebil, sont la nourriture de l'homme pieux qui se sera abstenu sur la terre de boissons enivrantes; de jeunes filles aux yeux noirs et d'une éternelle jeunesse partageront la couche du juste et surtout de celui qui aura remporté la palme du martyre dans une sainte guerre contre les ennemis de la foi ; à lui félicité éternelle, car le paradis est sous l'ombre des épées, et l'épée des croyans doit servir sans cesse contre les infidèles, jusqu'à ce qu'ils se convertissent à l'islamisme ou se soumettent en payant un tribut ; c'est chose légale que de tuer celui qui menace la foi ou l'empire, et si le meurtre est quelquefois pardonnable, la révolte ne l'est jamais. Le Koran règle encore les droits des époux et des héritages, les droits et les devoirs des femmes, auxquelles Mohammed a le premier assuré une existence civile dont elles semblent avoir à peine joui avant lui chez les Arabes ; mais il est muet sur l'ordre de successibilité au trône, sur les droits à exercer sur les pays conquis et sur la manière de les gouverner. La domination suprême est à Dieu, il la donne et l'ôte à qui lui plaît. Ces formules générales par lesquelles on exprimait la volonté céleste ouvraient un vaste champ aux despotes et aux usurpateurs, mais la pensée intime de Mohammed était que la domination appartenait de droit au plus vaillant, et il déclara un jour expressément qu'Omar, dont il avait remarqué l'énergie extraordinaire, possédait toutes les qualités d'un prophète et d'un khalife. La tradition ne nous a rien conservé de semblable sur le compte du débonnaire Ali, son gendre. Il n'était point échappé à la perspicacité du prophète, que dans les développemens successifs de l'histoire du monde, rien n'était stable, qu'aucune institution humaine n'était d'une durée permanente et qu'il arrivait rarement qu'un siècle héritât de l'esprit du siècle qui l'avait précédé ; c'est dans cet esprit qu'il faut entendre une de ses prophétiques paroles : « Le khalifat ne durera que trente ans après ma mort. »

Il est à présumer que si Mohammed avait voulu donner à ses plus proches parens la succession, ou, comme disent les Arabes, le khalifat, il aurait revêtu de cette dignité son gendre, Ali ; mais, comme pendant sa vie, il n'avait fait à cet égard aucune disposition, car les louanges qu'il adressa à Ali, et que rapportent les sectateurs de ce dernier, sont trop problématiques pour être une preuve de ses volontés ultérieures, il paraît qu'il voulut abandonner aux croyans le choix du plus digne. Après lui les Moslimins proclamèrent émir et imam celui qui le premier s'était converti à l'islamisme, Eboubekr-Eszszidik, *le vrai*, et après son règne, qui fut de peu de durée, Omar-Alfarouk, *le tranchant*, et lui jurèrent fidélité en lui donnant la main. La sévérité d'Omar, aussi inflexible pour les autres que pour lui-même, et la vive énergie de son caractère, donnèrent dès le principe à l'islamisme et au khalifat cette tendance fanatique et despotique qui avait été jusque-là entièrement étrangère à ces naissantes institutions. L'esprit de conquête s'était, il est vrai, déjà révélé dans les premières entreprises de Mohammed contre les chrétiens de la Syrie, les juifs du Khaïbar et les idolâtres de la Mecque; les victoires d'Eboubekr dans l'Yémen et la Syrie, apprirent aux fidèles qu'il suivait les traces du prophète; mais c'était à Omar qu'il était réservé de consommer le triomphe de l'islamisme et du khalifat. Ce vaillant général prit Damas et Jérusalem, renversa l'ancien trône des Perses et ébranla celui de Byzance, auquel il enleva deux de ses plus puissans appuis, la Syrie et l'Egypte. Ce fut alors que le zèle aveugle du khalife et de ses généraux détruisit les trésors littéraires amassés pendant des siècles par les philosophes grecs et persans, que la bibliothèque d'Alexandrie servit à chauffer des bains publics, et que les livres de Medaïn firent déborder les eaux du Tigre (1). Omar proscrivit, sous les peines les plus sévères, l'usage de l'or et de la soie, et défendit aux Moslimins de se livrer à la navigation, ce puissant moyen de communication et de commerce pour les peuples, et d'échange pour les idées. C'est ainsi qu'il conserva ses conquêtes et affermit les doctrines de

---

(1) Ce fait se trouve raconté non seulement par Aboulfaradsch, mais encore par Macrisi et Ibn-Khaledoun; il est en outre confirmé par Hadschi-Khalfa.

l'islamisme, veillant avec une sorte de jalousie à ce que leur pureté fût à l'abri des atteintes de toute influence étrangère et à ce que les mœurs des vainqueurs ne fussent point corrompues par le luxe des vaincus. Ce n'était pas sans fondement qu'il redoutait pour les Arabes le contact de la civilisation et des institutions plus avancées des Grecs et des Persans. Mohammed lui-même avait déjà fait sentir à son peuple, si avide du merveilleux, la nécessité de se défier des contes et des récits fabuleux des Persans.

Osman laissa échapper les rênes du gouvernement, que son prédécesseur, Omar, avait tenues d'une main si ferme. Ce khalife fut le premier qui périt dans une conspiration sous les poignards des révoltés. Ali, gendre de Mohammed, ne monta sur le trône, souillé du sang de son prédécesseur, que pour le teindre bientôt du sien. Une grande partie des Musulmans refusa de reconnaître Ali, gendre de Mohammed, comme prince des vrais croyans, et de lui rendre hommage; ils furent appelés Motasali, *les apostats* (1), et formèrent une des plus grandes et des premières sectes de l'islamisme; à leur tête était Moawia, de la famille d'Ommia, dont le père, Ebousofian, avait été un des adversaires les plus redoutables du prophète. Il fit suspendre les ré-

---

(1) Aboulféda, *Annales Moslemici*, t. 1, p. 282.

temens ensanglantés d'Osman à la chaire de la grande mosquée de Damas, afin d'exciter les Syriens à venger sa mort sur Ali; mais la haine éternelle qu'Aïsché avait jurée à Ali, du vivant même de Mohammed son époux, et de son père Eboubekr, hâta sa perte plus encore que l'ambition de Moawia; cette haine datait de la sixième année de l'hégire, où, pendant l'expédition que fit le prophète contre la tribu Moszthalak, Aïsché, *la chaste*, s'égara avec son compagnon de voyage Sofwan, fils de Moattal. Ce fut l'objet de beaucoup de conjectures calomnieuses; nombre de sceptiques et d'incrédules contestèrent à Aïsché le nom de chaste, au point qu'il fallut envoyer du ciel une soura afin d'apaiser ces bruits et sauver l'honneur d'Aïsché et du prophète. C'est depuis cette sentence, prononcée par les saintes écritures de l'islamisme, qu'elle n'a plus cessé d'être considérée comme le modèle de la chasteté. Quatre-vingts calomniateurs tombèrent aussitôt sous le glaive vengeur, mais ce ne fut que plus tard qu'Ali paya de son trône et de sa vie ses doutes inconsidérés. Aïsché conduisit elle-même ses deux généraux, Talha et Sobeir et les encouragea par sa présence dans la bataille où ils périrent tous deux. Une partie des troupes d'Aïsché refusèrent de combattre et se déclarèrent hautement en faveur de son ennemi; depuis lors on les appela Khawaredschi, *les transfuges,* et plus tard elles formèrent une secte puissante, aussi hostile que celle des Motasali à la famille de Mohammed, mais qui professa sur un grand nombre de points une doctrine différente. A la seconde bataille près de Saffaïn, Moawia fit porter le Koran devant l'armée sur les pointes des lances (1), et, après celle de Neheran, Ali fut forcé d'abdiquer l'empire à Daumetol-Dschendel, et bientôt après il fut assassiné. C'est ainsi que, par une suite de révoltes et d'assassinats, le khalifat, d'abord héréditaire dans la famille d'Ali, passa à celle d'Ommia, après un laps de 30 ans, terme fatal que Mohammed lui avait fixé.

Le khalife ou successeur du prophète était non-seulement émir-al-mominin, *prince des vrais croyans*, mais encore imam-al-moslimin, *chef des soumis*; prince suprême et pontife, il portait de la même main l'étendard et le glaive, et se revêtait du manteau du prophète. Ce monde nouveau, créé par l'islamisme, ne devait jamais obéir qu'à un seul khalife légitime comme la chrétienté à un seul pape. Mais aussi, de même que souvent trois papes se disputaient la triple tiare, l'on vit trois khalifes se disputer la domination suprême des trois parties du monde. Après que la famille d'Ommia eut perdu son trône de Damas, elle régna encore en Espagne, de même que la famille d'Abbas sur les bords du Tigre, et

---

(1) Aboulféda, t. 1, p. 314.

celle de Fatima sur les rives du Nil. Les Ommiades, les Abassides et les Fatémites, régnaient à la fois, en qualité de khalifes à Grenade, à Bagdad et au Caire; aujourd'hui encore, les princes des familles de Katschar et d'Osman occupent avec le même titre les trônes de Téheran et de Stamboul; les droits de ces derniers à un pareil titre sont légitimes, car, après la conquête de l'Egypte par Selim, les insignes du khalifat, l'étendart, le glaive et le manteau du prophète, qui jusqu'alors se gardaient au Caire, furent confiés à la garde des saintes villes de la Mecque, où il naquit, et de Médine, où était son tombeau. C'est pour cela qu'ils s'appellent gardiens des deux saintes villes. Padischah et schah, empereur et roi, sultan-alberrein et khakan-albahrein, sont des mots qui signifient dominateurs et seigneurs de deux parties du monde et de deux mers; ils pourraient aussi facilement se dire les protecteurs de trois saintes villes, les maîtres de trois parties du monde et les dominateurs de trois mers, car Jérusalem, la Mecque et Médine sont en leur possession. Ils commandent en Europe, en Asie et en Afrique; enfin, la mer Noire, la mer Rouge et la mer Blanche, baignent des contrées soumises à leur pouvoir.

Ces courts éclaircissemens justifieront cette digression sur la puissance actuelle des Moslimins. Revenons maintenant à leur histoire primitive.

Les premiers et les plus grands schismes qui éclatèrent au sein de l'islamisme durent leur origine à l'interminable lutte qui s'engagea pour acquérir la puissance séculière, et la scission dans les croyances amena bientôt le démembrement de l'empire. Nous avons déjà remarqué quelle fut l'origine des grandes divisions politiques et religieuses des motasali et des khawaredschi, des *apostats* et *des transfuges*; ces deux partis avaient des opinions tout opposées sur les divers dogmes de la religion dominante, mais surtout sur les droits qu'ils attachaient aux dignités de khalife et d'imam. Ce sont ces prétentions diverses qui ont fait naître dans l'islamisme tant de sectes différentes : on n'en compte pas moins de soixante-douze; une tradition fait prédire à Mohammed que la religion de son peuple se divisera en soixante-treize branches, mais qu'une seule sera la vraie. Scheheristani et Macrisi nous en donnent l'instructive énumération, que nous omettons ici à dessein, et nous fournissent des détails circonstanciés sur chacune d'elles. Sylvestre de Sacy est le premier qui ait appelé sur toutes ces diverses sectes l'attention publique, dans une petite lecture qu'il fit à une séance de l'Institut de France.

Examinons actuellement ces deux branches principales de l'islamisme au moment où cette religion nouvelle s'est répandue dans l'Asie. Aujourd'hui encore, après une existence de douze siècles, on en voit surgir une innombrable quantité de petites sectes. De ces deux branches ont pris naissance les doctrines des sunnites et celles des schiites, qui encore aujourd'hui offrent beaucoup de points de dissemblance; le plus grand c'est que les sunnites regardent comme légale la succession des quatre premiers khalifes; les schiites au contraire ne reconnaissent d'autres droits que ceux d'Ali et de ses successeurs. Les Sunnites ont en horreur le meurtre qui fut commis sur la personne d'Osman, et les schiites ne sauraient pardonner celui dont Ali et ses fils furent les victimes; ce qui fait l'exécration des uns est justifié par les autres, ce que les uns admettent les autres le repoussent. Cette opposition, qui existait déjà dans la plus grande partie de leurs dogmes, prend, avec le cours des siècles, un caractère bien plus marqué à mesure qu'il se manifeste une plus complète dissidence entre les divers intérêts politiques des différentes nations qui suivent cette religion. De temps immémorial presque toutes les guerres entre les Turcs et les Persans, dont les premiers sont sunnites et les autres schiites, sont aussi bien des guerres de religion que des guerres de peuple à peuple, et les essais si souvent répétés, et en dernier lieu encore par Schâh-Nadir, pour confondre et réunir ces deux sectes, furent toujours aussi infructueux que ceux qui furent tentés pendant plusieurs siècles pour réunir l'église chrétienne d'Orient et celle d'Occident. Leur schisme ne saurait se mieux comparer dans l'histoire qu'à celui des sunnites et des schiites.

Tous les traités publiés jusqu'à ce jour en Europe sur les divers systèmes religieux de l'islamisme ont tous été puisés à des sources sunnites. Ils nous ont appris que les sunnites, ceux que nous considérons comme les vrais croyans, se partageaient en quatre classes qui, bien que d'accord entre elles sur les points essentiels des dogmes, se divisaient sur quelques autres moins importans; du reste, cette différence peut, selon nous, se comparer à celle qui dans l'église catholique existe entre le rite romain, celui des Grecs arméniens et le rite syrien, tous d'une égale valeur canonique. Les quatre sectes des Sunnites, entièrement orthodoxes sont appelées du nom des quatre grands imams Malek, Schafii, Hanbali, Abou-Hanife; ce sont leurs pères de l'église; leur doctrine et surtout celle du dernier, qui est considérée comme dominante dans l'empire Ottoman, est suffisamment connue par l'exposé précieux qu'en a fait Mouradja-Ohsson. Les sectes des schiites qui se subdivisent encore en plusieurs autres ne le sont pas autant. De même que les non-catholiques se subdivisent en protestans, réformés, anabaptistes, quakers etc., les Schiites ont quatre sectes principales, qui sont les kaissaniyé, les seidiyé, les ghoultat et les imamié. Nous mettrons à profit les travaux d'Ibn-Khaledoun et de Lari pour en donner un aperçu précis, aperçu reclamé tant par la nouveauté du sujet que par les rapports qu'elles ont avec notre histoire. La principale cause de leur dissidence est leur manière d'interpréter les prétentions d'Ali et l'ordre de successibilité à la dignité d'imam, c'est-à-dire de pontife suprême de l'islamisme qui devait être héréditaire dans la famille de ce gendre de Mohammed.

1. Les Kaissaniyé, ainsi appelés d'un affranchi d'Ali, soutiennent qu'il avait transmis le droit de succéder non à ses fils Hassan et Hossein, comme le croient presque tous les autres schiites, mais à leur frère Mohammed-Ben-Hanfie; cette secte se divise en plusieurs branches; nous n'en mentionnerons seulement que deux; la première est celle des Wakifiyé, *ceux qui sont debout;* suivant eux la dignité d'imam est restée dans la personne de Mohammed, et n'a pas été transmise à un autre, car telle est leur croyance, le prophète n'est jamais mort, il n'a fait que disparaître de la terre pour reparaître plus tard, opinion partagée par les deux poètes arabes Koszir et Seid-homaïri; la seconde est celle des Haschemiyé, qui prétendent que la dignité d'imam a été transferée de Mohammed-Ben-Hanfie à son fils Abou-Haschem, qui a nommé pour son successeur Mohammed, de la famille d'Abbas, qui l'aurait transmise à son fils Ibrahim, et celui-ci à son frère Abdallah-Seffah,

fondateur de la dynastie. Il est évident que le but des Haschemiyé était d'établir les prétentions de la famille d'Abbas au trône des khalifes, c'est ce que fit en effet Abou-Moslem, un des principaux docteurs et prédicateurs de cette secte.

II. Les Seidiyé qui forment la seconde secte principale des Schiites, soutiennent que la dignité d'imam a été transférée par Ali (1), d'abord à Hassan et Hossein, puis à Ali-Seinolabidin, qui à son tour la transmit à son fils Seid; presque tous les autres Schiites regardent après Seinolabidin, comme l'imam légitime, son fils Mohammed-Bakir, frère de Seid. Les Seidiyé, outre qu'ils différaient entre eux sur le mode d'après lequel la dignité d'imam avait été transférée par succession, ne peuvent encore s'accorder avec les Imamié sur deux points essentiels. 1° Ils ne reconnaissent comme véritable imam que celui qui à la piété réunit encore la libéralité, la valeur, l'érudition et les autres vertus qui font la gloire du prince et le bonheur des peuples; les Imamié, au contraire, ne demandent que l'observation des devoirs religieux, tels que la prière, le jeûne et l'aumône. 2° A l'exemple de Seid, ils regardent comme légitimes les khalifats d'Eboubekr, d'Osman et d'Omar, tandis que la plus grande partie des autres schiites les

---

(1) Après J.-C. 750; de l'hégire, 132.

repoussent comme illégitimes, et qu'ils sont en horreur aux Imamié. C'est cette diversité dans les croyances qui a fait donner aux seidiyé, par les autres schiites, le surnom de Réwafis, *dissidens*. Les seidiyé se divisent encore en d'autres branches, suivant qu'ils font remonter l'origine de l'imamat à Seid, à son père Seinolabidin ou à son frère Bakir. C'est d'eux que sortit cette multitude de prétendans au trône, qui se sont élevés dans le nord et l'ouest de l'Asie; tel fut Edris, fils d'Edris, frère de Mohammed (1); c'est à ce dernier, connu généralement sous le nom de Nefs-Sekiyé, *l'âme pure*, que le fils de Seid, Yahya, pendu à Khorassân, avait dit-on, cédé ses prétentions à l'imamat, et Edris, le même que nous avons nommé plus haut, sut les faire valoir, pour fonder la dynastie des Edrissites, dans la ville de Fez, qu'il avait bâtie. Suivant d'autres, Mohammed fils d'Abdallah, nommé aussi l'âme pure et Mehdi, céda l'imamat à son frère Ibrahim, et celui-ci à Issa son plus proche parent. Ces trois hommes, qui avaient élevé des prétentions au khalifat, sous le règne de Manszour, expièrent leurs tentatives par la perte de la vie; leur supplice affermit la famille d'Abbas sur le trône, qui, plus tard, fut encore une fois ébranlé par un des descendans d'Issa avec le secours des Africains du Zanguebar

---

(1) Après J.-C. 787; de l'hégire, 172.

(Sindschi) qui alors inondèrent l'Asie. Dans le Dilem, un certain Naszir-Atrousch invita le peuple à reconnaître les prétentions qu'élevèrent au khalifat Hassan-Ben-Ali, un fils d'Omar, le frère de Seïnolabidin et l'oncle de Seïd ; c'est de cette manière que s'établit la domination d'Hassan, dans le Taberistan, c'est ainsi que les seidiyé propagèrent aux dépens du khalifat abasside leurs opinions sur la succession de l'imamat en Afrique et en Asie (1).

III. Ghoullat, *les exagérés*. Ce titre qui est commun à plusieurs sectes, indique l'exagération et le débordement de leurs doctrines, qui dépassent de beaucoup les bornes de la raison, et dans lesquelles on reconnait facilement des traces de métaphysique gnostique, et de mysticisme indien. Ils parlent seulement d'un imam, comme les juifs d'un messie, et attribuent à Ali les mêmes propriétés divines que les chrétiens à Jésus-Christ ; quelques-uns admettent en lui la nature divine et la nature humaine, d'autres n'admettent que la première ; il en est qui croient qu'en les seuls imams, s'opère la transmigration des âmes, que la nature parfaite d'Ali, se transmet de lui à ses descendans, d'un imam à un autre et ainsi jusqu'à la fin du monde. Selon d'autres, cette série

---

(1) Ibn Khaledoun, l. 1er. chap. III, § 25.—Lari, au chapitre des douze imams.

de transmigrations successives a été interrompue par Mohammed-Bakir, fils de Seinolabidin et frère de Seid, quelques-uns croient qu'il erre encore sur la terre, qu'il est caché comme Khiser, le gardien de la source de la vie; d'autres assurent que c'est Ali lui-même, qui est assis tout vivant sur un trône de nuages où le tonnerre est sa voix, et la foudre rapide l'instrument de ses colères. Ces sectes de Ghoullat sont regardées comme hérétiques et athées, non seulement par les sunnites, mais encore par les schiites; c'est ainsi que sont considérés les ariens et les nestoriens, non seulement par les catholiques romains, mais aussi par les jacobites de Byzance; ils sont tous compris sous la dénomination générale de moulhad ou moulhahid, impies : la base de leur doctrine est une vénération insensée, et une véritable idolâtrie pour les premiers imams, qui loin de l'admettre, la frappèrent d'une réprobation publique. Déjà du temps d'Ali, on en avait fait brûler quelques-uns : Mohammed-Ben-Hanfye, rejeta avec horreur les doctrines de Moukhtar, qui lui attribuait une nature divine, et l'imam Dschafer maudit tous ceux, qui à l'avenir imiteraient l'exemple de Moukhtar. Cet anathême n'empêcha pas que cette doctrine n'eût après eux des partisans et des propagateurs. On voit sans peine où elle conduit, et quel parti en tirèrent d'habiles fourbes et de politiques prétendans au trône; elle fut entre leurs mains un instrument puissant dont ils se servirent pour exciter à la révolte et usurper le pouvoir. C'était chose facile que d'invoquer le nom d'un imam invisible et parfait, pour détourner les peuples de l'obéissance qu'ils avaient jurée à des princes visibles et imparfaits, ou d'attribuer à un usurpateur qui s'élevait les perfections d'un être qui avait déjà passé par les divers degrés de la migration des âmes, et par ce moyen, lui faire obtenir le pouvoir suprême.

iv. Toutefois les Ghoullat, bien qu'ils prêchassent les doctrines exagérées du dieu fait homme et de la métempsycose, étaient en général, bien moins dangereux pour les princes que les Imamié, qui leur avaient emprunté le dogme d'un imam disparu, et avaient établi jusqu'à lui, une suite non interrompue et perpétuée par une filiation naturelle, d'imams révélés, mais après lui cachés. Tandis que quelques-uns terminent la série des imams révélés au douzième, d'autres n'en admettaient que sept; ces deux sectes n'exigeaient pas même comme les Seidiyé, des princes appelés au trône, les vertus les plus nécessaires à un souverain, mais seulement la piété et la bienfaisance; au moyen de ces doctrines, des intrigans aussi adroits qu'effrontés, régnèrent sous le nom de princes ineptes, et parvinrent à asseoir leur domination sur les peuples, en se servant d'eux comme d'un jouet. Les Imamié se divisent en deux classes, les Esnaaschrie ou *les douze,* ainsi appelés de ce qu'ils terminent la série des imams révélés par Mohammed-Ben-Hassan-Askeri, qui était le douzième ; ils disent de ce dernier qu'il avait disparu dans une grotte près de Hella, qu'il y demeurait invisible, jusqu'à ce qu'il reparût à la fin du monde, sous le nom de Mohdi, *celui qui conduit.* La seconde classe est celle des Sébiin, *les sept*, qui ne reconnaissent que sept imams dans l'ordre suivant : 1° Ali, 2° Hassan, 3° Hossein, 4° Ali-Seinolabidin, *la gloire des hommes pieux,* 5° Mohammed-Bakir, *celui qui préside aux secrets*, 6° Dschafer-Sadik, *le sincère,* 7° son fils Ismaïl, qui mourut avant son père, est pour eux le dernier imam; ils en ont emprunté le nom d'Ismaïlites, de même que les Esnaaschrie ont pris celui d'Imamites. Les uns et les autres ne se divisent donc qu'au septième imam. Les Imamites transmettent de la manière suivante l'imamat, depuis Moussa-Kassim, fils de Dschafer et frère puîné d'Ismaïl, 7° Moussa-Kassim, 8° Ali-Risa, 9° Mohammed-Taki, 10° Hadi, 11° Hassan, 12° Askeri et son fils Mohammed-Mehdi. Les prétentions de ces imams étaient tellement appuyées et si bien reconnues sous les premiers Abassides, que Maimoun appela publiquement le huitième d'entre eux, Ali-Risa, pour lui succéder, au grand mécontentement de toute la famille d'Abbas, qui certainement aurait empêché un pareil ordre de successibilité, si Ali-Risa n'était pas mort avant Maimoun. Les Sebiin, à qui l'on donna encore le nom d'Ismaïlites, furent, dans leurs efforts pour soutenir leurs prétentions au trône, bien plus heureux que les Imamiés. La domination des premiers s'étendit d'abord, sous la dynastie des Fatémites, sur les bords de la mer et dans l'intérieur de l'Afrique, jusqu'à Mahadia et au Caire, et cent cinquante ans plus tard, elle s'établit en Asie, avec le royaume des Assassins, dans les montagnes de l'Irak et sur les confins de l'Assyrie. Les Ismaïlites de l'Afrique ont reçu des historiens de l'Orient, le nom d'Occidentaux; celui d'Orientaux a été donné aux Ismaïlites de l'Asie. Avant de commencer l'histoire de ces derniers que nous nous proposons d'écrire, nous ajouterons encore quelques mots, afin de pouvoir donner sur les premiers des détails plus circonstanciés, car c'est à eux que les autres doivent leur origine. Le fondateur de la secte des Ismaïlites d'Orient était Obeidollah, qui s'annonçait comme fils de Mohammed-Habib, fils de Dschafer-Moszadik, fils de Mohammed, fils d'Ismaïl, c'est-à-dire comme descendant au quatrième degré du septième imam. Celui-ci, d'après la doctrine des Ismaïlites, était le dernier des imams révélés, et Mohammed, Dschafer-Moszadik, Mohammed-Habib, ses fils, petit-fils et arrière petit-fils, furent regardés comme des imams secrets, *Mektoum*, jusqu'à ce qu'Obeidollah, le premier des imams révélés, parvint à faire valoir les droits de la famille d'Ismaïl au khalifat. Toutefois, ces droits furent disputés pendant long-temps et avec acharnement par la famille d'Abbas, qui avait le plus grand intérêt à détruire à la fois la validité des prétentions de ses rivaux au khalifat et la pureté de leur généalogie. Sous le règne du khalife Kadir-Billah, tous les légistes tinrent à Bagdad une assemblée secrète, dans laquelle les plus célèbres d'entre eux, notamment, Abouhamid-Isfraïni, l'Imam Koudouri, le scheikh Samir, Abjourdi et d'autres déclarèrent (1) que les prétentions des Fatémites au khalifat étaient nulles et sans fondement et qu'il n'y avait rien de vrai dans ce qu'ils alléguaient sur leur descendance. La pusillanimité des Abassides, plus encore que cette fin de non-recevoir, prouva combien cet arrêt était juste, cinquante ans plus tard, lorsque l'émir Asrlan-Bessasiri, lieutenant du prince dilémite Behaoddewlet mamelouk de naissance au service des Fatémites du Caire, fit pendant un an frapper la monnaie à Bagdad et faire les prières publiques au nom du khalife égyptien Mostanszer, en omettant celui du khalife de Bagdad Kaïm Biemrillah (2). Ces prétentions au trône, la nécessité de se défendre toujours, nous engagent à suspecter les

(1) Après J.-C. 1011; de l'hégire 402.
(2) Après J.-C. 1058; de l'hégire 450.

doutes soulevés par Ismaïl, de la famille d'Abbas, contre la pureté de la descendance d'Obeidollah, fondateur de la dynastie des Fatémites. De célèbres historiens arabes, tels que Mascrisi et Ibn-Khaledoun, les regardent comme les suggestions d'une politique passionnée et leur refusent toute confiance. Le grand juriste Kadi-Eboubekr-Bakilani professe une opinion toute contraire, en faveur de laquelle militent, comme nous le verrons, non-seulement l'autorité de ce scheikh mais encore d'autres puissans motifs tirés de la doctrine secrète des Ismaïlites. Cette doctrine secrète, sur laquelle est basée aussi celle des Assassins, ne sera parfaitement connue, que lorsque nous aurons encore ajouté quelques détails sur les sectes et les différens partis de l'islamisme.

Souvent le fanatisme religieux est accusé par l'histoire d'être l'auteur des guerres sanglantes qui dévastent les empires et déchirent les états; cependant, si la religion fut rarement le but, elle fut presque toujours l'instrument d'une politique avide et d'une ambition sans bornes. Les usurpateurs, les conquérans, se servaient de l'influence qu'exerçaient les sectaires, pour jeter le trouble au sein des gouvernemens.

Plus il y aura de contact entre les intérêts politiques et religieux, plus il y aura de semences de guerres civiles et de guerres religieuses. L'histoire des anciens Perses, des Romains, des Egyptiens et des Grecs ne nous en offre presque aucune, parce que la religion, uniquement considérée comme moyen de civiliser les peuples, ne pouvait ni affaiblir ni étendre les droits du souverain. Le christianisme n'a fait couler le sang que lorsqu'infidèle à son origine, il devint un servile instrument entre les mains de papes et de princes ambitieux : c'est ce qui arriva sous Grégoire VII et ses successeurs, où la thiare commandait au sceptre ; sous Luther, où, comme nous l'assure Gibbon (1), la rébellion détruisait les grands principes de la religion chrétienne qui avant tout ordonnaient le respect de la liberté naturelle. Il n'en était pas de même de l'islamisme, qui, propagé comme le Koran par le glaive, réunissait en même temps la dignité de pontife et de souverain dans une personne qui était à la fois, imam et khalife. De là tant de guerres plus meurtrières dans cette histoire que dans celle des autres religions. Chez presque toutes les sectes, les schismes sont sortis des contestations élevées sur l'ordre de successibilité au trône ; il n'y en a presque aucune de quelque importance qui ne soit en même temps devenue dangereuse à l'état et à la famille régnante, comme parti politique ; en un mot, il n'en est pas qui ne soit portée dans le sens véritable de ce mot, à devenir la secte dominante, et qui n'ait tâché d'usurper le trône et d'entraîner les princes de

(1) Gibbon, tom. I, chap. XIII.

l'islamisme à embrasser leur doctrine. Leurs missionnaires appelés Daï, n'exigeaient pas seulement la foi, mais encore l'obéissance, et étaient envoyés en même temps pour propager la religion et recruter des partisans pour les prétendans au trône. Toutes les hérésies dont nous avons déjà parlé jusqu'ici, étaient proprement, d'après leur esprit, celles de sectes usurpatrices. Toutefois, au sein même de l'islamisme, il s'en élevait d'autres d'un caractère bien plus désastreux encore, qui, en foulant aux pieds tous les principes de la foi et de la morale, préparaient au nom de l'égalité et de la liberté générale, la ruine des trônes et des autels. C'est de ces dernières, dont le caractère est entièrement différent et que, pour les distinguer des précédentes, nous appellerons révolutionnaires, dont il nous reste à parler maintenant.

Dans le royaume de Perse, la monarchie la plus ancienne et à la fois la mieux constituée de l'Orient, la tyrannie était déjà depuis longtemps poussée jusqu'à ses dernières limites; les excès du despotisme qui contrariaient sans cesse les efforts de la liberté, l'avaient livré à toutes les horreurs de l'anarchie. Aussi longtemps que la doctrine de Serdouscht se conserva dans sa pureté primitive, comme le feu sacré dans les temples, les peuples ne purent emprunter dans leurs soulèvemens le masque de la religion; mais lorsque, sous les Sassanides, des idées nouvelles et l'esprit de réforme eurent ébranlé l'édifice de la vieille doctrine, l'empire marcha vers sa ruine à mesure que le feu sacré s'éteignit dans les sanctuaires. Des novateurs et des athées surgirent de toutes parts, et en ébranlant les fondemens des autels, devinrent plus dangereux encore pour les trônes. Nous ne connaissons que très-imparfaitement les sectes qui professaient l'ancienne doctrine des mages, c'est pourquoi nous n'avons que des idées incomplètes sur la religion des Persans. On a voulu à toute force réunir en un seul système les opinions des différentes époques de l'empire, et le dualisme et le manichéisme ont souvent été cités comme la doctrine originaire de Serdouscht; de là ces idées flottantes et contradictoires que nous rencontrons non seulement chez les Grecs, mais encore chez Anquetil et Kleuker, qui les ont puisées dans les livres du Send nouvellement découverts. Herder d'ailleurs, a déjà appelé sur ce sujet toute notre attention; ce que nous dit de la secte des mages Macrisi, qui suivant toute probalité, a pris pour guide Schehristâni, confirme assez les suppositions du savant allemand. Il en cite plusieurs: 1° Les Keyoumerssié, c'est-à-dire les partisans de la doctrine la plus ancienne d'après Keyoumersz, le premier des hommes qui fut appelé roi; 2° les Servaniyé, qui reconnaissent Servan, c'est-à-dire le temps infini, comme le moteur et l'auteur de toutes choses ; 3° les Serdouschtiyé ou disciples de Serdouscht, le réformateur de l'ancienne doctrine de Hom ; 4° les Sséneviyé, les véritables dualistes ; 5° les Maneviyé, c'est-à-dire les manichéens ; 6° les Farkouniyé, espèce de gnostiques, qui admettaient deux principes, le père et le fils : la querelle qui s'était élevée entre les deux principes fut, d'après eux, appaisée par un troisième pouvoir céleste ; 7° les Mastékiyé, ou partisans de Mastek, qui, les premiers, déclarèrent la guerre à toute religion et à toute morale et prêchèrent la liberté et l'égalité universelles, ainsi qu'une complète et froide indifférence pour les actions humaines et la communauté des biens et des femmes. Mastek, en laissant un libre essor à toutes les passions, ne gagna pas seulement les esclaves, les pauvres et les hommes de la basse classe, qui partout sont les plus nombreux, et qui généralement n'ont rien à perdre et tout à gagner, mais encore ceux qui avaient tout à perdre et rien à gagner, les grands de l'empire et jusqu'au roi Kobad même, père de Nouschirwan. Celui-ci expia sa folie par la perte de son trône et par la prison dont il ne fut retiré que par la sagesse et la vertu de son visir Bisiirdschimihr. Son fils, Nouschirwan *le juste*, employa le fer et le feu pour purifier le royaume et la foi de cette déplorable engeance, sans pouvoir toutefois l'anéantir

entièrement, ainsi que nous le montrent les événemens postérieurs (1).

Déjà dans les premiers siècles de l'islamisme on vit un semblable esprit se manifester dans les doctrines dissolues de plusieurs chefs de sectes, jusqu'à ce que Babek et Karmath vinrent le propager encore sur des monceaux de cadavres et des villes en cendres, et le rendre aussi terrible aux rois que désastreux à l'humanité. Les Persans, dit Macrisi, se sont regardés de tout temps comme le peuple le plus libre et le plus civilisé, et n'ont considéré les autres que comme d'ignorans esclaves. Après que les Arabes eurent détruit leur empire, ils n'eurent pour eux que des sentimens de haine et de mépris; ils cherchèrent à amener la perte de l'islamisme, non-seulement en suscitant ouvertement la guerre, mais ils voulurent encore ébranler l'édifice de la foi et de la monarchie, en répandant des doctrines occultes, et en semant de pernicieuses divisions, qui, plus tard, devaient amener de sanglantes insurrections. Comme en général ces doctrines portaient le cachet de l'irréligion et du libertinage, leurs partisans reçurent le nom de Sindik (2), *esprits forts*, mot tiré par corruption de celui de send, la parole vivante de Serdouscht; leur apparition au sein de

(1) Macrisi, Lari.
(1) Voyez Hadschi-Khalfa et les notes de Reiskius sur Aboulféda, 2ᵉ part., f. 86.

l'islamisme date du commencement du khalifat de la famille d'Abbas, car les premiers khalifes de cette maison avaient tenté, mais en vain, de l'extirper par le glaive. Ce fut dans les provinces les plus orientales de l'ancien royaume persan, où s'étaient conservés quelques débris de leur antique puissance et de leur vieille civilisation, et où les doctrines de l'islamisme n'avaient que faiblement pénétré, que se développa avec le plus de force le germe de ces idées si menaçantes à la fois pour l'imamat et pour le khalifat. C'est ainsi que sous le khalife Manszour, parurent dans le Khorassân les Rawendi (1) qui enseignaient la transmigration des âmes, et cinquante ans plus tard, dans le Dscharschan, sous le règne d'Abdol-Kahir, les Mohamméens (2), c'est-à-dire *les Rouges* ou *les Anes,* ainsi appelés, soit parce qu'ils portaient des habits rouges, soit parce qu'on leur donnait le nom d'*Anes-Vrais-Croyans,* car la racine arabe *hamere,* peut signifier également, *il est un âne,* ou, *il est rouge.* La même année la Transoxane vit surgir les Sefiddschamegan, c'est-à-dire *ceux qui sont vêtus de blanc,* dont le fondateur était Hakem-ben-Haschem, surnommé Mokanaa, *le masqué,* parce qu'il portait un masque d'or, et Sasendeimah, *celui qui disposait du clair de de lune,* parce que pendant la nuit il produisait

(1) Après J.-C. 758; de l'hégire 141.
(2) Après J.-C. 778; de l'hégire 162.

au-dessus d'une fontaine, à Nakhscheb, une lueur merveilleuse qui jetait sur les lieux environnans une clarté semblable à celle de la lune. Il voulait se servir de cette jonglerie comme d'un miracle confirmatif de sa mission. De même Mani, chef des Manichéens, pour convaincre ses disciples de la divinité de son caractère, leur présentait un livre rempli de portraits magnifiques exécutés avec un art merveilleux (ertengi-mani). Mokanaa enseignait que Dieu avait revêtu la forme humaine depuis qu'il avait ordonné à ses anges d'adorer le premier homme, que depuis, la nature divine s'était transmise de prophète en prophète, d'abord à Abou-Moslem, qui avait mis sur le trône la famille d'Abbas, et enfin à lui. Il était disciple d'Abou-Moslem, que les Rawendi reconnaissaient aussi pour leur maître, et qui paraît également avoir enseigné le premier au sein de l'islamisme, la doctrine de la transmigration des âmes. A cette doctrine de la métempsycose, (Tenasouch) Mokanaa ajouta celle de la transformation de la nature humaine en la nature divine (Houloul) doctrine que la Perse avait empruntée aux Indes depuis que, comme nous l'avons vu plus haut, elle était devenue le dogme principal des Ghoullat (1).

Sous Mamoun, septième khalife abasside, lors-

(1) Voy. Herbelot aux mots Mani, Erteng, Mocanaa et Hakem ben Haschem.

que les traductions et les encouragemens d'hommes instruits, venus de la Grèce et de la Perse à Bagdad, eurent porté les sciences au plus haut degré d'élévation, l'esprit des Arabes, qui jusque là avait profondément pénétré dans la philosophie grecque, dans la théologie persane et dans le mysticisme indien, s'affranchit dès-lors de plus en plus, des liens dont l'avait enlacé la doctrine de l'islamisme. Les personnages les plus marquans de la cour des khalifes, s'étaient tellement identifiés avec la doctrine de ceux qu'on appelait Moulhad, *scélérats*, et Sindik, *esprits forts*, qu'ils en avaient reçu le nom. C'est alors, la première année du troisième siècle de l'hégire, que surgit un sectaire terrible pour les gouvernemens, qui, comme Masdek en Perse, deux siècles et demi auparavant, prêchait l'indifférence des actions humaines, la communauté de tous les biens, et qui faillit renverser le trône des khalifes, comme Masdek celui de Khosroès. Babek, appelé Khourremi, soit, comme le veut Lari, du bourg de Khourrem, lieu de sa naissance, ou suivant d'autres de l'extravagance de sa doctrine (en persan *extravagant*) couvrit pendant vingt ans de ruines et de cadavres le vaste empire des khalifes, jusqu'à ce qu'enfin, battu et pris par Moteaszem, successeur de Mamoun, il fut exécuté en présence même du khalife (1). Babek avant

(1) Après J.-C. 837; de l'hégire 223, d'après Hadschi Khalfa; suivant Lari, après J.-C. 841; de l'hégire 227.

de faire tomber sous la hache ses prisonniers, faisait déshonorer sous leurs yeux leurs femmes, et leurs filles. On prétend qu'il eut à souffrir les mêmes outrages de la part du commandant du château où il fut fait prisonnier. Lorsque le khalife lui fit couper les pieds et les mains, il se prit à rire et témoigna même au milieu des supplices de la criminelle insouciance de sa doctrine. Le nombre des victimes qui, dans l'espace de vingt ans, tombèrent sous le glaive, est évalué par les historiens à un million. Noud, un des dix aides du bourreau, se vantait d'avoir à lui seul égorgé au moins vingt mille hommes, tant fut terrible et sanglante la lutte que livrèrent aux partisans de la doctrine nouvelle de l'égalité et de la liberté les défenseurs du trône du khalifat et de la chaire de l'islamisme (1).

A cette époque si orageuse et si féconde en cruautés, vivait à Ahwas, dans les provinces méridionales de la Perse, Abdallah, fils de Maimoun-Alkaddah, fils lui-même de Daissan le dualiste. Son père et son grand père, qui avaient fait passer le dualisme de la doctrine des mages dans l'islamisme, l'avaient élevé dans les anciens principes monarchiques et religieux des Persans, et poussé à des actions qui devaient amener, sinon leur rétablissement, du moins la destruction de l'empire et de la foi des Arabes.

(1) Voy. Lari, d'Herbelot, V°. Babek.

Abdallah, fils de Maimoun, profondément versé dans toutes les sciences, instruit par l'étude de l'histoire et les sanglantes expériences de son époque, avait eu beaucoup d'occasions d'observer combien il est dangereux de déclarer une guerre ouverte à la religion et à la dynastie dominantes, tant qu'elles ont pour elles l'attachement des peuples et le dévoûment d'une puissante armée. C'est pourquoi il résolut, d'après un plan mûrement calculé, de miner en secret ce qu'il n'osait attaquer ouvertement. Il fallait envelopper dans l'ombre du mystère les doctrines subversives du khalifat, et ne les produire au grand jour que lorsque ses adroits partisans, par leurs interminables intrigues, se seraient emparés du pouvoir; il eût été trop téméraire de vouloir déraciner d'un seul coup ce respect que les peuples portent toujours au trône et à l'autel; car il n'ignorait pas que les hommes n'abjurent que peu à peu leurs préjugés, que la plupart ne renoncent qu'à quelques-uns, et qu'un petit nombre peut se défaire de tous. Enfin, comme il songeait à détruire non seulement ce qu'il appelait les erreurs des dogmes et de la religion positive, mais encore la base de toute religion et de toute morale, il résolut de n'enseigner sa doctrine que par gradation et de la diviser en sept degrés, à l'exemple de Pythagore et des Indiens. Le septième degré enseignait la vanité de toutes les religions et l'indifférence de toutes les actions humaines, parce que soit ici-bas, soit là-haut, elles ne devaient avoir ni châtiment ni récompense. Là seulement, disait-il, était la vérité et l'unique loi à observer, hors de là, il n'y avait qu'erreur et mensonge. Il envoyait des émissaires, avec la mission de gagner des partisans à sa doctrine, et de les initier à quelques-uns des degrés, ou à tous, suivant la force de leurs penchans pour le désordre et l'impiété. Pour mieux masquer ses vues politiques, il s'annonçait comme le défenseur des prétentions qu'élevaient au trône les descendans de Mohammed, fils d'Ismaïl. Ses missionnaires, bien qu'ils se déclarassent publiquement leurs partisans, n'étaient au fond, que de criminels propagateurs d'athéisme. Sous ces deux rapports, on les nomma eux et leurs adhérens, tantôt Ismaïlites, tantôt Ibahie, c'est-à-dire indifférens. Abdallah se rendit d'Ahwas à Baszra, et de là, en Syrie, où il s'établit à Salemiyé, d'où son fils Ahmed répandit ses doctrines par ses fils, Aboul-Abbas et Mohammed-Skholalaa, et par ses envoyés (Daï) qui étaient à la fois des émissaires et des missionnaires. Le plus célèbre d'entre eux, fut Hossein-d'Ahwas, qui, dans le pays de Koufa, initia entre autres à ces mystères de révolte et d'incrédulité Ahmed, fils d'Eskhaas, surnommé Karmath. Des torrens de sang et des villes en cendres, révélèrent bientôt son existence au monde (1).

Il s'appelait Karmath, par corruption du signe arabe qui forme ce nom; plus tard, il devint le chef des Karmathites, qui sortis de Lahssa et de Bakhrein, comme neuf cents ans après, les Wahabites des mêmes provinces, faillirent causer la ruine de l'islamisme. Outre que sa doctrine enseignait que rien n'était défendu, et que tout était permis, indifférent, et ne méritait ni châtiment ni récompense, elle minait surtout les bases fondamentales de la religion du prophète, en ce qu'elle proclamait que tous ses commandemens ne faisaient que présenter, sous le voile de l'allégorie, des maximes et des préceptes politiques, et n'étaient que de simples formules. En conséquence, il professait qu'il fallait tout rapporter au pur et irréprochable Imam Massoum, comme à l'idéal du souverain, que lui et ses missionnaires prétendaient chercher, vu qu'il n'occupait aucun des trônes existans, et déclarait, sans distinction, la guerre aux bons et aux mauvais princes. Sous prétexte de découvrir ce prince parfait, il voulait rompre les liens qui attachaient les peuples à la religion et aux gouvernemens. Le commande-

(1) Macrisi, au commencement du chapitre sur la généalogie des khalifes Fatémites, et plus bas, à la partie qui traite de la doctrine de Daïs sous le titre : Commencement des missions d'Ibtidaï dawet.

ment de la prière signifiait, d'après lui, l'obéissance à l'imam Massoum, les aumônes, la dîme qu'on devait lui donner, les jeûnes, l'observation du secret politique à garder sur l'Imam de la famille d'Ismaïl; tout, disait-il, dépendait de l'interprétation (Terwil) sans laquelle la parole du Koran (Tensil) n'était qu'un assemblage de mots vides de sens. La religion ne consiste pas seulement dans les pratiques extérieures (sahir), elle est toute dans le culte intérieur (bathin). Aux diverses variantes de cette doctrine, qui du reste a beaucoup de points de similitude avec celles que nous avons citées plus haut, les sectaires empruntèrent un nom différent dans chaque province du khalifat; ainsi, dans le Tabéristân, ils s'appelaient les partisans des sept degrés de la doctrine secrète d'Abdallah, fils de Maimoun-Kadah; dans le Khorassân, Mohammens, *les Rouges*; en Syrie, leur vêtement leur avait fait donner le nom de Mobeieysé, *les blancs;* dans la Transoxane, ils se nommaient Rawendi et Borkaï, *les masqués*, parce que Mokanaa se couvrait le visage d'un masque d'or; à Ispahan (la ville des chevaux), Bathéni, *les intimes*, ou Moutewilin, *les allégoristes interprétateurs;* à Koufa, Karmathi ou Mobareki; à Lahssa et Bakhrein, Dschenabi; et dans l'Afrique occidentale, Saïdi, de Karmath, Mobarek, Dschenabi et Saïdi, les quatre chefs de leur religion. Eux-mêmes ils s'appelaient Ismaïli, parce qu'ils faisaient remonter leurs prétentions à Ismaïl, fils de Dschafer-Sadik. Tous enfin, généralement, avaient reçu, de leurs adversaires, les noms bien mérités de moulhad, *scélérats*, ou de sindik, *esprits forts* (1).

Les Karmathites suivirent une toute autre marche que les partisans d'Abdallah, fils de Maimoun. Les premiers levèrent l'étendard de la révolte, et, au lieu de suivre leurs plans occultes, et d'attendre en secret le moment où le trône viendrait à être occupé par un des leurs, ils se mirent en lutte ouverte contre la puissance encore formidable du khalifat. Cette lutte fut sanglante comme celle que vingt ans auparavant avaient hasardée les sectateurs de Babek; seulement, elle fut plus opiniâtre et plus menaçante pour les princes et la religion. L'énergie même du khalife Motadhadbillah (*celui qui s'appuie sur Dieu*) ne put extirper cette désastreuse engeance des Karmathites, bien que les astrologues, les philosophes, les faiseurs de prédictions et les conteurs d'histoires, eussent entièrement perdu auprès de lui la considération qu'ils s'étaient acquise depuis le règne des khalifes Haroun et Maimoun (1). Ceux-

---

(1) Goulscheni Khoulefa, le Parterre de roses des khalifes de Nasmisade, d'après le dschamius-seir, c'est-à-dire le collecteur des mémoires et des histoires, de Nisamolmoulk, feuille 20.

(1) Nasmisade comme plus haut. Voy. aussi le *Magazin encyclopédique*.

ci n'étaient pas dangereux, car ils n'avaient ni armes ni chefs, tandis que les chefs des Karmathites, hommes de tête et de courage, comme Abousaid, Dschenabi et Aboutaher, voulaient la ruine totale de l'islamisme. Le khalife Motadadh-billah, est, depuis son sixième prédécesseur Motewekoul, le seul qui ait su, par des remèdes violens, rendre au khalifat énervé sa primitive vigueur; c'est pour cela que l'histoire lui a donné le surnom de second fondateur des Abassides ou Seffahssani, *celui qui le second verse le sang*, car Abbas était le premier.

C'est sous le commandement d'Aboutaher, que les Karmathites conquirent la ville sainte de la Mecque (1), comme de nos jours, l'ont fait les Wahabites. De semblables doctrines et de pareils faits se reproduisent souvent dans l'histoire de l'islamisme; trente mille Moslimins, périrent en défendant le sanctuaire de la Kaaba contre les brigands, qui incendièrent le temple et portèrent à Hadschar la pierre noire tombée du ciel au temps d'Abraham. Cet aérolithe, qui était ainsi que plusieurs autres, un objet de vénération pour les peuples, n'y fut rapporté que vingt-deux ans plus tard, lorsque l'émir de l'Irak le racheta pour cinquante mille ducats; l'adoration dont la pierre de la Kaaba était l'objet, ne devait jamais

---

(1) Après J.-C. 920; de l'hégire 308.

être détruite par les efforts des impies. Pendant un siècle, l'affreuse doctrine des Karmathites porta le fer et le feu dans le sein même de l'islamisme, jusqu'à ce qu'enfin on parvint à éteindre dans leur sang cet immense incendie.

Les malheurs de ces sectaires comme auparavant ceux des partisans de Babek, furent une sanglante leçon donnée à ceux qui étaient initiés à la doctrine occulte d'Abdallad, fils de Maimoun-Kadah. Ces malheurs auraient dû leur apprendre à ne l'enseigner toujours qu'en secret, jusqu'à ce qu'ils se fussent mis eux-mêmes en possession du trône ; enfin, un de leurs plus zélés et plus actifs missionnaires, ou Daïs, Abdallah, qui se donnait pour descendant de Mohammed, fils d'Ismaïl, parvint à s'échapper de la prison de Sedschelmessa, où l'avait fait jeter le khalife Motadhad, et à s'asseoir sur le trône en Afrique, sous le nom d'Obeidollah-Mehdi. C'est lui qui fut le fondateur de la dynastie des khalifes Egyptiens (1), qui font remonter leur origine à Ismaïl, fils de Dschafer-Sadik, et de ce dernier à Fatima, fille du prophète, et sont connus sous le nom de Fatémites ou d'Ismaïlites de l'Est. Ainsi la dénomination de la secte devint celle de la dynastie. Les Ismaïlites, qui s'étaient fait un docile instrument du fondateur de la dynastie qu'ils

---

(1) Après J.-C. 909 ; de l'hégire 297.

avaient mise sur le trône, rendirent, à proprement parler, leur doctrine dominante en Afrique, et le khalifat de Mahadia, première résidence de ces princes, ne tarda pas à menacer celui de Bagdad. C'est de ce siége du khalifat abasside, que vinrent les contestations qui furent élevées sur la validité de la filiation d'Obeidollah ; à les croire, ce dernier n'était rien moins qu'un descendant de Mohammed, fils d'Ismaïl ; il était né d'une juive, et avait pour frères consanguins Hossein et Aboschelalaa, tous deux fils d'Ahmed, fils d'Abdollah, fils de Maimoun-Kadah, il devait originairement avoir porté le nom de Said ; mais après que le Daï Abdollah l'eut tiré de prison, il l'avait changé en celui d'Obeidollah. En effet, si l'on considère que la doctrine d'Abdollad, fils de Maimoun, doctrine entièrement destructive de l'islamisme, fut celle qui, depuis la fondation de l'empire des Fatémites, domina à la cour ainsi que dans le gouvernement, qu'elle fut propagée par des prédicateurs officiels, d'abord à Mahadia, puis au Caire après la conquête de l'Egypte, sous le quatrième khalife de cette dynastie, que son chef était revêtu du titre de Daial-Doat, c'est-à-dire suprême missionnaire dans l'intérêt du trône et comme juge suprême de l'état, une des premières dignités de l'empire, de celui de Kadhiol-Kodhat, titres qui ont été souvent réunis dans la même personne, on sera facilement conduit à soupçonner que les chefs de cette secte, pour lesquels rien n'était sacré et tout permis, placèrent sur le trône un de leurs propres partisans; c'est ce qui semble très-vraisemblable, malgré les assertions contraires de Macrisi et d'Ibn-Khaledoun. Les détails que le premier de ces deux grands historiens nous a transmis sur l'origine de cette doctrine, et ses différens degrés d'initiation, qui furent étendus de sept à neuf, sont les plus précieux et les plus anciens que nous ayons sur l'histoire des sociétés secrètes de l'Orient, sur les traces desquelles ont marché plus tard celles d'Occident. L'intime concordance qui existait entre cette doctrine et celle des Ismaïlites de l'Est ou Assassins, nous ordonne de nous y arrêter quelques instans.

Aussitôt après l'élévation du trône des Fatémites (1), l'histoire fait déjà mention d'assemblées tenues deux fois par semaine, le lundi et le mercredi, par le Daial-Doat, ou suprême missionnaire dans l'intérêt du trône, et fréquentées également par les hommes et les femmes qui y avaient des loges séparées. Ces assemblées s'appelaient medschalisol-hikmet *ou sociétés de la sagesse.* Ceux qui désiraient l'initiation s'y rendaient vêtus de blanc; le chef allait ces deux jours chez le khalife, lui faisait quelque lecture, lorsque

(1) Après J.-C. 977; de l'hégire 335.

c'était possible, et le prince apposait sa signature sur la couverture de son cahier. Après la lecture faite, les disciples baisaient la main du khalife et touchaient respectueusement de leur front sa signature. Sous le sixième des khalifes Fatémites, Hakembienvillah, le plus stupide des tyrans dont parle l'histoire de l'islamisme, qui, sur la fin de sa vie, voulut se faire adorer comme un dieu, et, ce qui est encore plus absurde, est aujourd'hui même vénéré par les Druses comme un dieu fait homme, les assemblées devinrent plus nombreuses, la maison qui leur était destinée fut agrandie, et les dotations qui devaient salarier les maîtres et les disciples furent augmentées. Il y avait (1), entre autres, une grande loge nommée Darol-Hikmet, *maison de la sagesse,* abondamment pourvue de livres et d'instrumens de mathématiques, aussi célèbre par le nombre des professeurs que par celui des employés; il était permis à qui que ce fût d'entrer et de jouir de ces trésors littéraires; on donnait à tous de l'encre, des encriers, du parchemin et des plumes. Souvent les khalifes y présidaient des thèses savantes dans lesquelles paraissaient, suivant l'ordre de leurs facultés, les professeurs attachés à cette académie, logiciens, mathématiciens, juristes et médecins, tous revêtus de leurs habits de

---

(1) Après J.-C. 1004; de l'hégire 395.

cérémonie (khalaa) ou de leurs manteaux de docteurs. Les manteaux des universités anglaises ont encore aujourd'hui la vieille forme du khalaa ou du kaftan, qui étaient les habits d'honneur des Arabes.

Deux cent cinquante-sept mille ducats, produit de la dîme et du huitième de la dîme, étaient les revenus annuels de cette académie; elle les employait à solder les professeurs et les personnes attachées au service, à subvenir aux besoins de l'instruction et des sciences publiquement enseignées, ainsi qu'à ceux de la doctrine secrète. Celle-ci embrassait toutes les branches de la science humaine, et pour la posséder il fallait nécessairement avoir passé par les neuf degrés qui suivent (1). Le premier était le plus long et le plus pénible de tous, parce qu'il fallait inspirer au disciple une confiance sans bornes dans la science de son Daï, l'amener à prêter un serment solennel et à embrasser la doctrine secrète avec une foi aveugle et une obéissance illimitée. Dans ce but, on avait recours à toutes sortes d'artifices pour jeter la confusion dans son esprit, en lui mettant à la fois sous les yeux les nombreuses contradictions de la religion positive avec la raison, et les extravagances du Koran; on appelait à son aide les questions les plus subtiles, le scepticisme le

(1) Macrisi aux titres Mohawal et Darolhikmet.

plus insidieux; on voulait lui donner à entendre que la forme cachait un sens secret et intérieur. On lui révélait d'abord les données générales de la doctrine, ensuite on lui en faisait comprendre les mystères. Plus le désir d'être initié était violent chez les disciples, plus le maître refusait de leur faire la moindre révélation, jusqu'à ce qu'ils eussent prêté serment sans aucune restriction. Ce n'était qu'après, qu'ils étaient admis au deuxième degré : ce degré leur imposait l'obligation de reconnaître l'imamat comme une institution divine et comme la source de toute science. S'ils avaient une foi fervente dans les imams, le troisième degré leur apprenait leur nombre, qui n'était jamais autre que le nombre sacré de *sept*. Car, de même que Dieu avait créé sept ciels, sept terres, sept mers, sept planètes, sept couleurs, sept sons et sept métaux, il avait placé au rang d'imams révélés sept des êtres les plus parfaits, savoir : Ali, Hassan, Hossein, Ali-Seinolabidin, Mohammed-Albakir, Dschafer-Alszadik et Ismaïl, son fils, le dernier et le septième.

C'était là la cause de la grande scission, ou à proprement parler, du schisme qui séparait les Ismaïlites des Imamié, qui, comme nous l'avons vu en admettaient *douze*. Cette connaissance préliminaire était la transition naturelle pour arriver au quatrième degré. On y apprenait que depuis le commencement du monde il y avait eu sept législateurs divins, ou sept envoyés de Dieu, doués du don de la parole, dont un avait toujours modifié la doctrine de son prédécesseur d'après des commandemens célestes. Chacun d'eux avait eu sept disciples, qui devenus à leur tour législateurs doués du don de la parole, s'étaient à la même époque succédés les uns aux autres, et qui avaient reçu le nom de muets, *Samit*, parce qu'ils ne parlaient point en public. Le premier des muets se nommait le *Sous*, le *Vase*, et était pour ainsi dire le ministre du prophète parlant. Ces sept prophètes parlant sont avec leurs sept *vases* ou *muets*, Adam, Noah, Abraham, Moïse, Jesus, Mohammed et Ismaïl, fils de Dschafer, qui, comme le dernier s'appelait Sahibeseman, *maître du temps*. Leurs sept disciples étaient Seth, Sem, Ismaïl fils d'Abraham, Aaron, Siméon, Ali et Mohammed, fils d'Ismaïl. On voit par cette subdivision, qui a valu aux Ismaïlites le surnom de partisans des sept, qu'ils ne donnaient à chaque prophète qu'un seul de ces *envoyés muets*. Mohammed, fils d'Ismaïl, cent ans après la mort du dernier prophète, fut le premier qui accorda à ses sectateurs une entière liberté d'agir, et leur permit, toutes les fois qu'ils ne purent monter qu'au degré de missionnaire, de se faire passer pour prophètes *muets*.

Le cinquième degré devait dès-lors rendre

plus clair aux esprits des nouveaux disciples la probabilité de la doctrine elle-même. C'est dans ce but qu'on s'efforçait de persuader aux croyans que chacun des sept prophètes muets avait avec lui douze apôtres, dont la mission était de répandre la véritable foi. L'on présentait toujours le nombre sept comme étant après celui de douze le plus parfait. De là les douze signes du zodiaque, les douze mois, les douze tribus d'Israël, les douze phalanges des quatre doigts de chaque main, le pouce excepté, et ainsi de suite. Après ces cinq degrés, on commençait à leur expliquer le sens des prières de l'islamisme; dans le sixième, on enseignait que toute législation positivement religieuse devait être subordonnée à la législation générale philosophique. Les doctrines de Platon, d'Aristote et de Pythagore étaient citées comme des preuves logiques et fondamentales. Il fallait très long-temps pour monter à ce degré, et ce n'était qu'après que le disciple était entièrement à même de pénétrer au fond de la science du philosophe, qu'on lui permettait d'aspirer au septième. Alors seulement le mysticisme remplaçait la philosophie. C'était là véritablement cette doctrine de l'unité, que les sofis ont si bien développée dans leurs ouvrages. Dans le huitième degré, on traitait de nouveau des doctrines positives en matière de religion, doctrines qui, après tout ce qui les précédait, furent bientôt réduites à rien, ce n'était que dès ce moment que les disciples pouvaient parfaitement concevoir ce que c'était que les envoyés de Dieu et les prophètes, ce que c'était que le ciel et l'enfer. Ils devaient être convaincus que toutes les actions étaient indifférentes et qu'il n'y avait pour elles ni récompense ni chatiment, soit sur cette terre soit dans l'autre vie. C'était alors seulement que le disciple pouvait monter au neuvième et dernier degré; il était mûr pour servir d'instrument aveugle à toutes les passions et surtout à un désir illimité de domination. Toute cette philosophie pouvait se résumer en deux mots, *ne rien croire et tout oser*. Ces principes détruisirent de fond en comble toute religion et toute morale, et n'eurent d'autre but que de réaliser de sinistres projets qu'exécutèrent d'habiles ministres pour lesquels rien n'était sacré. Nous les verrons, eux, qui auraient dû être les protecteurs de l'humanité, s'abandonner à une insatiable ambition et s'ensevelir sous les ruines des trônes et des autels, au milieu des horreurs de l'anarchie, après avoir fait le malheur des nations et mérité les malédictions du genre humain.

LIVRE II.

Fondation de l'Ordre des Assassins et règne du premier Grand-maître, Hassan-Sabah.

L'Egypte, ce pays extraordinaire, qui présente un caractère si original et qui n'offre aucun point de ressemblance avec les autres contrées du monde, fut de tout temps le théâtre des événemens les plus remarquables; ce fut là aussi que de tout temps l'on a invoqué le pouvoir du ciel ou celui de la terre pour gouverner les hommes au nom de la sagesse ou de la folie. Déjà, à des époques reculées, il y régnait une caste de prêtres, entre les mains desquels le roi n'était qu'un instrument servile, et dont le Lituus, la crosse de nos jours, était le véritable sceptre: quelques superstitions et une iconolâtrie extérieure composaient toute la religion du peuple, tandis que les véritables dogmes des initiés se cachaient sous les symboles et les hiéroglyphes; leurs secrets se bornaient à connaître l'état de l'âme après la mort. Dans les croyances populaires, toute l'existence finissait avec la vie terrestre. C'était l'œuvre d'une politique profonde mais imprévoyante, que de laisser ignorer à la foule la doctrine de l'immortalité de l'âme, de l'identifier, pour ainsi dire, avec cette terre qui n'est qu'un lieu de passage, et de restreindre ainsi à un petit nombre les élus auxquels on accordait la faveur de voir au-delà du tombeau, sans négliger pour cela les devoirs et le but de la vie sociale. On pensait que le peuple ne pouvait atteindre ce but ni remplir ces devoirs, si son activité était absorbée par l'espérance d'une vie future. On lui permit seulement de connaître cet espace de temps qui s'écoule entre le berceau et le cercueil; pour lui il n'y avait rien au-delà. Ainsi, ni son existence ni ses forces ne se consumaient dans d'inutiles spéculations, dans de vaines espérances; tout était sacrifié à la vie du moment; et ceux qui gouvernaient l'état avaient atteint leur but, celui de se réserver la distribution des peines et des récompeses non-seulement dans ce monde, mais aussi dans celui de l'avenir. Toutefois, pour ne point se montrer totalement sourd au cri de la nature et de la raison qui nous révèle sans cesse une vie éternelle, on eut soin d'ordonner au peuple de conserver le plus long-temps possible le corps de l'homme et le nom de la famille : de là les momies et les mausolées, de là ces grands monumens et ces tribunaux secrets de la mort, où les prêtres distribuaient, à la fois comme dépositaires et comme juges, cette immortalité périssable de pierre et de poussière. Le petit nombre de ceux que cette doctrine ne put satisfaire reçurent dans les mystères une explication symbolique du jugement des morts; on leur enseigna ce qu'était réellement l'immortalité de l'âme, et ils apprirent par leur commerce avec les prêtres, ce que ceux-ci mêmes ne savaient pas.

Moïse, initié à la politique des prêtres de l'Egypte et à tous leurs secrets, conserva quelques-unes de leurs sages institutions, et cacha à son peuple la doctrine de l'immortalité de l'âme; aussi la connaissance en fut-elle en Egypte, réservée d'une manière presque exclusive à la caste des prêtres; du moins nous n'en trouvons aucune trace dans les livres des Hébreux, excepté dans le poëme arabe de Job, qui encore n'en fait pas partie.

Outre l'histoire de l'Egypte, les monumens qui nous sont restés, bien qu'entièrement étrangers à l'art, nous prouvent combien l'absence de toute doctrine de l'immortalité, jugée nécessaire par la politique des premiers prêtres, a tenu sous le joug l'esprit des peuples et a comprimé tout élan. Les sphinx et les colosses, les temples et les pyramides, incroyables monumens d'activité humaine, produit de forces immenses combinées vers un seul but, n'ont de vraiment étonnant que la grandeur de leurs masses. C'est en vain qu'on y a cherché la beauté de l'exécution, on ne pourrait la trouver que dans ces hautes régions de lumières où l'idée de l'immortalité élève seule l'art et la religion. Mais quelque nuisible que fût cette politique mystérieuse au libre développement de la civilisation, elle était probablement le fruit d'une volonté consciencieuse, qui croyait diriger l'activité entière de l'homme vers la prospérité de l'état, comme vers un seul et unique but, et amener les peuples au plus haut degré de bonheur qu'il leur fût permis d'atteindre sur la terre. Les mystères, véritables bienfaits pour les initiés, n'avaient rien de nuisible pour les profanes. La doctrine occulte du moyen âge de l'Egypte était d'une nature tout opposée; la première ne songeait qu'à affermir le trône et l'autel, la seconde qu'à les renverser. La grande différence qui existe entre la construction de l'ancienne Memphis et celle de la nouvelle Kahira peut nous servir de point de comparaison entre la doctrine secrète de l'ancienne *Académie d'Héliopolis* et celle de la *nouvelle Maison des sciences*.

L'Egypte, dans les temps les plus anciens, le berceau des sciences et des institutions sociales, avait enseigné au monde du moyen âge l'alchimie, la rhabdomancie, l'art de trouver la pierre philosophale et celui des talismans, et de nos jours encore, elle fut la patrie des sciences et des sociétés secrètes.

La loge du Caire, dont la politique était, comme nous l'avons vu plus haut, de renverser la famille d'Abbas, au profit de celle des Fatémites, répandait ses doctrines par des Daïs, c'est-à-dire, des hommes chargés de propager la foi et de gagner des soutiens aux prétentions qu'élevait au trône la famille des Fatémites. Ils avaient sous leurs ordres des sectaires appelés Refik ou *compagnons*, qui bien qu'initiés à un seul ou plusieurs degrés, ne pouvaient cependant enseigner ces doctrines ni recueillir des voix pour une dynastie, car c'était la seule prérogative des Daïs, dont le supérieur, le *Daïl-Doat* ou Grand-maître, résidait au Caire dans la *maison des sciences*. Cette institution ne subit aucun changement depuis sa fondation par Hakem (1); mais sous le khalife Emir-Biahkamillah (2), l'Emir-Oldschouyousch, ou généralissime de l'armée, Efdhal, fit fermer la Loge, à l'occasion d'un tumulte que ses propres membres avaient excité, et, suivant toute apparence, la fit raser (3). Après sa mort, lorsque l'année suivante la société pressait le visir Mamoun de rouvrir la loge il refusa de la rétablir dans le même lieu, et fit construire ailleurs un autre bâ-

(1) Après J.-C., 1004; de l'hégire, 395.
(2) Après J.-C., 1122; de l'hégire, 516.
(3) Après J.-C., 1123; de l'hégire, 517.

timent destiné au même objet. Ce bâtiment, appelé Darolilm-Dschedide, ou *la nouvelle maison des sciences*, devait servir aux cours publics et aux réunions secrètes, qui continuèrent sans interruption jusqu'à la chute de l'empire des Fatémites. La puissance toujours croissante de ces derniers et la faiblesse où tomba peu à peu le khalifat de la famille d'Abbas (1), révélèrent bientôt les effets de cette doctrine. L'Emir Bessassiri, un de leurs protecteurs et de leurs plus zélés partisans, exerça à Bagdad, pendant une année entière, les deux droits souverains de l'islamisme, c'est-à-dire s'empara du droit de battre monnaie et de prêcher dans la chaire au nom du khalife égyptien Mostanzer, qui se serait maintenu en possession de ces prérogatives, si Bessassiri n'était tombé, un an après, sous le fer de Togrul, accouru à la défense de la famille d'Abbas. Pendant ce temps, les compagnons, *Réfik*, et les maîtres, *Daïs*, inondaient toute l'Asie, et l'un de ces derniers, Hassan-Ben-Sabah-Homaïri, devint le fondateur d'une nouvelle branche de la secte, celle des Ismaïlites de l'est ou Assassins.

Hassan-Ben-Sabah, c'est-à-dire un des descendans de Sabah, était fils d'Ali, Schiite orthodoxe de Reï, qui tirait son nom de Sabah-Homaïri. Son père, à ce qu'il prétendait, était venu

(1) Après J.-C., 1058; de l'hégire, 450. V. Macrisi, aux titres Mohawal, Darolilm et Darolilm-Dschedidi.

de Koufa à Koum, puis de Koum à Reï. Toutefois ces assertions trouvaient de l'opposition parmi les habitans du Khorassân et surtout parmi ceux de Thous, qui soutenaient que ses aïeux avaient habité de tout temps les villages de cette contrée. Les opinions et les paroles d'Ali l'avaient généralement fait soupçonner d'hérésie, aussi lui donna-t-on bientôt le surnom de Rafedhi ou Motasal, *dissident et apostat.* Pour s'excuser auprès d'Aboumoslem, gouverneur de cette province et sunnite sévère, et lui donner en même temps une haute idée de son orthodoxie, il employait toutes sortes d'artifices et de mensonges, et se retirait dans un couvent pour se livrer tout entier à une vie contemplative. Mais cet expédient n'eut pas l'effet qu'il en attendait, et il continua à être regardé par ses contemporains, tantôt comme hérétique tantôt comme incrédule et athée. Afin de dissiper ces soupçons, il envoya son fils Hassan à Nischabour, pour y entendre le célèbre Mowafek Nischabouri, âgé alors de quatre-vingt et quelques années. La renommée dont il jouissait à juste titre était si grande, qu'on le considérait non-seulement comme un des hommes les plus instruits dans la loi du prophète, mais encore comme un homme capable d'assurer à jamais le bonheur temporel à tous ceux qui étudiaient avec lui le Koran et la Sunna. Une foule innombrable de jeunes gens distingués se pressait à ses cours, et tous prouvaient, en mettant à profit leurs relations avec le sage Imam, combien l'opinion publique avait été juste à son égard. Après sa mort, trois de ses disciples, doués des talens les plus remarquables, Hassan, Omar Khiam et Nisamolmoulk, parcoururent avec les plus grands succès des carrières différentes. Tous trois brillent parmi les grands esprits de leur siècle, Omar Khiam comme astronome et poète, Nisamolmoulk comme grand visir, et Hassan-Ben-Sabah comme chef de secte et fondateur de l'Ordre des Assassins. Le premier fut peu utile à la société, au milieu de laquelle il mena une vie complétement épicurienne; le second se distingua sous trois sultans de la famille des Seldjoukides, comme homme d'état à la fois profond et bienfaisant, et la politique infernale du troisième fut un fléau pour l'humanité.

L'ambition de Hassan-Ben-Sabah se dévoila dès sa jeunesse. C'est à cette époque que, réuni à ses deux condisciples, il fit un serment dont l'exécution devait être le gage de sa prospérité future. Le visir Nisamolmoulk nous raconte lui-même, en sa qualité d'historien, la nature et les conséquences de leurs obligations. L'opinion généralement reçue, dit un jour Hassan aux deux autres, veut que les disciples de l'Imam parviennent à de hautes dignités, si un seul de nous est élevé, jurons qu'il partagera sa fortune avec les deux autres. Tous acceptèrent la proposition d'Hassan. Omar Khiam était trop sensuel pour se lancer dans la carrière politique ; Nisamolmoulk avait le cœur trop généreux pour ne pas partager avec l'ambitieux Hassan le bonheur que lui promettaient ses grands talens et sa loyale activité. Pendant plusieurs années Nisamolmoulk parcourut les pays de Khorassân, de Mawarainer, de Ghasnin et de Kaboul, et remplit plusieurs places inférieures dans l'administration. Enfin il fut nommé visir de l'empire sous le grand prince Seldjoukide Alparslan. Nisamolmoulk reçut avec de grands honneurs son ancien condisciple Omar Khiam, qui le visita le premier, et, comme il le dit lui-même, lui offrit, suivant son ancienne promesse, son crédit et son influence pour lui faire obtenir une place de ministre ; narration d'autant plus vraisemblable, que Nisamolmoulk savait d'avance que son offre serait repoussée. Il connaissait trop bien les goûts de Khiam et son épicuréisme, pour croire qu'un tel rival pût jamais lui être dangereux lors même qu'il deviendrait ministre. En effet, celui-ci le remercia, uniquement désireux de vivre tranquille et exclusivement adonné aux sciences. Le visir lui fit une pension viagère de douze mille ducats sur les revenus de Nischabour ; depuis ce temps il vécut dans la retraite loin des affaires publiques, livré tout entier à l'étude ; il acquit plus tard une grande renommée comme poète et comme astronome. Si ses goûts paresseux l'ont empêché de rendre la postérité juge de cette gloire, en lui transmettant un grand ouvrage, il s'est immortalisé dans l'histoire de la poésie persane par ses quatrains rimés. Ses vers, les seuls qui se distinguent par de nombreuses et folâtres saillies, livraient au ridicule les dévots et surtout les mystiques; ils ne respectaient pas même la doctrine des Sofis et celle du Koran; aussi fut-il accusé d'athéisme par tous les orthodoxes. Omar Khiam et Ibn Iemin, célèbres parmi les poètes persans, l'un par ses strophes à quatre vers, *roubayat*, l'autre par ses fragmens, *mokataat*, ont mérité à juste titre le nom de poètes philosophes. Le premier peut être comparé à Young, le second à Voltaire. Hassan-Sabah vécut retiré et inconnu pendant les dix ans que dura le règne d'Alparslan; mais aussitôt après l'avénement au trône de Melekschâh, sous lequel Nisamolmoulk conserva le pouvoir qu'il avait exercé sous son prédécesseur, le fils de Sabah parut à la cour du sultan Seldjoukide. Empruntant au Koran les termes sévères dont il flétrit les parjures, il rappela au nouveau visir le serment qu'ils avaient prêté dans leur jeunesse, et le somma d'être fidèle à sa parole. Nisamolmoulk le reçut avec de grands honneurs, lui donna des titres, lui assigna des revenus et l'introduisit auprès du sultan; mais Sabah, dont l'astuce commençait à se dévoiler, sut bientôt, par son hypocrisie, s'emparer de son esprit, en affectant une loyauté sans bornes et la franchise de la vertu. Le prince suivait ses conseils, lui en demandait même dans toutes les affaires importantes, et ne prenait de résolution qu'après l'avoir consulté. Hassan travaillait ardemment à la chute de son bienfaiteur, et Nisamolmoulk se voyait sur le point de perdre son influence et son autorité. Il employait avec art tous les moyens qui pouvaient faire connaître au souverain les fautes commises dans le divan, même les plus légères, l'irritant sans cesse contre son visir par de perfides insinuations et d'astucieux raisonnemens. Le coup le plus terrible que, de l'aveu même de Nisamolmoulk, Hassan porta à son ami, fut de contracter envers le sultan l'obligation de lui présenter en quarante-six jours le compte des revenus et des dépenses de l'état pour la confection duquel le visir avait demandé dix fois plus de temps. Melekschâh soumit aux ordres de Hassan tous les écrivains de la chambre, avec l'aide desquels il termina le compte, et dans le délai qu'il avait fixé. Nisamolmoulk, qui nous raconte lui-même avec quelle facilité Hassan accomplit sa promesse, ajoute que cependant il ne put en tirer avantage, car il fut honteusement chassé de la cour, après avoir remis son mémoire, et sans pouvoir connaître la véritable cause de sa disgrâce. Il est à présumer, comme le disent d'autres historiens, que Nisamolmoulk, pour conserver le pouvoir dont il jouissait, avait trouvé le moyen de brouiller les comptes présentés par Hassan en en dérobant quelques feuilles. Ce dernier ne pouvant expliquer le désordre imprévu de ses papiers, Nisamolmoulk saisit l'occasion d'éloigner de la cour un rival si dangereux. Il convient dans ses Institutions politiques d'une manière très naïve, que si ce malheur n'était pas arrivé au fils de Sabah il aurait été forcé lui-même de quitter la cour et ses hautes fonctions (1).

Hassan s'éloigna de la cour de Melekschâh, et alla d'abord à Reï, puis à Ispahan, où il se tint caché dans la maison d'Aboulfasl, afin de se dérober aux recherches de Nisamolmoulk. Il convertit bientôt le Réï à ses opinions, et resta quelque temps chez lui. Un jour qu'il se plaignait de Melekschâh et de Nisamolmoulk, il finit en disant que s'il avait seulement deux amis fidèles et dévoués, il aurait bientôt renversé la puissance de ce Turc et de ce *paysan*. Cette parole remarquable dévoilait les projets ambitieux et profondément calculés du fondateur de l'Ordre des Assassins qui, alors préludait déjà par la perte des rois et des ministres. Ce mot contient le germe de toute la politique de cet Ordre terrible. Les opinions sont impuissantes tant qu'elles boule-

---

(1) Mirkhond et Devletschâh. V°. Schahfour de Nischabour.

versent les têtes sans armer les bras ; le scepticisme et l'athéisme qui n'occupent que des philosophes ou des oisifs ne renversent point de trônes ; le fanatisme religieux ou politique des peuples fait seul des révolutions. Qu'importe à l'ambition telle ou telle croyance, pourvu qu'elle trouve des instrumens assez serviles pour exécuter ses projets ? Tout pour elle est d'avoir des esclaves adroits, de fidèles satellites et d'aveugles séides. Que ne peuvent deux êtres dévoués, animés par le génie d'un tiers et obéissant à ses ordres avec une entière abnégation ? Cette vérité dont était convaincu l'audacieux Hassan, n'entrait point dans l'esprit de son hôte le Reï d'Aboulfasl, un des hommes les plus judicieux de son époque. Il prit ces paroles pour un signe de démence et ne douta point de la folie de Hassan : Car, disait-il, comment un homme sensé peut-il croire qu'avec l'aide de deux compagnons il luttera avec succès contre le sultan Melekschâh, dont la puissance s'étend depuis Antioche, jusqu'à Kaschgar? Sans révéler à Hassan toute sa pensée, il lui fit prendre à chaque repas des boissons aromatiques et des mets préparés avec du safran, dans l'espoir de le guérir et de lui fortifier l'esprit. Le fils de Sabah devina les projets de son hôte et se prépara à le quitter : en vain celui-ci employa toute son éloquence pour le retenir, Hassan partit bientôt après pour l'Egypte (1).

Lorsque vingt années plus tard, Hassan se fut mis en possession du château fort d'Alamout, que le visir Nisamolmoulk eut péri sous les poignards de ses Assassins, et que le sultan Melekschâh eut suivi de près son ministre, le Réï Aboulfasl, devenu un des plus zélés partisans de Hassan-Sabah, se trouvait à la forteresse. « Réï, lui dit
» Hassan, qui de nous deux était en démence et
» à qui de nous les boissons aromatiques que tu
» me fis prendre à Ispahan convenaient-elles le
» plus ? Tu vois comme j'ai tenu mes sermens,
» aussitôt que j'ai pu trouver des amis fidèles. »

Le règne du sultan Melekschâh, pendant lequel Hassan-Sabah fonda sa puissance, est un des plus orageux de l'histoire du moyen âge en Orient; chaque pas est marqué par la chute d'anciennes dynasties et par l'élévation de nouvelles familles; dans le Tabéristân, le Haleb et le Diarbekr, les dynasties de Beni-Siad, de Beni-Merdas et de Beni-Merwan disparurent (2); à leur place surgirent (3) les familles de Danischmend Bawend et d'Ortok et s'élevèrent (4) les

---

(1) Après J.-C., 1078; de l'hégire 471.—Nokhbet-Tewarikh et Mirkhond.
(2) Après J.-C., 1078; de l'hégire, 471.
(3) Après J.-C., 1079; de l'hégire, 472.
(4) Après J.-C., 1085; de l'hégire, 478.

trônes de Roum, de Tabéristân et de Maradin. La race des Seldjoukides, qui depuis son fondateur Togrul-beg régnait à Iran, commençait (1) à étendre ses branches jusque dans la Syrie à Karman (2) et dans l'Asie-Mineure. A Bagdad, résidence des khalifes de la famille d'Abbas, deux partis se firent au nom de la religion, une guerre sanglante (3). Les Sunnites et les Schiites, les partisans de l'Imam Eskhaari et ceux d'Hanbeli, se livrèrent d'affreux combats (4) au sein même de cette ville; quoique la monnaie fût frappée, depuis la mort de l'Emir Bessassiri (5) au nom de la famille d'Abbas, et que les prières publiques fussent faites en son honneur, les deux saintes villes de la Mecque et de Médine priaient (6) dans les temples pour le fanatique khalife Mostanszar, qui occupait alors le trône d'Egypte. Les Daïs, ou missionnaires, c'est-à-dire les initiés des Ismaïlites et les apôtres de la loge du Caire, parcouraient toute l'Asie pour faire des prosélytes et exciter des révoltes. Il ne faut donc pas s'étonner s'ils trouvaient un protecteur dans Hassan-Sabah. Nous raconterons le commencement de ses relations

(1) Après J.-C., 1072; de l'hégire, 465.
(2) Après J.-C., 1077; de l'hégire 470.
(3) Après J.-C., 1084; de l'hégire 477.
(4) Après J.-C., 1077; de l'hégire, 472.
(5) Après J.-C., 1079; de l'hégire, 472.
(6) Après J.-C., 1084; de l'hégire, 477.

avec eux d'après ses propres récits, tels que l'histoire nous les a conservés (1).

« Dans ma jeunesse, et dès l'âge de sept ans, le but de tous mes efforts était d'acquérir des connaissances. Elevé comme mes aïeux, dans la doctrine des douze Imams (Imamié) je fis la connaissance d'un compagnon Ismaïlite (Réfik) appelé Emire-Dharab, auquel je fus bientôt uni par une étroite amitié. Je pensais que le khalife de l'Egypte était un homme imbu des doctrines des Ismaïlites et de celles de ses philosophes. Emire prenait souvent avec chaleur la défense de leurs idées, et nous nous disputions fréquemment sur des articles de foi. Les critiques dont ma secte fut l'objet, laissèrent cependant une profonde impression dans mon âme. Au départ d'Emire, je fis une grave maladie, dans le cours de laquelle je me reprochai souvent mon incrédulité, et regrettai de n'avoir pas saisi l'occasion d'embrasser la doctrine des Ismaïlites. Après ma guérison, je rencontrai un autre Ismaïlite, nommé Abou-Nedschm-Saradsch, qui sur ma demande, m'expliqua leur religion, m'en donna une entière connaissance; enfin, je trouvai un Daï (missionnaire) nommé Moumin, auquel le Scheikh Abdolmelek-Ben-Attasch, supérieur des missions à Irak, avait permis d'exercer cette

---

(1) Mirkhond et Takwimet-Tevarikh.

fonction. Je le priai d'accepter mon serment de fidélité au nom du khalife fatémite. Il refusa d'abord, parce que j'étais revêtu de plus grandes dignités que lui, mais comme je le pressais sans cesse, il céda à ma volonté. Le scheikh Abdolmelek, qui à cette époque vint à Réï, eut tant de plaisir à converser avec moi, qu'il m'accorda sur-le-champ l'emploi de missionnaire de l'autel et du trône (*Dai*) et m'engagea à aller en Egypte, pour jouir du bonheur de servir l'Imam Mostanszar, Khalife fatémite alors régnant. Au départ du scheikh de Reï pour Ispahan, je me mis en route pour l'Egypte (1). »

Hassan avait donc été déjà initié en Perse aux mystères immoraux des Ismaïlites. C'est pour cela, sans doute, qu'il avait de suite été jugé digne de répandre leurs doctrines. La renommée de ses grands talens et de l'autorité dont il avait joui à la cour de Melekschâh le devancèrent, et le khalife Mostanszar, content de s'être attaché un pareil missionnaire, le reçut avec honneur et distinction. Le supérieur des missions ou grand maître de la loge, Daïl-Doat, le Schérif Tahre-Kaswimi et quelques autres personnes d'un haut rang furent envoyés à sa rencontre jusqu'à la frontière. Dans la ville, Mostanszar lui assigna une demeure, le fit com-

---

(1) Mirkhond.

plimenter par les officiers de sa cour et le combla de faveurs. Suivant quelques historiens, Hassan ne resta que dix-huit mois au Caire, pendant les quels il ne vit même pas le khalife, bien qu'il s'occupât de tous ses intérêts; ce prince ne parlait de lui qu'avec les plus grands éloges, et telle était l'affection qu'il lui témoignait, que ses parens et ses premiers fonctionnaires disaient tout haut que Hassan serait bientôt nommé premier ministre. Sur ces entrefaites, Hassan eut plusieurs querelles avec Bedr-Dschemali (pleine lune de beauté) Émir-Oldschouyousch ou généralissime, qui commandait l'armée des Ismaïlites avec un pouvoir absolu; elles avaient eu pour cause la révolution que fit naître, à cette époque, la succession au trône de l'Egypte. Le khalife avait proclamé son fils Nésar son successeur légitime, tandis qu'un parti à la tête duquel se trouvait Bedr-Dschemali, avait nommé comme seul digne du trône, son autre fils Mostéali, qui plus tard, en effet, succéda à son père. Hassan soutint les droits de Nésar, et s'attira par là la haine du généralissime, qui, non content de le traiter avec la plus grande animosité, détermina enfin le khalife à faire emprisonner le fils de Sabah dans la forteresse de Damiette (1).

A peu près à cette époque, une des tours les

(1) Mirkhond.

plus solides de cette ville s'écroula sans qu'on en connût la cause, et les habitans effrayés virent dans cet accident un miracle opéré par Mostanszar et Hassan. Alors ses envieux et ses ennemis le jetèrent les mains liées dans un vaisseau qui faisait voile pour l'Afrique. A peine avait-il gagné le large, qu'un vent impétueux souleva les vagues et saisit de terreur l'équipage. Hassan seul était tranquille et inaccessible à la crainte. Un de ses compagnons de voyage lui demandant la cause de cette sécurité, il lui dit : « Notre seigneur (Sidna) m'a promis qu'aucun malheur ne m'arriverait. » Comme la mer en effet s'apaisa, les voyageurs reprirent confiance et devinrent dès ce moment de fidèles disciples de Hassan. C'est ainsi qu'il sut profiter du hasard et des événemens naturels pour augmenter sa puissance. Le sang-froid avec lequel il bravait les dangers que présente une mer en courroux, l'aida à dominer les esprits par la croyance supposée de son pouvoir sur les élémens. Dans les ténèbres de son cachot, et au milieu même de l'orage il ne cessa de nourrir les ambitieux projets de son insatiable vengeance. Le fracas d'une tour qui s'écroule, les feux de l'éclair, les roulemens du tonnerre, le bruit terrible des vagues, le laissaient calme et impassible; son unique pensée était la fondation de son ordre d'assassins; sans cesse il s'occupait de calculer les moyens de renverser les trônes et d'anéantir les dynasties. Un vent défavorable, mais que Hassan appelait de ses désirs, conduisit le vaisseau sur les côtes de la Syrie, au lieu de le mener en Afrique. Hassan débarqua, et se dirigea sur Haleb, où il resta quelque temps; de là il se mit en route pour Bagdad, Khousistân, Ispahan, Yesd et Kerman, propageant partout sa doctrine; de Kerman il revint à Ispahan, où il séjourna quatre mois, puis il retourna à Khousistân. Après s'être arrêté trois mois dans cette province, il se fixa à peu près pour autant d'années à Damaghan et dans les contrées voisines. Là il fit un grand nombre de prosélytes, et envoya à Alamout et dans plusieurs autres forteresses de ce pays, des Daïs d'une grande éloquence. Après y avoir tout préparé pour la réussite de ses projets futurs, il se rendit à Dschordschan d'où il partit pour Dilem (1). Toutefois il ne voulut point entrer sur le territoire de Reï, parce qu'Aboumoslem-Rasi, gouverneur de ce district, fidèle aux instructions qu'il avait reçues de Nisamolmoulk, mettait tout en œuvre pour s'emparer de sa personne. Hassan se vit donc forcé d'aller à Sari et de là à Demawend, d'où il prit le chemin de Kaswin, pour aller à Dilem et enfin à la forteresse d'Alamout, le berceau de sa puissance et de sa grandeur. Avant ce voyage il y avait déjà envoyé

(1) Mirkhond.

un de ses plus zélés et plus habiles missionnaires, le Daï Hossein-Kaïni, pour inviter les habitans à prêter serment au khalife Mostanszar. La plus grande partie obéit, mais Ali-Mehdi, qui commandait la forteresse au nom de Melekschâh, homme pieux et simple, resta fidèle à son devoir avec un très-petit nombre des siens, et ne voulut reconnaître pour souverain spirituel que le khalife de Bagdad, issu de la famille d'Abbas, et pour souverain temporel que le sultan Melekschâh, de la famille des Seldjoukides. Ce gouverneur était un descendant d'Ali, et comptait au nombre de ses aïeux le Daï Ilalhakk, c'est-à-dire *celui qui invite à dire la vérité.* Hassan-Ben-Seid-Bakeri avait bâti cette forteresse 350 ans avant Hassan (1). Alamout, c'est-à-dire *repaire de vautours,* ainsi nommée à cause de sa position inaccessible, située au 84° 50′ de longitude et au 36° de latitude, la plus grande et la plus formidable des cinquante forteresses du district de Roudbâr, est à soixante parasangues au nord de Kaswin. Le pays est montagneux et sert de frontière entre le Dilem et l'Irak, provinces qui n'ont toutes deux pour les arroser d'autre fleuve que le Schahroud ou *fleuve royal.* Cependant deux autres rivières portent ce nom; l'une prend naissance dans le mont Thalkan, près de Kaswin, l'autre qui a sa source dans la montagne

---

(1) Après J.-C., 860; de l'hégire, 246.

de Schir, parcourt le district du Roudbâr d'Alamout : comme Roudbâr peut, en général, se traduire par *paysriverain*, ce nom est encore commun à un autre district ; c'est celui-ci qui, plus au nord, est désigné sous le nom d'Alamout, pour le distinguer du Roudbâr de Lor, situé plus au midi, près d'Ispahan, et arrosé par le Sendroud *fleuve de la vie*, comme l'autre par le Scharoud, *fleuve royal* (1).

Hassan qui jusque-là avait cherché en vain un centre où il pût établir le siége de cette puissance qu'il rêvait, s'empara enfin de la forteresse d'Alamout, dans la nuit, un mercredi, 6 du mois de redscheb, 483 ans après la fuite de Mohammed, 1090 ans après Jésus-Christ, et sept siècles avant la révolution française, dont les premiers auteurs furent des membres de sociétés secrètes, qui, comme les Ismaïlites, ne voulaient que le renversement des trônes et des autels. Une longue expérience, une connaissance étendue des hommes jointes à une étude profonde de la politique et de l'histoire, avaient appris au fils de Sabah que l'impiété et l'immoralité pouvaient bien quelquefois avancer la chute d'une dynastie, mais jamais en fonder une nouvelle. L'anarchie peut souvent être utile aux gouvernés, mais ne doit jamais être le but des gouvernans ; la masse soumise à un ou plu-

(1) Dschihannouma, p. 296 et 304.

sieurs ne peut être maintenue dans l'ordre que par les lois, et la morale et une religion éclairée sont les seules garanties de l'obéissance des peuples et de la sécurité des princes. Hassan, initié à tous les secrets de la loge du Caire, ne tarda pas à dévoiler les plans de son ambition sans bornes ; il ne voulait pas moins que la chute du khalifat de la famille d'Abbas et l'élévation d'un trône nouveau sur la ruine de l'autre. Cet homme, jusque-là simple missionnaire du khalife fatémite Mostanszar, conçut le projet de s'assurer à lui-même la domination au lieu de travailler pour son maître, et pensa tout autant à renverser l'œuvre d'une politique sage mais étrangère, qu'à élever et affermir l'édifice de sa propre grandeur. Comme dans l'opinion des Moslimins, l'Imam et le Khalife seuls doivent être investis du pouvoir, et que les peuples n'étaient divisés que sur le point de savoir si c'était à la famille d'Ommia, à celle d'Abbas, ou à celle de Fatima que ce pouvoir devait légitimement se transmettre, les ambitieux qui voulaient s'emparer de l'autorité suprême, n'avaient d'autre moyen d'y parvenir que de l'exercer à l'ombre du khalifat, qui lui-même n'était plus alors qu'un simulacre de puissance, et sous le nom des khalifes régnans. Ainsi tout récemment, la famille des Seldjoukides, qui suivait en cela l'exemple que lui avaient donné d'autres familles, s'était emparée de la domination de l'Asie sous le nom des khalifes de Bagdad. Hassan Sabah, après avoir inutilement cherché fortune à la cour des Seldjoukides, poursuivi par le sultan et le visir, ne put que se servir du nom du khalife du Caire et se couvrir de sa protection; il devint un modèle d'austérité et de piété, et fit ainsi des prosélytes, à ce qu'il prétendait, pour le khalife et la religion, mais en réalité, il ne travaillait que pour lui et dans l'intérêt de son ambition. Il s'était mis en possession d'Alamout en partie par ruse, en partie par force, et avait su avec l'aide de la cabale (kabbala) légitimer aux yeux de la multitude les intrigues auxquelles il devait ses succès; il trouva fort heureusement dans les lettres du mot Alamout le chiffre 483, qui était celui de l'année courante. Hassan avait employé contre Mehdi, commandant de la forteresse au nom du sultan Melekschâh, le même stratagème que l'histoire nous raconte à l'occasion de la fondation de Carthage et d'autres villes. Il demanda pour 3000 ducats la place que pouvait contenir une peau de bœuf; cette demande accordée, il en coupa la peau en lanières et en entoura le château. Mehdi, qui déjà auparavant avait exclu les Ismaïlites de la forteresse, et ne se croyait pas obligé d'exécuter le traité, en fut expulsé et se retira à Damaghan. Avant sa sortie, Hassan lui avait donné pour le Réï Mosaffer, gouverneur de la forteresse de Kirdkouh, un mandat laconique ainsi conçu : *Le* » *Réï Mosaffer paiera à Mehdi descendant d'Ali* » *la somme de 3000 ducats comme prix de la* » *forteresse d'Alamout. Salut au prophéte et à* » *sa famille ! Que Dieu, le plus grand des bienfai-* » *teurs, nous soit en aide.* » Mehdi ne pouvant croire qu'un homme comme le Réï, qui jouissait d'une haute considération en sa qualité de lieutenant des Seldjoukides, fît la moindre attention au billet d'un aventurier comme Hassan, n'en fit d'abord aucun usage, mais enfin, la curiosité et surtout la nécessité l'engagèrent à le présenter. A son grand étonnement on lui remit de suite la somme stipulée. Le Réï était un des premiers et des plus fidèles partisans de Hassan, comme Hossein de Kaïn était un des plus zélés. Tous les deux professaient ses doctrines et parcouraient, le premier le Dschebal, le second le Kouhistân, deux provinces montagneuses au nord de la Perse, afin d'y faire des prosélytes. Hassan, pendant ce temps, entourait sa résidence de formidables remparts et y dirigeait quelques sources d'eau douce. En outre il faisait construire un canal qui devait amener l'eau jusqu'au pied de sa forteresse, plantait partout des arbres fruitiers et encourageait les habitans à se livrer à l'agriculture. Il prévoyait aussi ce qui lui serait utile en cas de siége, et ne négligeait rien de ce qui pourrait fortifier ce château qui dominait toute la province de Roudbâr, l'approvisionner et améliorer la culture des terres; mais sa sollicitude s'occupait encore bien davantage d'établir sur des bases solides son système politique et religieux et de le coordonner avec les idées qui avaient présidé à la création de l'ordre des Assassins.

Il s'agissait de fonder un empire, de lui donner des institutions et de suppléer par des moyens extraordinaires au défaut d'argent et de troupes, ces deux grands auxiliaires de toute domination. L'histoire, en lui rappelant le sanglant exemple de Babek et de Karmath, qui, après avoir fait périr des myriades d'hommes, étaient eux-mêmes tombés victimes de leur ambition, lui montrait à quels dangers s'exposait l'impie et le rebelle qui se mettait en révolte ouverte contre les croyances d'un peuple entier. Ses propres expériences lui avaient appris, par le peu de succès qu'avaient eu jusque-là les missions des Ismaïlites en Asie, combien il était inutile de répandre la doctrine secrète de la loge du Caire tant que les chefs ne commanderaient qu'à des intelligences et non à des bras. Depuis deux siècles les Fatémites régnaient en Afrique; la loge s'était ouverte d'abord à Mahadia, puis au Caire; un système de missions secrètes s'était organisé en faveur des khalifes égyptiens. Mais si les Ismaïlites avaient à la vérité réussi à ébranler le khalifat de la famille d'Abbas, il n'avaient pu étendre leur puissance. Ils s'étaient emparés à Bagdad des deux droits souverains de l'islamisme, battaient la monnaie et commandaient les prières publiques ; mais à peine purent-ils les conserver une année entière ; ils durent les abandonner sitôt que Bessassiri eut succombé sous les armes de Togrul. Sous prétexte de servir les intérêts des descendans d'Ismaïl, ils avaient propagé à leur aise leur doctrine impie et athée et rompu ainsi les liens religieux et moraux de la société, sans songer à les remplacer par d'autres. Ils avaient de même ébranlé les trônes, sans pouvoir les renverser et s'y asseoir eux-mêmes. Toutes ces considérations ne purent échapper à Hassan, qui, n'ayant pu parvenir à jouer un rôle dans l'empire des Seldjoukides, s'était, dès-lors, dans la vue de son ambition, tracé un chemin à part comme missionnaire des Ismaïlites et avait imaginé un système de gouvernement que lui seul était capable de concevoir. *Rien n'est vrai et tout est permis*, tel fut toujours le principe de la doctrine secrète ; mais comme elle n'était communiquée qu'à un petit nombre de personnes, et se cachait sous le voile de la plus austère piété, il retenait les esprits sous le joug d'une obéissance aveugle aux préceptes de l'Islamisme avec d'autant plus de facilité, qu'il leur faisait espérer qu'une prospérité éternelle serait la récompense de leur soumission et de leur abnégation sur cette terre. Jusqu'alors les Ismaïlites n'avaient eu que des Daïs, *maîtres*, et des Réfiks, *compagnons;* les premiers, initiés seuls à tous les secrets de cette doctrine, étaient chargés de faire des prosélytes; les seconds, qui formaient le plus grand nombre, ne les apprirent que peu à peu. L'esprit politique et hardi de Hassan s'aperçut bientôt que pour exécuter avec promptitude et succès de grandes entreprises, il fallait créer une troisième classe pour qui les véritables secrets de l'ordre devaient toujours être couverts d'un voile impénétrable : ils devaient n'être que des instrumens aveugles, fanatiques, toujours aux ordres de leurs supérieurs. Le fils de Sabah savait parfaitement que tout corps bien organisé a besoin non-seulement d'hommes intelligens, actifs et d'un dévoûment sans bornes, mais encore de forces matérielles. Ces hommes s'appelaient Fédavi, c'est-à-dire *ceux qui se sacrifient, les sacrés*, et ce nom indique suffisamment à quoi ils étaient destinés. Nous expliquerons plus bas par quels motifs ils reçurent dans la suite le nom de Haschischin ou Assassins, que leur donnèrent les habitans de la Syrie. Nous exposerons alors les moyens dont on se servait pour les accoutumer à cette obéissance qui seule pouvait les porter à faire volontairement le sacrifice de leur vie. Ils étaient vêtus de blanc, (dealbati) comme trois siècles auparavant les sectateurs de Mocanaa en Transoxane, avant eux les néophites chrétiens, et aujourd'hui encore les pages du grand sultan. Ils se donnèrent le nom de Mobeiyesé, *les blancs*, ou de Mohammere, *les rouges,* parce qu'ils portaient avec leurs habits blancs des bonnets, des bottes ou des ceintures rouges. De nos jours encore ce costume est celui des guerriers et des princes du Liban, des janissaires et des bostandschi, les gardiens du sérail. Revêtus des couleurs de l'innocence et du sang, leur vêtement présentait sous la forme d'une vivante allégorie l'alliance de la fidélité et du meurtre ; cette garde du Grand-maître ne quittait pas un instant le poignard (cuttelliferi) car elle devait être toujours prête au premier signal à consommer un crime. Ils étaient pour le chef de l'Ordre des Assassins, de sanglans instrumens de vengeance et de domination. Le Grand-maître s'appelait Sidna, Sidney, c'est-à-dire *notre seigneur,* ou *scheikh-al-dschebal,* c'est-à-dire *le Vieux* ou *le Grand-maître de la montagne.* L'Ordre s'était emparé partout des châteaux situés dans les parties montagneuses du pays, dans l'Irak, dans le Kouhistân et la Syrie, et le Vieux de la Montagne résidait toujours à la forteresse d'Alamout, vêtu de blanc, comme dans Daniel le vieux des jours (1). Il ne fut ni roi ni prince dans

---

(1) Daniel, 7, 9.

la signification ordinaire du mot; il ne prit jamais le titre de Sultan, de Meleck ou d'Emir, mais seulement celui de scheikh que portent aujourd'hui encore les chefs des tribus arabes et les supérieurs des ordres religieux des sofis et des derwiches. Son gouvernement n'était ni ne devait être celui d'un royaume ou d'une principauté; c'était une confrérie, un ordre : aussi est-ce commettre une grande erreur que de faire, comme les historiens d'Europe, de la suite des princes des Assassins une dynastie héréditaire comme celle des autres princes ; c'était simplement un ordre comme celui des chevaliers de Saint-Jean, des chevaliers Teutoniques ou des Templiers. La nature des fonctions que, dans ce dernier ordre, remplissaient le Grand-maître et les Grands-prieurs, ses institutions religieuses, la tendance politique de son esprit et de ses doctrines, tout, jusqu'à ses vêtemens, lui donnait quelque ressemblance avec celui des Assassins. Ils étaient vêtus de blanc comme eux, seulement une croix rouge sur leur manteau remplaçait le bonnet et la ceinture rouges. Si les Templiers, dans leurs doctrines secrètes, reniaient la sainteté de la croix, les Assassins rejetaient les préceptes de l'islamisme. La règle fondamentale des deux ordres était de s'emparer des forteresses et des châteaux des pays voisins, afin de maintenir ainsi plus facilement les peuples dans l'obéissance ; tous les deux étaient de dangereux rivaux pour les princes et formaient, sans trésor ni armée, un état dans l'état. Les plaines d'un pays sont toujours dominées par les montagnes qui les entourent et les châteaux qu'on y a construits : se mettre en possession de ces châteaux par la force ou par la ruse, intimider les princes par toute espèce de moyens, telle était la politique des Assassins. La tranquillité se maintenait à l'intérieur, par la stricte observation des règles positives de leur religion; leurs châteaux et leurs poignards les garantissaient à l'extérieur. On ne demandait aux sujets de l'Ordre proprement dits, ou aux profanes, que la rigoureuse observation de l'islamisme, et la privation du vin et de la musique; mais on exigeait des satellites sacrés une obéissance aveugle et un bras fidèle toujours prêt au meurtre. Les recruteurs, en véritables initiés, travaillaient les esprits, indiquaient et dirigeaient les assassinats commandés par le scheikh, qui, du haut de son château, ébranlait les consciences et désignait les victimes.

Après lui les Daïlkebir (Grands recruteurs) ou Grands-prieurs, occupaient le second rang; ils étaient ses lieutenans dans les trois provinces où la puissance de l'Ordre s'était étendue, c'est-à-dire dans le Dschebal, le Kouhistân et la Syrie. Ils avaient sous leurs ordres les Daïs ou maîtres initiés; les Réfiks ou compagnons, voués à toujours à la défense de la secte et de sa religion, n'arrivaient que par degrés à la dignité de daïs. Les gardes de l'Ordre, les Fedavis ou *sacrifiés* et les Lassik, *aspirans*, semblent avoir été ses novices ou ses laïcs. Outre les sept degrés de scheikh, Grand-maître; daïlkebir, Grand-prieur; daï, maître; réfik, compagnon; fedavi, manœuvre; et lassik, aspirant et laïc, jusqu'à celui des profanes, qui formaient le bas peuple, il y avait encore une autre gradation dans la hiérarchie spirituelle. Elle s'appliquait bien plus à la doctrine déjà exposée des Ismaïlites, c'est-à-dire des sept imams parlans et des sept autres muets, qu'à la différence des pouvoirs politiques. D'après cette division, il y a dans toute génération sept personnes entièrement distinctes l'une de l'autre par le rang qu'elles occupent; ces personnes sont: 1° l'imam établi par Dieu, 2° la preuve, *houdschet*, que les Ismaïlites appelaient le *vase* (*Esaï*); 3° le *soumassa*, qui tire la science du houdschet, comme le houdschet de l'imam; 4° les *missionnaires*, daï; 5° les mesouni, les *affranchis* qui sont admis au serment (*Adh*) et à une promesse solennelle; 6° moukellebi, *ceux qui imitent les chiens*, qui sont à l'affût des conversions comme les chiens à l'affut du gibier; 7° moumini, *les croyans* ou le peuple. Si l'on compare ces deux divisions, on voit de suite que dans la première manque l'imam invisible au nom duquel le scheikh exige l'obéissance des peuples, et dans la seconde la garde dont il se servait pour se débarrasser des ennemis de l'Ordre. Du reste, les différens grades s'accordent parfaitement, car la preuve, *houdschet*, répond au Grand-maître, le *soumassa* au Grand-prieur, les *mesouni* aux compagnons, les *moukellebi* aux laïcs; les *missionnaires* et les *fidèles*, c'est-à-dire les trompeurs et les trompés, se retrouvent dans l'une et l'autre institution (1).

Nous avons déjà vu que la première société secrète qui fut fondée au sein de l'Islamisme par Abdollah Maïmoun, fils de Kadah, avait sept degrés dans sa doctrine. Cette raison, ainsi que l'existence des sept Imams, avait fait donner à ses disciples le surnom de sectateurs des *sept*. Cette dénomination, appliquée jusque-là aux Ismaïlites de l'Ouest, quoiqu'ils eussent porté les degrés de leur doctrine de sept à neuf, s'appliqua dans la suite aux Ismaïlites de l'Est ou Assassins. Hassan ne réduisit pas seulement ces degrés au nombre primitif de sept; il donna même aux Daïs ou missionnaires initiés un réglement en sept points, qui avait moins pour objet l'instruction générale des profanes que les conseils de prudence à prescrire aux maîtres. C'était, pour ainsi dire, le catéchisme de l'Ordre.

Il s'appelait Askhinaï-risk, *connaissance de sa*

---

(1) Naszaiholmolouk.

vocation, et renfermait des données indispensables pour la connaissance des hommes; chose nécessaire pour choisir les sujets capables d'être initiés aux secrets de l'Ordre. Au nombre de ces maximes étaient plusieurs sentences usitées parmi les Daïs, qui avaient au fond un sens tout autre que celui qu'exprimait la lettre. Ainsi, celles-ci : « Ne jetez pas la semence dans un sol aride. » Ne parlez point dans une maison où il y a une lampe allumée; » voulaient dire : Ne prodiguez point vos paroles à des incapables ; n'essayez pas de soutenir une dispute avec des hommes de loi ; car il était aussi dangereux de s'adresser à des incapables qu'à des hommes d'un savoir et de principes à toute épreuve, les premiers pouvant mal comprendre la doctrine et les seconds la divulguer ; inutiles tous deux, soit comme maîtres soit comme instrumens. Ces allégories, qui n'étaient qu'une mesure de prévoyance destinée à voiler les secrets de l'Ordre, ont été aussi employées par deux sociétés secrètes les plus fameuses, celle de Pythagore, dans l'ancienne Grèce, et celle des Jésuites, de nos jours. Les paroles mystérieuses qui nous sont parvenues du premier, et dont le véritable sens est pour nous presque toujours incompréhensible, n'étaient probablement aussi que des règles de politique semblables à celles que l'on donnait aux Daïs. La société de Jésus surtout avait porté à son plus haut point cette science toute de sagacité et d'adresse, qui consiste à distinguer les sujets capables d'être pour elle des instrumens habiles. C'est ainsi que, pour atteindre un but presque semblable, les pythagoriciens et les jésuites durent employer les mêmes moyens que les Assassins. La seconde règle fondamentale de l'Ordre s'appelait Teenis, *science de s'insinuer dans la confiance des personnes;* elle devait servir à gagner de nouveaux prosélytes en flattant leurs penchans et leurs passions. 3° Du moment où un jeune homme donnait dans le piége, il fallait aussitôt faire naître dans son ame le scepticisme le plus complet sur les préceptes positifs, en matière de religion, et se servir des absurdités du Koran pour le jeter dans un labyrinte d'incertitudes et de scrupules. 4° Ce n'était qu'après tous ces préliminaires que le candidat était admis à prêter serment (ahd); il promettait une inviolable discrétion, une obéissance aveugle, et s'obligeait en même temps à ne communiquer à personne qu'à son supérieur les doutes qu'il pourrait avoir sur les mystères et la doctrine des Ismaïlites. La cinquième règle, Teddlis, apprenait au néophite à distinguer les différences et les similitudes qui existaient entre la doctrine et les opinions des Assassins, et celle des plus grands politiques et des plus célèbres théologiens. C'était encore un moyen de le séduire et de l'exalter, que de lui mettre sous les yeux la vie des personnages les plus illustres. Dans la sixième, Tessis, c'est-à-dire *règle d'affermissement*, on ne fesait que répéter aux disciples tout ce qu'on leur avait déjà dit, afin de les affermir dans leur croyance. La septième règle, Teevil, c'est-à-dire *interprétation allégorique*, par opposition au Tensil, *interprétation littérale de la parole de Dieu*, terminait les cours des Assassins. L'essence de la doctrine secrète proprement dite était tout entière dans cette dernière règle. Suivant le degré d'instruction du candidat, il était ou Bateni, c'est-à-dire initié au culte intérieur et au sens des termes allégoriques, ou Dkhaheri, c'est-à-dire celui qui se renferme dans le culte extérieur (1). Au moyen de cette exégèse et de cette hermeneutique astucieuses, et qui de nos jours ont été si souvent appliquées à la Bible, les articles de foi et les devoirs d'un Assassin n'avaient d'autres bases que de simples allégories; elles lui apprenaient à ne considérer comme essentielles que la pratique du culte intérieur, et à regarder avec indifférence l'observation ou la violation des lois de la religion et de la morale; il devait donc douter de tout, et avoir pour principe que rien n'était défendu : Dans ces hautes doctrines était la philosophie des Assassins; mais le fondateur de l'Ordre ne les communiquait qu'à quelques initiés, et à ceux des supé-

---

(1) Naszaiholmolouk, d'après le Mewakit du juge Asededdin.

rieurs qui tenaient la masse sous le joug, en lui imposant la seule observation des préceptes de l'Islamisme. Sa politique était de ne faire connaître ces préceptes d'athéisme et d'immoralité qu'aux gouvernans, et jamais aux gouvernés; de contraindre les peuples à obéir aveuglément aux ordres de leurs chefs, et de les faire servir à l'exécution de ses projets ambitieux, les premiers en les accoutumant à une complète abnégation d'eux-mêmes, les seconds en les laissant librement satisfaire toutes leurs passions. Les études et les sciences devenaient ainsi le partage exclusif d'un petit nombre. L'Ordre des Assassins, pour atteindre son but, avait moins besoin du secours de la science que de celui des poignards. Aussi le Grand-maître ne quittait-il jamais le sien. A peine Hassan-Sabah s'était-il emparé de la forteresse d'Alamout, qu'un Emir auquel le sultan Melekschâh avait confié le commandement du district de Roudbâr, lui coupa les vivres avant qu'il eût eu le temps d'établir des magasins. Déjà les habitans voulaient quitter la forteresse, lorsqu'Hassan releva leur courage, en les assurant que s'ils restaient avec lui, jamais la fortune ne pourrait les abandonner. Dès ce moment le château reçut le nom de *demeure de la fortune*. Le sultan qui d'abord ne voyait qu'avec mépris les efforts des Assassins fut réveillé par la révolte de Hassan qui menaçait la tranquillité de l'empire; il ordonna (1) à l'Emir Arslantasch (Pierre de Lion) de s'emparer de Hassan et d'exterminer tous ses partisans. Celui-ci, manquant de vivres, et entouré seulement de soixante-dix compagnons, se défendit avec courage jusqu'au moment où Abou-Ali, son missionnaire dans le Kaswin, où il recrutait des soldats, lui envoya trois cents hommes qui, pendant la nuit, assaillirent les assiégeans et les mirent en fuite. Après cet échec, Melekschâh reconnaissant le danger qui le menaçait, envoya Kisil Sarik, un de ses plus intimes confidens, avec les troupes du Khorassân, contre Hossein Aïni, missionnaire de Sabah, qui devait insurger la province de Kouhistân. Hossein se retira dans un château situé dans le district de Mouminabad, où il fut harcelé autant que l'avait été Hassan dans la forteresse d'Alamout. Dans cette extrémité, ce dernier jugea que le moment était venu d'exécuter ses projets long-temps nourris de meurtre et d'assassinat, et de se débarrasser ainsi de ses ennemis les plus dangereux. Le sage Nisamolmoulk, visir des trois premiers sultans Seldjoukides, Togrul, Alparslan et Melekschâh, avait été condisciple de Hassan. Ses grands talens, son intelligence et son activité, l'avaient

(1) Après J.-C. 1092; de l'hégire 485.

élevé à la haute fortune à laquelle il était parvenu. Menacé de perdre à la fois la place de visir, et les faveurs du sultan, que les intrigues de Hassan voulaient lui enlever, il se décida enfin à entrer en lutte ouverte avec le maître d'Alamout. Aussi ce fut la première grande victime que choisit le poignard des Fédavi ou initiés, pour assouvir l'ambition du fils de Sabah. Ainsi périt le plus illustre soutien de l'empire des Seldjoukides. La mort de Melekschâh suivit bientôt celle de son visir; on crut qu'il fut empoisonné. A cette nouvelle, toute l'Asie fut remplie de terreur, et ces premiers attentats ouvrirent d'une manière terrible le règne de Hassan, dont la politique sanguinaire chercha des victimes dans toutes les classes de la société.

Tel fut le commencement d'une époque remplie de meurtres et de vengeances, également fatale aux ennemis déclarés et aux amis de la nouvelle doctrine (1); ceux-ci tombèrent sous les poignards des assassins; ceux-là sous le glaive des princes, qui, éveillés par les dangers dont les partisans de Hassan menaçaient les trônes, mirent tout en œuvre pour les exterminer. Les Imams et les juristes les plus célèbres publiaient de leur propre mouvement ou par ordre des princes des Fetwa ou avis qui

---

(1) Mirkhond.

désignaient les Ismaïlites comme les ennemis les plus redoutables des trônes et des autels, et les maudissaient comme des infâmes et des athées. Ils excitaient les nations à une guerre ouverte contre la secte de Hassan, proclamant que la loi de l'Islamisme commandait impérieusement la destruction de cette race d'infidèles, d'apostats, de *révolutionnaires*. L'Imam Ghasali, un des plus grands moralistes de l'Islamisme en Perse, publia un écrit contre les partisans de la doctrine secrète, intitulé : *De la Folie des partisans de la doctrine de l'indifférence en matière de religion, c'est-à-dire des impies (Moulahid), que Dieu veuille condamner* (1). Dans la Collection des décisions juridiques connues sous le titre de *Perles des fetwa* (2), la secte des Moulahid de Kouhistân est comprise dans la même proscription que celle des Karmathites, proscription anciennement lancée contre eux par les imams Ebi-Joussouf et Mohammed; leurs biens étaient abandonnés aux croyans, et tout Moslim pouvait les tuer légalement. Enfin, dans la *Réunion* (3), dans le *Trésor* (4) des Fetwa, on n'admet point la possibilité du repentir qui dans les

---

(1) Der hamakati ehli ilahat jeni Moulahide khaselehum Allah !
(2) Dschevahirol-Fetavi.
(3) Moultakath.
(4) Khasanetol-Fetavi.

impies qui avaient exercé la fonction de Daï, leur supplice est ordonné lors même qu'ils veulent se convertir et abjurer publiquement leur erreur, et regardé comme légitime, car le parjure étant un de leurs préceptes, on ne peut attendre d'eux qu'ils reviennent sincèrement de leur corruption et de leur scélératesse. Les esprits s'aigrirent ainsi mutuellement, les gouvernemens se trouvèrent en lutte permanente avec l'Ordre, et les sicaires Ismaïlites tombèrent à leur tour sous le glaive de la justice (1). La vie des grands surtout était dans un continuel péril. L'Emir Borsak, qui avait été nommé par Togrul-Beg principal gouverneur de la ville de Bagdad; Araasch-Nisami auquel Jakout, oncle de Barkjarok, sultan Seldjoukide qui régnait alors, avait donné sa fille en mariage (2), périrent les premiers. Les dissentions intestines des frères Barkjarok et Mohammed, qui se disputaient l'Irak et le Khorassân, facilitèrent à Sabah l'exécution de ses projets. Ce sol ensanglanté déjà par la guerre civile, fut dès-lors le théâtre de continuels assassinats. Peu à peu les compagnons de Hassan s'emparèrent des plus redoutables forteresses de l'Irak et même de celles d'Ispahan, de Schahdourr (perle royale),

---

(1) V. le Naszaiholmolouk et le Mewakit.

(2) Après J.-C., 1096; de l'hégire 490. — Aboulféda, ad ann. 494. Dschihannouma, Mirkhond.

nouvellement construite par le sultan Melek-schâh. Ce dernier chassant un jour avec l'ambassadeur de l'empereur romain de Constantinople, un chien se perdit sur un plateau de rocher, ou plus tard s'éleva le château. L'ambassadeur observa que son maître aurait depuis long-temps profité d'une position aussi formidable, et qu'on aurait déjà construit un château dans un lieu que la nature avait elle-même pris soin de fortifier. Le sultan, suivit le conseil de l'ambassadeur, et c'est ce fort qui tomba au pouvoir des Ismaïlites. C'est pourquoi le peuple disait qu'une forteresse dont un chien avait indiqué l'emplacement, et dont la construction était due aux conseils d'un infidèle, ne pouvait à la fin que porter malheur au pays.

Ils s'emparèrent encore de Dirkoul et de Kalendschan, située à cinq parasangues (milles), d'Ispahan; de Wastamkouh, près d'Abhar, de Tambour, de Khalaukhan, entre Fars et Kouhistân; de Damaghan, Firouskouh et Kirdkouh, dans le pays de Komis (1); des châteaux de Tabs, Kaïn et Toun, dans le Kouhistân, et de plusieurs autres dans le district de Mouminabad. Aboulfettah, neveu de Hassan, et Kia-Buzurgomid avec le Réï Mosaffer et le Daï Hossein Aïni, prirent les forts d'Esdahan, et de Lemsir. Tous les quatre avaient été dès le

---

(1) Après J.-C. 1110; de l'hégire 494.

commencement les intimes amis de Hassan et les principaux propagateurs de sa doctrine. Il voulait en cela suivre l'exemple du prophête, dont les quatre principaux disciples avaient d'abord été Eboubekr, Omar, Osman et Ali. L'année même où ces châteaux, excepté ceux d'Alamout et de Wastamkouh, conquis dix ans auparavant, tombèrent au pouvoir des Ismaïlites, les croisés entrèrent dans Jérusalem (1). Les chrétiens et les infidèles, les Ordres chevaleresques et celui des Assassins se conjurèrent en même temps pour renverser l'islamisme et les princes de cette religion.

Pendant long-temps on n'avait connu en Europe ces sectaires que par les récits des croisés, et tout récemment encore les historiens occidentaux se sont mépris sur l'époque où ils ont fondé leur puissance en Syrie. On les voit paraître dans la terre Sainte, en même temps que les croisés; et déjà au commencement du 12ᵉ siècle, Dschenaheddevlet, prince d'Emessa, était tombé sous leurs coups, au moment où il voulait secourir le château des Kurdes, Hossnal-Akard, assiégé par le comte de Saint-Gilles (2); quatre ans auparavant, il avait déjà été attaquée dans sa résidence, au moment où il commençait sa prière, par trois Assassins persans; Riswan, prince de Haleb,

---

(1) Aboulféda, ad ann. 494. Dschihannouma, Mirkhond.
(2) De l'hégire, 490. Aboulféda, ad ann. 495.

rival de Dschenaheddevlet, l'un des amis les plus fidèles des Assassins, fut soupçonné d'être l'auteur de ce meurtre. Il avait été gagné par un Daï, qui, à la fois astrologue et médecin, n'avait pas besoin de la doctrine de son Ordre pour posséder l'art de tromper les autres et de se tromper lui-même. L'astrologue mourut vingt-quatre jours après cet infructueux essai. Mais avec l'instigateur de ce forfait ne s'éteignit pas le fanatisme meurtrier de l'Ordre. Un orfèvre persan nommé Aboutaher-Essaigh vint remplacer l'astrologue, et exciter Riswan à de nouveaux crimes. Ce prince, qui était éternellement en querelle avec les croisés (1), et son frère Dokak, prince de Damas, favorisait l'établissement des Assassins dans ses états, et comme leur doctrine était en harmonie avec son impiété et sa corruption, il formait avec eux des liaisons d'amitié, et sacrifait ainsi aux intérêts de sa pusillanime politique ceux de son peuple et le soin de sa renommée. Sarmin, château fort situé à une journée au sud de Haleb (2), devint la résidence d'Aboulfettah, neveu de Hassan-Sabah et son Grand-prieur en Syrie. Les autres Grands-prieurs furent, dans le Kouhistân Hossein Kaïni, dans le Komis le Reï Mossaffer et Buzurgomid dans l'Irak. Les habitans d'Apaméa

---

(1) Ibn-Firat et Kamaleddin.
(2) Dschihannouma, V°. Sarmin.

ayant demandé quelques années plus tard (1) les secours d'Aboutaher-Essaigh, commandant de Sarmin, contre le gouverneur égyptien Khalaf, il le fit périr, prit possession de la ville au nom de Riswan, et joignit à son commandement de Sarmin celui de la citadelle d'Apamea (2). Cependant il ne put se maintenir contre Tancrède, auquel la ville se rendit, et Aboutaher fut, contre la parole donnée, emmené à Antiochie, où le croisé ne lui rendit la liberté qu'au moyen d'une rançon. L'historien arabe Kemaleddin saisit à juste titre cette occasion pour reprocher à Tancrède cette ignoble violation de la foi jurée. Albert d'Aix au contraire, l'historien des croisades, le blâme d'avoir laissé la vie à un si grand scélérat. Les compagnons d'Aboutaher, dont aucun traité n'avait garanti la vie, furent livrés à la vengeance des fils de Khalaf, et le Grand-prieur Aboulfettah lui-même expira dans les tourmens. Tancrède prit bientôt après aux Assassins la forteresse de Kefrlana (3).

Aboutaher, à son retour chez son protecteur, le

(1) Après J.-C., 1107.
(2) Wilken, *Histoire des Croisades*, t. II, p. 272, d'après Kemaleddin et Albert d'Aix. Ce dernier mutile tous les noms; il a donné à Riswan le nom de Brodoan, à Apamea celui de Femia, à Aboutaher celui de Botherus et travesti celui d'Assassins en celui d'Azopart.—V. aussi *Dei gesta per Francos*, p. 350 et 375.
(3) Après J.-C. 1110; de l'hégire 504.

prince de Haleb, se servit de son influence pour l'exciter à d'autres assassinats. Abou-Harb Issa, c'est-à-dire *Jésus père de la guerre*, riche négociant de Khodschend, ennemi déclaré des Baténis, et qui pour hâter leur chute avait dépensé des sommes immenses, arrivait à Haleb avec une caravane de cinq cents chameaux richement chargés; un assassin natif de Reï, nommé Ahmed, fils de Nassr, l'avait suivi depuis les frontières du Khorassân, afin de trouver l'occasion de venger sur lui le sang de son frère qui avait expiré sous les coups des gens d'Abou-Harb. Arrivé à Haleb, Ahmed se consulta avec Aboutaher et Riswan, qu'il trouvait d'autant plus favorable à son projet, que l'espoir d'un riche butin s'unissait en lui au désir de se venger d'un implacable ennemi de la secte. Aboutaher fournit les Assassins, et Riswan quelques-uns de ses gardes pour exécuter le crime. Un jour, au moment où Abou-Harb entouré de ses esclaves, comptait ses chameaux, les Assassins l'assaillirent; mais avant de pouvoir enfoncer le poignard dans le sein de leur victime, ils tombèrent tous eux-mêmes sous les coups de ses serviteurs qui défendirent leur maître avec autant d'amour que de courage. Les princes de la Syrie, qu'Abou-Harb instruisit de cet événement, accablèrent Riswan de reproches, pour avoir traîtreusement violé les droits de l'hospitalité. L'horreur qu'inspirait déjà un pareil attentat s'augmenta encore lorsqu'on vit son auteur renier toute espèce de complicité. Ces mensonges lui attirèrent le mépris général, et Aboutaher afin de se dérober à l'indignation toujours croissante des habitans de Haleb contre les Ismaïlites retourna dans sa patrie au milieu de ses sanguinaires compagnons (1).

L'attaque des Assassins sur Apamea ne réussit pas mieux que celle qu'ils avaient tentée sur Schiser pour l'enlever à la famille Mankad (2). Le jour de Pâques, les habitans de ce château étaient descendus dans la ville pour participer aux réjouissances des chrétiens; les Assassins vinrent l'occuper en leur absence et en barrer les portes. A la nuit, les maris qui n'avaient pu rentrer chez eux qu'avec l'aide de cordes que leurs femmes leur avaient tendues par les fenêtres, en expulsèrent les Assassins. Peu de temps après Mewdoud, prince de Moszoul, périt à Damas sous leurs poignards pendant qu'il se promenait avec Tokteghin, prince de cette ville, sous le parvis de la grande mosquée. Le meurtrier fut tué sur le lieu même (3). Dans le cours de cette année mourut Riswan, le grand protecteur des Assassins, qui s'était tant de fois servi de leurs épées pour

---

(1) Ibn-Firat et Kemaleddin.
(2) Après J.-C. 1108; de l'hégire, 502.
(3) Après J.-C., 1113; de l'hégire, 507. Aboulféda, Takwimet-Tevarikh, Mirkhond, Aboulfaredsch.

le maintien et l'agrandissement de sa puissance. Le moment de sa mort fut le signal de leur massacre à Haleb. Le premier acte du gouvernement de l'eunuque Lulu, qui partageait le pouvoir avec Akhras, fils de Riswan, âgé seulement de seize ans, fut de mettre à mort tous les Ismaïlites; ce fut moins une exécution légale qu'un grand carnage.

Plus de trois cents personnes de tout âge et de tout sexe furent taillées en pièces et deux cents à peu près retenues dans des prisons. Aboulfettah, non celui que les fils de Khalaf avaient fait périr dans les tourmens, mais le fils de l'orfèvre Aboutaher, qui après le retour de son père en Perse, lui succéda dans le commandement des Assassins de Haleb, eut une fin non moins terrible et non moins méritée que son homonyme; il fut mis en pièces à la porte qui conduit à Irak; ses membres furent brulés et sa tête promenée dans toute la Syrie. Le Daï Ismaïl, frère de l'astrologue, qui le premier avait gagné les faveurs de Riswan, les paya de son sang; plusieurs des Assassins furent précipités du haut des remparts dans les fossés. Hossameddin, fils de Dimlatsch, Daï nouvellement arrivé de la Perse, se déroba à la vengeance populaire en se retirant à Rakka où il mourut. Quelques-uns parvinrent à s'enfuir en Syrie; d'autres, pour n'être point soupçonnés de faire partie de l'Ordre, ne se firent point scrupule de dénoncer leurs frères et même de les poignarder. Ainsi les Assassins choisissaient leurs victimes au milieu même de leurs propres rangs; les trésors de l'Ordre furent découverts et confisqués (1). Ils répondirent à ces persécutions par de sanglantes et nombreuses représailles. Au milieu d'une audience que le khalife de Bagdad avait accordée à Tokteghin, atabège de Damas, trois Assassins attaquèrent successivement l'émir Ahmed-Bal, gouverneur du Khorassân, que, suivant toute apparence, ils prirent pour l'atabège; tous les trois périrent avec l'émir, ennemi déclaré de l'Ordre, qui avait plusieurs fois mis le siége devant leurs châteaux. Les gouverneurs des provinces, comme spécialement chargés d'assurer le maintien de la tranquillité publique, étaient les adversaires naturels des Ismaïlites, et comme tels, désignés les premiers aux coups de leurs poignards. Ainsi mourut Bedii, gouverneur de Haleb, et un de ses fils qui voulait se rendre à la cour d'Ilghasi (2); ses deux autres fils massacrèrent les deux Assassins; mais à l'instant il en sortit un troisième qui porta le dernier coup au fils de Bedii déjà blessé; le meurtrier arrêté et conduit devant les princes Tokteghin et Ilghasi, qui le condamnèrent à une prison perpé-

(1) Ibn-Firat. Après J.-C., 1115; de l'hégire, 509.
(1) Après J.-C. 1119; de l'hégire, 513.

tuelle, mit fin à son existence en se précipitant dans les eaux.

L'année suivante (1), Ilghasi reçut d'Abou-Mohammed, chef des Ismaïlites à Haleb, un message qui l'invitait à mettre l'Ordre en possession du château de Scherif. Ilghasi, craignant la puissance du Daï, feignit de leur accorder leur demande, mais avant que les envoyés pussent être de retour chez leur chef, les habitans de Haleb détruisirent les murs, comblèrent les fossés, et ruinèrent le château et la ville. Ibn-Khaschschab, qui avait donné ce conseil afin de ne pas augmenter, par l'abandon du château, la puissance déjà si formidable des Assassins, le paya de son sang. Quelques années plus tard, ils adressèrent une demande à peu près semblable à Noureddin, le célèbre prince de Damas, pour obtenir le château de Beitlaha; Noureddin se servit du même expédient qu'Ilghasi; les habitans, excités par leur souverain, démolirent eux-mêmes les fortifications. Telle était la peur des princes, qu'ils n'osaient point refuser à cet Ordre les forteresses situées dans leurs propres royaumes et qu'ils aimaient mieux les faire détruire que de les lui abandonner (2).

La vengeance des Assassins immola aussi d'Il-

---

(1) Après J.-C., 1120; de l'hégire, 514.
(2) Ibn-Firat.

lustres victimes. Fakhrolmoulk, *gloire de l'empire*, Aboulmossafer-Ali, fils du grand visir Nisamolmoulk, qui avait hérité de l'emploi de son père et de sa haine contre les Assassins, ne cessèrent de les poursuivre sous les deux règnes de Mohammed et de Sandschar, mais périrent sous le glaive des Ismaïlites, ainsi que Tschakarbeg, fils de Mikaïl, frère de Togrul et grand oncle de Sandschar, sultan régnant des Seldjoukides (1); ces meurtres furent pour lui de terribles avertissemens, et le fils de Sabah chercha encore à l'effrayer par d'autres crimes. Quelquefois le chef des Assassins aimait mieux arrêter ses puissans ennemis en leur faisant entrevoir les dangers qui les menaçaient, et les désarmer par la terreur, que d'augmenter inutilement le nombre de ses ennemis par des assassinats trop souvent renouvelés. Dans cette vue il gagna un esclave du sultan, qui pendant le sommeil de son maître, planta un poignard dans la terre tout près de sa tête. Le sultan bien qu'effrayé de voir à son réveil cet instrument de mort, ne laissa point paraître ses craintes; mais quelques jours après le Grand-maître lui écrivit dans le style bref et tranchant de l'Ordre : « Sans notre affection pour le sultan,

(1) Aboulféda, Takwimet-Tevarikh, Mirkhond, Abeulfaredsch. Après J.-C., 1114; de l'hégire, 508.

» on lui aurait enfoncé le poignard dans la poi-
» trine, au lieu de le planter dans la terre. »
Sandschar, qui avait déjà envoyé quelques troupes contre les châteaux des Ismaïlites dans le Kouhistân, craignit d'autant plus, après cet avertissement, de continuer le siége, que son frère, le sultan Mohammed, qui avait fait assiéger pendant plus d'une année, par l'atabège Nouschteghin-Schirghir, les deux plus formidables forteresses de l'Ordre dans l'Irak, celles d'Alamout et de Lemsir, mourut dans le moment où réduites à l'extrémité, elles allaient être forcées de se rendre (1). Sa mort était trop favorable aux Assassins pour qu'on pût la regarder comme l'effet du destin et non comme l'œuvre de leur politique; car ces habiles brigands savaient se servir également bien du poison et du poignard. Dans sa frayeur il fit la paix avec les Ismaïlites, sous les conditions que, 1° leurs châteaux resteraient comme ils étaient sans qu'il leur fût permis d'y ajouter de nouvelles fortifications; 2° qu'ils n'acheteraient ni nouvelles armes ni nouveaux instrumens de guerre et, 3°, qu'ils ne feraient point à l'avenir de nouveaux prosélytes. Comme les légistes qui avaient unanimement condamné les Ismaïlites et leur impiété, ne voulaient entendre parler ni de négociations ni de paix, le peuple soupçonna le sul-

(1) Après J.-C., 1117; de l'hégire, 511.

tan d'être partisan de leur infâme doctrine. Cependant la paix fut conclue, et Sandschar exempta non-seulement les Ismaïlites de tous impôts et péages dans le district de Kirdkouh, mais encore il leur assigna comme pension annuelle une partie des revenus du pays de Koumis. La puissance de l'Ordre prenait ainsi chaque jour de nouveaux accroissemens. Mais ce n'était pas seulement depuis son avénement au trône, que le sultan Sandschar, avait fait preuve de bienveillance pour les Assassins; déjà depuis douze ou quatorze ans, il était à leur égard dans les mêmes sentimens; car à son départ du Khorassân pour l'Irak, il avait visité à Damaghan le vénérable Réï Mossaffer, qui, comme nous l'avons vu plus haut, s'était déclaré un des premiers partisan de Hassan-Sabah, et lui avait obtenu par ruse les trésors de l'émir David Habeschi. Quelques officiers voulaient qu'on redemandât ces trésors au Réï Mossaffer; mais Sandschar, auquel le Réï assura que lui ainsi que les autres habitans du château avaient été de tout temps de fidèles serviteurs du prince, le combla de bienfaits et d'honneurs. Il mourut quelque temps après, honoré comme le patriarche de la nouvelle doctrine, à l'âge de cent-un ans (1).

(1) Mirkhond. Après J.-C., 1104; de l'hégire, 498,

Hassan-Sabah survécut à ses disciples les plus dévoués, et à ses plus proches parens auxquels les liens de l'amitié et du sang paraissaient assurer la succession dans le gouvernement de l'Ordre des Assassins. Son neveu Aboulfettah, Grand-prieur de Syrie, était tombé sous le fer de ses ennemis; Hossein-Kaïni, Grand-prieur dans le Kouhistân avait péri sous le poignard, peut-être sous celui d'Ostad, un des fils de Hassan; Ostad lui-même et son frère étaient morts frappés par leur père dont la fureur cherchait à s'assouvir même dans son propre sang sans s'inquiéter de la culpabilité ou de l'innocence de ses fils, sans garder de proportions entre la faute et le châtiment, il les sacrifiait, non à la justice, mais à sa terrible politique. Car, dans l'Ordre, tous les liens de la parenté et ceux de l'amitié étaient rompus, afin d'unir plus étroitement les membres par la fraternité du crime et de la scélératesse. Ostad, c'est-à-dire le Maître, nom qu'il avait pris probablement dans l'espoir de succéder à son père dans la dignité de Grand-maître, et son frère, furent soupçonnés, l'un d'avoir participé au meurtre de Hossein-Kaïni, l'autre d'avoir bu du vin; le premier d'avoir commis un meurtre sans en avoir reçu l'ordre, le second d'avoir transgressé une loi de l'islamisme dont la rigoureuse observation était un des premiers devoirs. L'assassinat judiciaire des deux fils de Hassan par leur père avait prouvé, par un sanglant exemple, aux profanes et aux initiés comment il punirait à l'avenir toute infraction aux lois du culte extérieur et aux règles de la discipline intérieure. Cependant, il est à croire que d'autres motifs encore déterminèrent le Grand-maître à tremper ainsi ses mains dans son propre sang. Peut-être les deux fils, las du long règne de leur père, attendaient-ils sa mort avec impatience, peut-être ce dernier les croyait-il incapables de lui succéder dans le gouvernement, parce qu'ils n'avaient point appris à obéir, ou leur refusait-il les qualités nécessaires pour exercer une pareille puissance : enfin l'on peut supposer qu'il ne leur donna la mort que pour ne pas faire de sa famille une dynastie en laissant par droit de succession son pouvoir à ses fils. Il voulait peut-être que la dignité de Grand-maître de l'Ordre ne se transmît pas par hérédité, mais qu'elle fût conférée au plus digne, c'est-à-dire au plus habile et au plus fourbe. D'ordinaire, la nature humaine n'est point, si je puis m'exprimer ainsi, une nature de démon (teuflisch); l'historien qui doute des motifs d'une action ne doit donc pas admettre les plus criminels; mais chez le créateur d'une société de meurtriers, chez le fondateur de l'Ordre des Assassins, ce qu'il y a de plus atroce est le plus croyable.

Il ne restait plus de tant de fidèles missionnaires de la doctrine secrète que le Daï Kia-Buzurgomid, qui depuis vingt ans qu'il avait conquis le château de Lemsir, ne l'avait pas quitté, et Abou-Ali, Daï dans le pays de Kaswin. Lorsque Hassan-Sabah sentit approcher sa fin, il fit venir ces deux Daïs à Alamout et les investit, le premier de la dignité de Grand-maître, et le second du commandement des forces extérieures. Ainsi mourut (1) le fondateur de l'Ordre au sein d'une tranquillité que ses crimes ne lui méritaient pas ; il avait alors près de soixante-dix ans. A peine agé de 20 ans, il avait commencé ses études avec Nisamolmoulk, pendant le règne de Togrul, sous l'Imam Mowafek ; son règne avait été de 35 ans, souillé de sang et de meurtres : pendant cet espace de temps il n'avait pas quitté une seule fois le château d'Alamout et deux fois seulement sa chambre pour aller sur la terrasse ; mourut de vieillesse, mais jusqu'à ses derniers momens il nourrissait encore ses projets ambitieux, méditait les révoltes et les assassinats qui devaient amener le renversement des empires, et dictait les règles de l'Ordre et le catéchisme de sa doctrine. Immobile lui-même au centre de sa puissance, il en étendait les limites jusqu'aux extrémités du Khorassân et de la Syrie ; la plume à la main, il dirigeait les poignards de ses

---

(1) Après J.-C. 1124 ; de l'hégire, 518.

Fédavi. Instrument terrible de la Providence, il était, comme la peste et la guerre un fléau pour les souverains faibles et les peuples corrompus.

LIVRE III.

Règne de Kia-Buzurgomid et de son fils Mohammed.

Kia-Buzurgomid, d'abord lieutenant et missionnaire de Hassan, fut ensuite son successeur et l'héritier de sa puissance spirituelle. Il suivit fidèlement les traces sanglantes du fondateur de l'Ordre. Son pouvoir, comme celui de Hassan, avait pour appui des poignards et des châteaux; les principaux chefs des ennemis de l'Ordre périrent sous les coups des Daïs ou tremblèrent devant le fer constamment dirigé contre leur poitrine. De nouvelles forteresses furent conquises ou construites. Ainsi s'éleva celle de Maimoundis (1), dont la chûte amena plus tard la mort du Grand-maître et l'extinction de l'Ordre; Abdolmelek en fut nommé dehdar, ou gouverneur. Cette précaution de Kia-Buzurgomid était d'autant plus nécessaire, que le sultan

(1) Après J.-C., 1126; de l'hégire, 520.

Sandschar, regardé long-temps comme le protecteur secret de l'Ordre, se déclara de nouveau et publiquement son ennemi. Au mois de schaaban de la même année, l'atabège Schirghir envahit avec son armée le pays de Roudbâr; le corps que Kia-Buzurgomid envoya à sa rencontre le battit et rapporta un riche butin (1). La guerre prit un caractère plus acharné, lorsque l'année suivante Sandschar envoya une nombreuse armée qui fit éprouver aux Bathenis des pertes considérables (2); mais rien n'égala la fureur du sultan Mahmoud, oncle de Sandschar et son successeur sur le trône des Seldjoukides à Iran. Il essaya de combattre les Assassins avec leurs propres armes, la perfidie et le meurtre. Après avoir fait pendant quelque temps une guerre ouverte à Kia-Buzurgomid, Mahmoud fit demander par son grand fauconnier Berenkesch qu'on lui envoyât quelqu'un d'Alamout pour traiter de la paix. Kia-Buzurgomid lui adressa le Khodscha Mohammed-Naszihi-Scheristâni; il fut admis à l'honneur de baiser la main du sultan, qui lui dit en effet quelques mots sur la paix; mais en sortant du palais, il fut assailli par le peuple et tué ainsi que le Réfik (compagnon) qui l'avait accompagné (3).

Le sultan se fit excuser à Alamout de cette action

(1) Mrkhond.
(2) Takwimet-Tevarikh. Après J.-C., 1127; de l'hégire, 521.
(3) Mirkhond.

à laquelle il assura n'avoir point participé. Kia-Buzurgomid répondit à l'envoyé : « Retourne chez
» le sultan, et dis-lui de ma part : Mohammed-
» Naszihi a eu foi dans tes perfides protestations ;
» il s'est rendu à ta cour dans cette confiance. Si
» tu dis vrai, abandonne les assassins à la jus-
» tice ; sinon attends la vengeance du Grand-maî-
» tre. » Mahmoud ne fit point attention à ces paroles. Bientôt après, un corps d'Assassins pénétra jusqu'aux portes de Kaswin, tua 400 hommes et emmena trois mille brebis, deux cents chevaux ou chameaux et deux cents bœufs et ânes (1). Les habitans de Kaswin les poursuivirent, mais la mort de leurs principaux concitoyens les arrêta dans leur poursuite (2). L'année suivante (3), le sultan Mahmoud s'empara d'Alamout la plus formidable des forteresses de l'Ordre, mais il la perdit peu de temps après. Il envoya en même temps mille hommes contre le château de Lemsir ; mais ces troupes, à la nouvelle de l'approche des Réfiks, prirent la fuite sans coup férir. Aussitôt après la mort de Mahmoud, qui était probablement l'œuvre des Ismaïlites, les Réfiks envahirent de nouveau le territoire de Kaswin, enlevèrent deux-cent-cinquante chevaux et massacrèrent cent Turcomans et vingt des principaux de la

---

(1) Après J.-C., 1128 ; de l'hégire, 523.
(2) Mirkhond.
(3) Takwimet-Tevarikh.

ville. Après cette expédition, les troupes de l'Ordre quittèrent Alamout pour marcher contre Abou-Haschem, descendant d'Ali, qui à Ghilan s'était arrogé la dignité d'Imam et invitait les habitans à le reconnaître pour leur maître légitime. Kia-Buzurgomid lui écrivit pour lui conseiller d'abandonner ses projets. Mais comme sa réponse était pleine d'injures contre la doctrine des Ismaïlites, ils lui déclarèrent la guerre, le battirent à Dilem, le firent prisonnier, et après en avoir délibéré en conseil de guerre, ils le brûlèrent vif (1).

Après la mort de Mahmoud, Itsis, prince régnant de Khowaresm, pays situé entre le Khorassân et l'embouchure de l'Oxus, alla trouver Messoud, successeur de Mahmoud sur le trône des Sedjoukides, afin de le faire participer à ses projets d'extermination contre les Ismaïlites. Quoique le Khawaresm et le Kouhistân, où les Assassins s'étaient fixés comme des oiseaux de proie sur les pics des rochers, fussent séparés l'un de l'autre par le pays de Khorassân, le schâh de Khowaresm craignit, non sans raison, l'approche d'aussi dangereux voisins, dont les poignards atteignaient même les ennemis les plus éloignés. Le sultan Messoud, d'accord avec le schâh de Khowaresm, l'investit des biens que Berenkesch, son grand fau-

(1) Mirkhond.

connier, avait jusqu'alors possédés à titre de feudataire. Berenkesch irrité de ce traitement, quitta la cour de son maître et se réfugia chez Kia-Buzurgomid, après avoir envoyé d'abord ses femmes et ses enfans au château de Dherkos, qui appartenait aux Ismaïlites. Quoique Berenkesch eût jusqu'alors été leur ennemi mortel, quoiqu'il les eût poursuivis non-seulement à force ouverte, mais encore avec leurs propres armes, la perfidie et la trahison, la politique de Kia-Buzurgomid, jugea utile de le prendre sous la protection de l'Ordre et de lui accorder l'hospitalité. Sa conduite était d'autant plus prudente que le schâh de Khowaresm, qui jusqu'ici avait entretenu des relations amicales avec les Ismaïlites, s'était tout à coup déclaré leur ennemi. Le schâh envoya un ambassadeur au Grand-maître pour lui demander l'extradition de Berenkesch. L'ambassadeur s'exprima en ces termes : « Berenkesch et sa suite étaient
» autrefois vos ennemis déclarés, tandis que moi,
» au contraire, je vous fus constamment attaché ;
» lorsque le sultan m'a investi des fiefs que pos-
» sédait Berenkesch, il s'est réfugié chez vous ;
» si vous voulez me le livrer, notre amitié n'en
» sera à l'avenir que plus intime. » Kia-Buzurgomid répondit à l'ambassadeur : « Le Schâh de
» Khowaresm dit vrai, mais jamais nous ne li-
» vrerons nos protégés à leurs ennemis. » Ce re-

fus fut une des premières causes des longues querelles du Schâh de Khowaresm et de Kia-Bu-surgomid (1).

Il était naturel que les princes, aveuglés pendant quelque temps par les fausses démonstrations des missionnaires et par les attraits de la doctrine secrète, commençassent par l'embrasser; ensuite ils s'en détachaient dans la crainte de périr sous les coups de leurs nouveaux amis. Ainsi le sultan Sandschar, et Itsis, schâh de Khowaresm, qui d'abord figuraient au nombre des partisans de l'Ordre, devinrent plus tard ses ennemis les plus acharnés. Ainsi, comme nous avons déjà vu, les Assassins furent exterminés à Haleb par le fils de Riswan, sous lequel ils avaient joui de la plus haute influence; ils eurent le même sort à Damas où, sous le règne de Bousi, il avaient un puissant protecteur dans la personne de son visir Taher, fils de Saad de Masdeghan. L'assasin Behram, natif d'Astrabad en Perse, qui avait commencé sa carrière par le meurtre de son oncle, sut gagner les faveurs du visir, qui lui abandonna le château de Banias, de même que précédemment Riswan avait remis au neveu de Hassan-Sabah la forteresse de Sarmin (2). Banias, l'ancienne Balanea, située aux bords d'un petit golfe, donna son

(1) Mirkhond.
(2) Aboulféda, ad ann. 523.

nom à un château fort construit en 1062 après J.-C. et l'an 454 de l'hégire. Il est à une parasangue ou 4000 pas de la mer, dans une plaine fertile et entrecoupée d'un grand nombre de ruisseaux, où autrefois paissaient à l'aise cent mille taureaux (1). La vallée qui reçoit ces nombreux ruisseaux s'appelle Wadiol-Dschinn, *vallée des démons*; l'établissement des Assassins l'avait bien rendue digne d'un pareil nom. De ce repaire ils s'emparèrent des forteresses et des châteaux du voisinage (2), et Banias fut pendant long-temps le centre de leur puissance en Syrie; douze années plus tard ils en transférèrent le siége à Masziat.

Behram, avec le secours des princes Ilghasi et Tokteghin, fut long-temps à Haleb et Damas l'instrument des projets occultes de l'Ordre; mais après la conquête de Banias, la puissance et l'audace des Assassins ne connurent plus de bornes. De tous les côtés ils affluèrent vers ce nouveau centre, et il n'y eut pas de prince assez hardi pour couvrir de sa protection quelques-uns de leurs ennemis. Les légistes, les théologiens, et surtout les sunnites, ces victimes vouées à la mort, n'osèrent plus proférer une parole, redoutant également le poignard des Assassins et la défaveur des princes. Behram tomba enfin, non sous les coups

---

(1) Après J.-C., 1128; de l'hégire 523.
(2) Dschihannouma, p. 559.

de la vengeance des souverains, mais sous ceux des habitans de la vallée de Taïn, dans le district de Baalbek, qui étaient presque tous des Noszaïris, des Druses et des magiciens. Le vaillant Dohak, leur chef, qui brûlait du désir de venger son frère Barak, fils de Dschendel, assassiné par ordre de Behram, réunit dans cette vue les troupes de la vallée à celles de Damas et des autres villes voisines. Behram, à la tête des Ismaïlites, espérait les surprendre sans armes, mais il tomba lui-même entre leurs mains et fut coupé par morceaux. Sa tête et sa main furent envoyées en Egypte où le khalife, après avoir revêtu le messager d'un habit magnifique, les fit porter en triomphe au Caire et à Fostath. Les Ismaïlites qui s'étaient sauvés du massacre de Taïn se réfugièrent à Banias, dont Behram avait avant cette expédition confié le gouvernement à Ismaïl le Persan. Le visir Masdeghani fit alliance avec ce dernier, comme il l'avait déjà fait avec son prédécesseur. Pour la conclure Ismaïl avait envoyé à Damas un de ses missionnaires, nommé Aboulwefa, c'est-à-dire *père de la fidélité*, mais qui de fait pouvait servir de modèle d'infidélité (1). Par ses intrigues il obtint non-seulement la place de Daïlkebir ou de Grand-prieur, mais encore celle de Hakem ou premier juge de district.

(1) Kemaleddin et Ibn-Firat. Celui-ci donne au visir Masdeghani le nom de Mardekani, et à Buse, prince d'Haleb, celui de Buri.

Les Ismaïlites du Caire réunissaient quelquefois dans une même personne la dignité de Grand-prieur de la loge (Daïl-doat) et celle de Grand-juge (Kadhiol-Kodhat). Comme l'exercice d'un pouvoir absolu était le but spécial de l'Ordre, et comme tous les moyens qui pouvaient y conduire étaient permis, Aboulwefa voulut augmenter ses conquêtes par la trahison et s'agrandir par la perfidie. Les croisés, dont la puissance en Syrie prenait tous les jours de nouveaux accroissemens, lui parurent les instrumens les plus capables d'exécuter ses projets. Ennemis déclarés de l'islamisme, ils étaient les alliés naturels de ses plus dangereux adversaires. La doctrine de Mohammed, ébranlée à l'extérieur par les croisés et minée intérieurement par la corruption, l'impiété et l'irreligion de l'ordre des Assassins, allait être menacée d'une chute plus rapide et plus certaine, si les pélerins d'Europe, qui s'étaient couverts de fer pour conquérir la Terre-Sainte, se rencontraient avec les Assasins dans une communauté d'efforts pour planter sur les débris de l'islamisme la croix et les poignards. Dans ce but, Aboulwefa conclut un traité secret avec le roi de Jérusalem, en vertu duquel il s'obligea à faire livrer aux chrétiens la ville de Damas un vendredi. Pendant que l'émir Bousi et les grands de la cour et de l'armée assisteraient à la prière publique dans la mosquée, il devait en occuper les accès avec ses Assassins et ouvrir aux chrétiens les portes de la ville. Le roi promit en récompense de lui abandonner la ville de Tyr (1).

Le Grand-maître des templiers, Hugues de Payens, paraît avoir, le premier, engagé Baudouin II, roi de Jérusalem, à conclure cette étrange alliance. Cet ordre, fondé en 1108, existait déjà depuis dix ans obscur et peu connu. Outre les trois vœux ordinaires de l'Evangile, de pauvreté, de chasteté et d'obéissance, le premier devoir du templier était de combattre les infidèles et de protéger les pélerins. D'abord, ce ne fut qu'une société sans statuts, sans uniforme de chevalerie; mais, après que saint Bernard lui eut donné une règle fondamentale qui fut confirmée par le pape Honorius I, cette société s'éleva à un haut degré de splendeur et devint un puissant ordre de chevalerie, institué pour la défense du saint sépulcre et la protection des pélerins (2). Ses membres se partageaient, d'après leurs statuts, publiés par Mirœus, en chevaliers, écuyers et frères, grades correspondant à ceux de compagnon (réfik), d'aide (fedavi) et de laïc (lassik). Les Prieurs, les Grands-prieurs et le Grand-maître des templiers étaient les Daïs, les Daïlkébirs, et le Scheikh de la montagne. Les Réfiks portaient des

(1) Aboulf., ad. ann. 523. Guill. de Tyr, t. XIII, 25.
(2) Anton, *Histoire de l'ordre des Templiers*, p. 10-15.

habits blancs avec des ceintures rouges, les chevaliers, des manteaux blancs sur lesquels était une croix rouge. Les Assassins en Asie, les Templiers en Europe possédaient une multitude de châteaux. Le Grand-maître Hugues vint cette année (1) à Jérusalem, accompagné d'un grand nombre de chevaliers et de pélerins qui, sur ses exhortations, avaient pris la croix et s'étaient armés pour conquérir le tombeau du Christ (2). Dès son arrivée on résolut de faire le siége de Damas. Après la mort récente de Toktéghin, homme à juste titre redouté des croisés, son fils Tadscholmolouk-Bousi (couronne des rois) lui avait succédé, mais son visir Taher-Ben-Saad, ami des Ismaïlites et par lui le commandant Behram, et ensuite le juge Aboulwefa, qui avait concerté la trahison de la ville de Damas, y gouvernaient sous son nom. Tadscholmolouk-Bousi informé à temps des projets des Ismaïlites, fit sur-le-champ décapiter Taher, fils de Saad, et donna ensuite des ordres qui furent à Damas le signal du massacre des Assassins. La mort de six mille d'entre eux vengea les victimes de leur fanatisme. Pendant ce carnage, une armée nombreuse de chrétiens s'avançait dans l'espérance de voir se réaliser les promesses d'Aboulwefa et était

(1) Après J.-C. 1129; de l'hégire 524.
(2) Wilken, *Histoire des Croisades*, t. II, p. 566

déjà arrivée à Mardsch-Safar, près de Damas. Outre un grand nombre de pélerins d'Europe, le roi et les barons de Jérusalem avec leurs alliés, le prince Bernard d'Antioche, le comte Pontius de Tripoli, et Joscolin (ou Josselin) d'Edesse suivaient avec une multitude de chevaliers et de pages. Le gros de l'armée sous les ordres du connétable Guillaume de Buris, s'était mis en route avec mille cavaliers pour chercher des vivres et piller les villages; mais comme, suivant l'habitude des armées croisées, ils marchaient sans ordre et s'étaient dispersés, ils furent attaqués à l'improviste par une poignée de soldats de Damas, et périrent presque tous; ceux qui restaient apprenant la défaite honteuse de leurs frères, coururent aux armes, pour laver dans le sang de l'ennemi l'insulte faite à l'armée chrétienne : mais un ouragan et une complète obscurité que perçaient seulement quelques éclairs, les arrêta dans leur ardeur; le tonnerre gronda avec d'effroyables roulemens, des torrens de pluie inondèrent les chemins, et comme si l'ordre des saisons se fût tout à coup interverti, les eaux se changèrent en neige et en glace. Quoique ces révolutions subites de l'atmosphère soient assez fréquentes dans cette partie du monde, les croisés considérèrent cet événement comme un phénomène surnaturel. L'auteur de cette histoire en a souvent vu de semblables dans ses voyages en

Orient, et surtout dans l'anse parsemée de rochers de Marmaris. En 1801, lors de l'arrivée de la flotte anglaise qui amenait l'armée de terre destinée à envahir l'Egypte, à la nuit tombante, les nuages s'épaissirent, des torrens d'eau se précipitèrent du haut des montagnes et entraînèrent les armes et les tentes; le bruit du vent et des coups de tonnerre qui se succédaient avec une incroyable violence, couvrirent le porte-voix des vaisseaux en danger qui s'abîmaient sur leurs ancres. Le matin, lorsque l'ouragan qui avait duré toute la nuit se fut apaisé, l'œil ne vit que des mâts brisés par la foudre, et les traces de l'éclair sur les rochers presque entièrement couverts de neige. Une pareille tempête assaillit, dans l'antiquité, l'armée des Gaulois sous les ordres de leur Brenn lorsqu'elle ravagea le temple de Delphes (1). Ce phénomène fut alors considéré comme une punition que le ciel infligeait à l'audace impie des Gaulois; de même les croisés crurent y reconnaître un signe de la colère divine excitée par leurs péchés et leur alliance avec les Assassins. D'une amitié aussi odieuse les croisés ne retirèrent qu'un seul avantage. Ismaïl, commandant de la forteresse de Banias, dans la crainte de partager le sort de ses frères de Damas, la livra au chevalier Rainen de Brus, la même année où le

---

(1) *Justini Epitome*, l. XXIV, c. 8.

château fort d'Alamout se rendit au sultan seldjoukide Mahmoud. (1) Presque tous les châteaux des Assassins en Perse et en Syrie étaient alors au pouvoir de leurs ennemis, et l'ordre se voyait menacé d'une chute prochaine. Mais l'esprit entreprenant et persévérant de tous ses membres répara bientôt tous ces échecs momentanés. Peu de temps après, Alamout et Banias furent repris par leurs anciens maîtres. Pendant le siége de la ville de Jaffa par Rainen de Brus et le roi de Jérusalem, la valeur d'Ismaïl reconquit le château de Banias (2) et parmi les prisonniers qu'il fit se trouva l'épouse de Rainen. Au bout de deux années, dans une suspension d'armes, Ismaïl lui rendit la liberté moyennant rançon ; Rainen la reçut avec tendresse, mais il la répudia peu de temps après, ayant été instruit qu'elle avait violé son serment de fidélité et eu commerce avec les ennemis de la foi. Son repentir lui fit accorder la permission de se retirer dans un couvent à Jérusalem (1).

A cette époque, plus les entreprises guerrières des Ismaïlites étaient malheureuses, plus ils faisaient de victimes ; l'Ordre n'était jamais plus redoutable même pour ses plus puissans ennemis, que lorsqu'il était menacé d'un péril imminent.

---

(1) Après J.-C. 1129 ; de l'hégire 524.
(2) Après J.-C. 1132 ; de l'hégire 527.
(3) Wilken, *Histoire des Croisades*, t. II, p. 612.

L'histoire du règne sanglant du Grand-maître Kia-Buzurgomid ne nous présente qu'une longue liste d'hommes illustres assassinés par ses ordres. Les écrivains orientaux ont coutume d'ajouter à la fin du règne de chaque prince la liste des grands hommes d'état, des militaires distingués et des savans contemporains; de même les Assassins inscrivaient dans leurs annales, et d'après un ordre chronologique, les hommes célèbres de tous les pays qui tombaient victimes du fanatisme et de la politique de leur Grand-maître. Kia-Buzurgomid commença sa grande maîtrise par le meurtre du vaillant prince de Moszoul-Kassimddewlet-Aksonkor-Bourshi (distributeur de la fortune), également redouté des croisés et des Assassins, et leur ennemi le plus dangereux. (1). Après avoir combattu pour la dernière fois contre les croisés près de Maara-Mesrin (2), il fut attaqué dans sa mosquée, le premier vendredi qui suivit son retour, par huit Assassins déguisés en derwiches, au moment où il allait monter sur son siége; la cuirasse qu'il portait et encore plus son courage le défendirent quelque temps contre les efforts des Ismaïlites; trois périrent sous ses coups, mais avant que sa suite eût pu venir à son secours, ils lui portèrent

---

(1) Aboulféda, ad ann. 520.
(2) Après J.-C. 1126; de l'hégire 520.

une blessure dont il expira le jour même. Les autres Assassins, excepté un jeune homme du village de Katarnasch, dans les montagnes d'Eras, furent massacrés par le peuple. Sa mère, à la nouvelle du meurtre d'Aksonkor, se farda le visage, se para, heureuse d'apprendre le succès d'une tentative pour laquelle son fils avait sacrifié sa vie : mais quand elle le vit revenir sain et sauf, elle se coupa les cheveux et se noircit la figure, désolée de ce qu'il n'avait point partagé la mort glorieuse des autres Assassins. On peut juger par cet exemple combien étaient vifs chez les Assassins les sentimens qui les portaient au fanatisme et quel était pour ainsi dire leur *spartianisme* (1).

L'année suivante (2), Moineddin, visir du sultan Sandschar, périt sous les coups d'un assassin aposté par les soins de son ennemi Derkesina, visir de Mohammed et protecteur des Ismaïlites. Moineddin, allant un jour dans ses écuries pour visiter ses chevaux, y trouva un faux palefrenier, qui avait ôté ses habits, afin de ne pas être soupçonné d'y cacher des armes, et avait eu soin de glisser son poignard dans la crinière du cheval qu'il tenait par la bride. Au moment où le cheval se cabrait, il feignit de vouloir l'apaiser par

---

(1) Wilken, t. II, p. 531. — V. aussi Kemaleddin.
(2) Après J.-C., 1127; de l'hégire, 521.

ses caresses, saisit son stylet et en poignarda le visir (1).

Si Bourshi, prince de Moszoul, figure dans la liste des victimes des Assassins, uniquement pour s'être opposé à l'accroissement de leur puissance, on ne sera pas étonné d'y trouver Bousi, prince de Damas, qui avait fait massacrer son visir Masdegani et six mille Ismaïlites. Le prétexte le plus léger suffisait pour motiver la proscription des princes; les poignards de l'Ordre n'étaient jamais plus actifs que lorsque leurs propres forfaits criaient vengeance. Ils savaient tromper la prévoyance la plus attentive; car ils guettaient des années entières le temps, le lieu et l'occasion favorables à l'exécution de leurs projets. Deux ans après le massacre de Damas (2), ils surprirent Bousi, fils de Toktéghin, et lui firent deux blessures, dont l'une fut guérie, mais dont l'autre causa sa mort l'année suivante (3); la vengeance de l'Ordre semble avoir voulu s'assouvir sur tous les membres de la même famille; Schemsolmolouk, *le soleil des rois*, fils de Bousi et petit-fils de Toktéghin, devint la victime d'une conjuration (4); à cette époque périrent aussi les

---

(1) Ibn-Forat.
(2) Après J.-C., 1130; de l'hégire, 525.
(3) Aboulféda, ad ann. 525.
(4) Aboulféda, ad. ann. 529.

juges de l'Est et de l'Ouest, Abousaïd-Herawi; le mufti de Kaswin, Hassan-Ben-Abilkassem; le Reï d'Ispahan, Seid-Dewletschâh, et celui de Tebris (1). Nous ne parlons ici que des plus illustres de ces hauts fonctionnaires et de ces savans jurisconsultes, qui furent en si grand nombre victimes de la fureur meurtrière de l'Ordre. Car c'est pour l'historien un devoir bien pénible que de remuer un monceau de cadavres pour en exhumer les noms des morts les plus célèbres. Jusque-là leurs coups ne s'étaient dirigés que contre les visirs et les émirs, simples instrumens de la puissance des khalifes. Mais le temps était venu où l'Ordre pouvait essayer d'étendre sa désastreuse doctrine aux khalifes eux-mêmes, et d'enlever avec la vie aux successeurs du prophète leur puissance temporelle.

On se rappelle que la doctrine secrète des Ismaïlites avait pris naissance à la loge du Caire, long-temps avant la fondation de l'Ordre des Assassins; cet ordre devait sa prospérité à l'appui de la famille des Fatémites, qui disputait le khalifat à celle d'Abbas. Par un juste retour, les Fatémites furent cruellement punis de la protection qu'ils avaient accordée à cette doctrine impie et immorale, lorsqu'il virent s'élever l'Ordre sanguinaire des Assassins. Le khalife égyptien Emr-Biahka-

---

(1) Mirkhond.

millah, *le commandement suivant les commandemens de Dieu*, dont le nom véritable était Abou-Ali-Manszour, périt après un règne de vingt-neuf ans, sous les coups des Ismaïlites. Ce prince était le dixième de la dynastie des Fatémites, dont le fondateur, Obeidollah, avait constamment pris pour règle les doctrines secrètes de la loge (1). On ne sait si l'on doit attribuer sa mort à la polique de l'Ordre ou à la vengeance particulière du tout puissant visir Efdhal (2). Efdhal était comme visir également dangereux aux chrétiens, par l'activité avec laquelle il leur faisait la guerre, et au khalife de l'Egypte, par le pouvoir illimité qu'il exerçait dans l'empire. Deux Assassins le poignardèrent : on ignore si ce fut par ordre de leurs chefs, qui alors entretenaient des relations amicales avec les croisés, ou si le khalife les avait pris à sa solde; toutefois cette dernière supposition est la plus probable, si l'on considère qu'Abou-Ali, fils d'Efdhal, fut immédiatement après sa mort jeté en prison et n'en sortit qu'après l'assassinat du khalife, époque où il fut élevé à la dignité dont son père avait été revêtu. D'un autre côté l'assassinat d'Abou-Ali, qui arriva peu de temps après, donnerait à penser que ces deux meurtres sont l'œuvre d'une politique

---

(1) Aboulféda, ad. ann. 524.
(2) Wilken, *Histoire des Croisades*, t. II, p. 593.—Renaudot.

étrangère. Depuis ce temps, l'Egypte fut le théâtre d'une lutte aussi violente qu'acharnée entre les partisans du khalife du Caire et ceux du khalife de Bagdad. Mostarschedbillah-Abou-Manszour-Fasl, vingt-neuvième khalife de la famille d'Abbas, y régnait depuis dix-sept ans, bien que son trône fût sans cesse ébranlé.

Jusqu'alors les sultans seldjoukides, qui sous prétexte de protéger le khalifat de Bagdad, s'étaient emparés de tout pouvoir séculier, avaient du moins laissé aux khalifes de la famille d'Abbas les deux droits souverains de l'islamisme, celui de battre monnaie et de faire faire pour eux des prières publiques; il était d'usage que toutes les monnaies fussent frappées à leur nom, et que le vendredi on priât pour eux dans les mosquées. Le sultan Messoud fut le premier qui changea cet ordre de choses; il ordonna au Khatib ou prieur du vendredi, de les faire faire en son nom; et Mostarsched, impuissant pour venger cet affront fut obligé de le subir. Quelques années plus tard, plusieurs chefs mécontens passèrent avec leurs troupes du côté du khalife, et lui persuadèrent que rien ne lui serait plus facile que de vaincre le sultan. Mostarsched entra en campagne; à la première bataille, la plus grande partie de son armée de Bagdad l'abandonna; Messoud le fit prisonnier et le conduisit avec lui à Meragha, pour y faire la guerre à son propre neveu David. Dans le traité conclu entre Mostarsched et Messoud, il fut stipulé que le khalife ne pourrait sortir de l'enceinte de Bagdad, et qu'en outre il paierait un tribut annuel. Ce traité avait trompé les espérances des Assassins, qui croyaient que cette guerre amènerait la chute du khalifat; le Grand-maître résolut alors d'achever ce que le sultan avait commencé, et le khalife, que le glaive avait une fois épargné, périt dans son camp sous leurs poignards, à deux parasangues de Meragha, et pendant l'absence du sultan Messoud, qui était allé à la rencontre des ambassadeurs de Sandschar (1). Les Assassins massacrèrent le khalife et sa suite; non contens de ce double meurtre, ils mutilèrent son cadavre de la manière la plus atroce, et lui coupèrent le nez et les oreilles, comme s'ils avaient voulu ajouter au crime de lèse-majesté celui de la profanation d'un cadavre (2).

(1) Après J.-C., 1134; de l'hégire, 529.
(2) Aboulféda, ad ann. 529.

Règne de Mohammed, fils de Kia-Buzurgomid.

—

Kia-Buzurgomid, après un règne sanglant de quatorze ans et trois jours, avait avant sa mort, dont il sentait l'approche, nommé pour son successeur dans la grande maîtrise son fils Mohammed, soit qu'il n'en trouvât point de plus digne, soit que le désir de fixer cette dignité dans sa famille l'eût fait déroger à la règle fondamentale de l'Ordre, et à l'exemple que lui avait laissé Hassan-Sabah. Quoi qu'il en soit, la grande maîtrise, qui originairement ne devait être le patrimoine d'aucune famille, devint depuis ce moment jusqu'à la chute de l'Ordre, l'héritage de la famille de Kia-Buzurgomid. Sa mort causa d'abord une grande joie aux ennemis des Ismaïlites; mais en voyant son fils suivre fidèlement les traces de son père, toute l'Asie fut de nouveau frappée d'une morne stupeur. Son règne commença comme avait fini celui de Kia-Buzurgomid, par l'assassinat d'un khalife, et avant même que les peuples eussent eu le temps de se remettre de la terreur que la mort de Mostarsched avait répandue, la nouvelle du meurtre de Raschid, son successeur, vint ajouter à leur épouvante. L'Ordre avait espéré qu'il réussirait, par la mort de

Mostarsched, à hâter la chute du khalifat; l'avénement de Raschid trompa cette espérance, et avant même que le khalife se fût affermi sur le trône et eût pu prendre des mesures pour venger l'assassinat de son père, le nouveau Grand-maître résolut d'exécuter les projets que la mort de Kia-Buzurgomid avait interrompus, et de l'égaler en forfaits.

Le khalife se rendit de Hamadan à Ispahan, où il attendit sa convalescence après une longue maladie; quatre Assassins du Khorassân, qui s'étaient introduits parmi les gens de sa suite, guettèrent l'occasion de se glisser dans sa tente et l'y poignardèrent. Il fut enterré sur le lieu même où il était tombé, et les troupes qu'il avait rassemblées pour faire une guerre active aux Ismaïlites se dispersèrent. Lorsqu'on apprit à Alamout, résidence du Grand-maître, le succès des meurtriers, on y célébra une fête publique en mémoire de cet assassinat qui avait détourné la guerre qui menaçait l'Ordre; pendant sept jours et sept nuits on n'entendit du haut des tours que le bruit des timbales et des chalumeaux, qui annonçaient aux châteaux environnans les joies de l'impiété et le triomphe du crime. Des preuves aussi *tranchantes* que les poignards, pour nous servir de l'expression de Mirkhond, ne permettaient plus de douter des projets des Ismaïlites et réduisaient leurs ennemis au silence.

La frayeur saisit alors, et non sans raison, les khalifes de la famille d'Abbas, et depuis ils n'osèrent plus se montrer en public. Les compagnons (réfik) et tout ce que le Vieux de la montagne avait de sectateurs et de ministres aveugles (fédavi) inondèrent dès ce moment toute l'Asie; aux châteaux que l'Ordre possédait à cette époque on ajouta de nouvelles fortifications, d'autres furent construits ou achetés. C'est ainsi qu'en Syrie Ibn-Amroun leur vendit les forts de Kadmos et de Kahaf (1); quant à celui de Masziat, ils l'enlevèrent au commandant des princes de Scheiser (2), en firent le centre de leur puissance en Syrie (3), et l'on peut même aujourd'hui encore en reconnaître quelques traces (4). Tandis que l'Ordre augmentait sa domination par le meurtre de ses ennemis et la conquête des châteaux forts, on n'en observait pas moins rigoureusement la règle fondamentale qui établissait une si grande différence entre la doctrine secrète des initiés et celle que l'on enseignait publiquement au peuple. Mais plus l'on veillait à ce qu'il remplît tous les devoirs prescrits par l'Islamisme, plus aussi les chefs se croyaient affranchis de toute obligation morale et

---

(1) Après J.-C., 1134; de l'hégire, 529.
(2) Après J.-C., 1138; de l'hégire, 533.
(3) Après J.-C., 1140; de l'hégire, 535.
(4) Mirkhond et Aboulféda.

de toute foi religieuse et politique. L'universalité des sectateurs ne voyait que les effets de leur terrible puissance, sans en connaître les motifs, les moteurs et les instrumens. La masse considérait uniquement les nombreuses victimes du poignard comme des ennemis de l'Ordre et de la religion, tombés sous les coups de la vengeance céleste, qui s'était servi, pour les frapper, du glaive d'un tribunal secret. Le Grand-maître, ses Prieurs et ses missionnaires allaient partout répétant qu'ils voulaient la domination non pour eux ou pour l'avantage de l'Ordre, mais au nom de l'Imam invisible, dont ils se disaient les envoyés, et qui paraîtrait à la fin lui-même pour proclamer ses droits à l'empire du monde entier. La doctrine de cette secte était cachée sous un voile impénétrable, et publiquement les sectaires ne paraissaient être que de zélés observateurs de la loi de Mohammed. On peut en citer pour preuve la réponse que le Grand-maître fit à l'ambassade du sultan Sandschar envoyée à Alamout pour prendre des renseignemens sur la doctrine des Ismaïlites; on lui dit : « Nous croyons à l'unité
» de Dieu, et ne reconnaissons comme véritable
» sagesse que ce qui est d'accord avec les paro-
» les de Dieu et les lois du prophète. Nous les
» observons telles qu'elles sont écrites dans le
» Koran; nous croyons tout ce que le prophète
» nous a appris de la création et de la fin du

» monde, des récompenses et des peines, du ju-
» gement dernier et de la résurrection. Ce sont
» des paroles de foi, personne n'a le droit de
» soumettre au contrôle de son jugement les lois
» de Dieu et d'y changer une seule lettre. Telles
» sont les règles fondamentales de notre secte,
» et si le sultan n'est pas d'accord avec nous, il
» peut nous envoyer un de ses théologiens pour
» entrer dans des explications polémiques et con-
» tradictoires (1). »

Pendant le règne de vingt-cinq ans de Kia-Mohammed, sous celui de Hassan-Sabah, qui en avait duré trente-cinq, et sous celui de Kia-Buzurgomid, de quatorze, les Ismaïlites ne dérogèrent pas un instant à ces préceptes de leur culte extérieur. Mais Kia-Mohammed n'avait ni l'esprit ni les connaissances de ses prédécesseurs, et on s'aperçut bientôt de la faute qu'avait commise Kia-Buzurgomid en écoutant trop la voix du sang, qui l'avait empêché de choisir pour son successeur, l'homme doué des talens nécessaires pour gouverner un Ordre en guerre avec tout le reste de l'Asie. Kia-Mohammed était peu estimé du peuple à cause de son incapacité et de son apathie. Hassan, son fils, que l'opinion publique regardait comme un savant célèbre, sut mettre à profit la faveur dont il était l'objet, et

(1) Mirkhond.

concourir à ses vues l'ignorance de la masse, sans se soucier beaucoup des intérêts de l'Ordre. Initié aux mystères de la doctrine des Ismaïlites, profondément versé dans l'histoire et la philosophie, il s'efforça de répandre de plus en plus l'opinion, déjà populaire, qu'il était l'Imam promis par Hassan-Ben-Sabah. Le respect que lui portait la secte s'augmentait de jour en jour, et tous les membres rivalisaient de zèle dans l'exécution de ses ordres. Lorsque Kia-Mohammed apprit la conduite de son fils et les dispositions du peuple, il le convoqua et lui dit : « Hassan est mon fils, moi-même je ne suis pas » l'Imam, mais un de ses missionnaires. Celui » qui soutient le contraire est un infidèle. » Deux cent cinquante des partisans de Hassan furent décapités, et deux cent cinquante autres proscrits. Hassan redoutant la colère de son père, donna sa malédiction à ses propres amis, et écrivit contre eux plusieurs traités, dans lesquels il condamnait leurs opinions et défendait celles de son père. Cette infâme hypocrisie sauva ses jours, et détruisit tout soupçon dans l'esprit du Grand-maître. Mais comme il buvait en secret du vin, et se permettait une foule de choses que la religion de la secte prohibait expressément, ses adhérens crurent reconnaître dans ses actes de nouvelles preuves de sa mission et le regardèrent plus encore comme l'Imam qui leur avait été promis, et dont l'arrivée devait révoquer tous les commandemens de la religion (1).

A cette époque, presque tous les empires asiatiques changèrent leur ordre de successibilité au trône, et sur les débris des anciennes dynasties s'élevèrent des dynasties nouvelles; mais comme les Ismaïlites étaient les ennemis éternels de tous les princes, qui, à leur tour, leur faisaient une guerre d'extermination, les assassinats continuèrent et la révolte se propagea dans tous les gouvernemens. La secte des Assassins était destinée à jouer un grand et effroyable rôle dans l'histoire des dynasties contemporaines. Il est donc nécessaire de jeter un regard sur les familles qui régnaient alors dans l'Asie Mineure, la Perse et les principautés de ce pays. La puissance des Assassins s'étendait des frontières du Khorassân aux montagnes de la Syrie, du Mousdoramus au Liban, et de la Mer Caspienne à la Méditerranée. Le centre de leur puissance était dans les montagnes de l'Irak, où était la véritable résidence du Grand-maître, la forteresse d'Alamout. Nous jetterons un rapide coup-d'œil sur l'immense étendue que ces contrées occupaient en Asie, et suivrons dans notre marche la division respective des différens états. L'ordre géographique que nous adoptons nous conduisant de l'est

(1) Mirkhond.

à l'ouest, nous force à parler d'abord du Khorassân et à finir par la Syrie. Le Khorassân mérite dans ce récit la première place, non-seulement par sa position territoriale et son voisinage du Kouhistân, le Grand-priorat oriental de l'Ordre, mais aussi parce qu'il était le siége de la puissance formidable du sultan Sandschar, dont le règne avait commencé presqu'en même temps que celui de Hassan-Sabah. Sandschar survécut aux deux premiers Grand-maîtres, et mourut quatre ans avant le troisième, Kia-Mohammed.

Moeseddin-Aboulharesz-Sandschar, un des plus grands princes de la famille seldjoukide et des dynasties de l'Orient, avait, comme on l'a dit plus haut, reçu le gouvernement du Khorassân après la mort de son père, le sultan Melekschâh (1), arrivée avant l'occupation du château d'Alamout par Hassan-Ben-Sabah. Il y exerça l'autorité pendant vingt ans au nom de ses frères Barkjarok et Mohammed, qui, comme chefs de la famille des Seldjoukides, régnaient dans l'Irak.

Ce ne fut qu'après la mort de son frère Mohammed, la première année du sixième siècle de l'hégire (2), que Sandschar s'empara de ses états. Forcé de faire la guerre à son neveu Mahmoud, qui se flattait de succéder à son père, il le vain-

---

(1) Après J.-C., 1092; de l'hégire, 485.
(2) Après J.-C., 1107; de l'hégire, 501.

quit; mais à la paix que le sage visir Kemaleddin-Ali avait négociée, il le nomma vice-roi des états soumis à son frère, sous les quatre conditions suivantes : 1° que son nom serait cité avant celui de Mahmoud dans les prières publiques du vendredi; 2° que dans son palais, la salle où il donnait ses audiences n'aurait que trois rideaux. Le sultan Sandschar en avait quatre, et le khalife sept, et le hadscheb ou premier chambellan avait seul le droit de les ouvrir et de les fermer; 3° que la trompette n'annoncerait plus son entrée ou sa sortie. C'était alors une prérogative des souverains de se faire précéder par des trompettes; aujourd'hui même encore, à Pera, les ambassadeurs ont le droit exclusif de faire sonner une cloche devant eux; 4° enfin, qu'il maintiendrait dans leurs dignités les employés et les officiers que lui, Sandschar, pourrait nommer. Mahmoud accepta ces conditions; et, comme il ne lui restait plus alors que le nom de prince et une ombre d'autorité, il prit la sage résolution de ne plus se mêler des affaires du gouvernement. Il se livra tout entier au plaisir de la chasse, qui, dans l'Orient, fut considérée dès les temps les plus anciens, moins comme un royal amusement que comme une école préparatoire pour la guerre. Nemrod était *un vaillant chasseur devant le Seigneur*; l'histoire nous parle aussi de Cyrus et de son amour pour la chasse, et les monumens de Persépolis, ainsi que les Amulettes trouvées récemment dans les fouilles de Babylone, où l'on voit les rois de la Syrie et de la Perse lutter avec des animaux sauvages, sont pour nous une nouvelle preuve de l'ancienneté de cette habitude orientale; de là le surnom d'*Ane sauvage*, donné au roi Behramgour, un des plus intrépides chasseurs de la dernière dynastie persane; de là, enfin, l'immense parc de Khosrou-Parwis. Fidèle à ses anciennes habitudes, Mahmoud dépensa ses trésors à parcourir ses provinces, à la tête d'une suite dont rien n'égalait la magnificence; quatre cents limiers avec des colliers d'or et des housses parsemées de perles, l'accompagnaient dans toutes ses excursions (1). Trente ans après le traité conclu entre Mahmoud et Sandschar, Beramschâh, l'avant-dernier prince de la dynastie autrefois si puissante des Gasnévides, essaya de secouer le joug des Seldjoukides; mais comme il sentait bien qu'une pareille entreprise était au-dessus de ses forces, il envoya d'abord un ambassadeur à la cour de Sandschar pour renouveler son serment de fidélité. Cette démarche eut un plein succès; mais il fut moins heureux auprès de son voisin Hosseïn Dschihansus, le fondateur de la dynastie indienne des Gourides, qui s'éleva à cette époque sur les débris de la puissance des Gasnévides (1).

(1) D'Herbelot; — V. aussi Ghaffari.

Behramschâh le Gasnévide, recula devant les forces de Hossein le Gouride, comme celui-ci devant celles du sultan Sandschar qui le chassa d'abord du Khorassân, et l'investit ensuite du gouvernement de la province indienne de Gour, d'où sa famille a tiré son nom. Après avoir soumis Mahmoud, Behram et Hossein, Sandschar éprouva l'inconstance de la fortune dans la guerre qu'il fit aux peuples de Karachataï. Il ne fut pas plus heureux contre les Turcomans de la race des Ogus, qui envahirent le Kkorassân; dans la bataille qu'il livra à Gourdschasb, prince de Karachataï, il perdit trente mille hommes, tout son harem, et Tarkhan Khatoun, la première de ses femmes, fut faite prisonnière. Il fut plus malheureux encore contre les Turcomans qu'il voulait forcer à payer un tribut annuel de brebis; il fut pris et enfermé pendant quatre ans dans une cage de fer. Les historiens turcs qui racontent le traitement ignoble que l'on fit subir au grand sultan Sandschar, sont dans l'erreur lorsqu'ils nous disent que Timour, vainqueur, fit éprouver le même supplice au sultan Bajazet. Les auteurs européens ajoutent que toutes les fois qu'il voulait monter à cheval, Timour se servait du dos du sultan comme d'un marche-pied, comme mille ans auparavant avait fait le roi persan Schabour,

---

(1) Après J.-C., 1150; de l'hégire, 545.

avec son prisonnier l'empereur romain Valérien. Valérien et Bajazet périrent dans la captivité; mais Sandschar parvint à s'échapper des mains de ses barbares vainqueurs, et revint dans le Khorassân, où il mourut l'année suivante, âgé de près de cent ans, de tristesse et des chagrins que lui avaient causés ses malheurs et la dévastation de ses états. Il avait régné avec justice pendant un demi-siècle, en y comprenant les vingt années qu'il avait gouverné le Khorassân au nom de ses frères. Ses exploits et les louanges des grands poètes ont placé son nom parmi ceux des plus célèbres princes de l'Orient et à côté de celui d'Alexandre-le-Grand; ses grandes actions lui ont mérité les éloges des poètes contemporains les plus distingués de Selman, de Ferideddin-Katib, et surtout d'Enweri, le Pindare de la Perse. Enweri, si fameux par ses poèmes panégyriques, même à côté de son prédécesseur Khakani, et de son successeur Farjabi, avec lesquels il forme la pléiade des poètes persans, porta le nom de Sandschar *au-delà des régions célestes, des lumières de la voie lactée et des sphères harmonieuses du ciel le plus élevé.* Tandis qu'Enweri transmettait à la postérité la gloire de son héros, le poète Sabir lui sauvait la vie en le protégeant contre les poignards des Assassins. Lorsqu'Itsis, gouverneur de Khowaresm, se fut révolté contre Sandschar, le sultan envoya en secret à

Khorassân, ce poète, un des hommes distingués de sa cour, avec la mission de sonder les desseins du rebelle. Sabir parvint à découvrir qu'Itsis avait gagné un fédavi qui devait poignarder le sultan un vendredi dans la mosquée. Il envoya à Sandschar le signalement exact du meurtrier, qui fut ainsi facilement découvert, puis exécuté après avoir tout avoué. Mais Itsis, qui n'ignorait pas que Sabir avait dévoilé son projet, le fit noyer dans l'Oxus. (1) Sabir s'était immortalisé non-seulement par ses panégyriques, mais encore par ses belles actions, et avait placé son nom à côté de ceux des grands poètes et des plus fidèles visirs. Ce crime semble avoir ouvert les yeux à Sandschar, qui, dans le principe, n'était point l'ennemi des Assassins, et l'avoir excité à poursuivre avec vigueur, comme il le fit plus tard, cet ordre sanguinaire. L'invasion des Turcomans paraît avoir été l'œuvre de leur politique.

Si Sandschar n'était point l'adversaire le plus dangereux des Ismaïlites, c'était du moins le plus puissant. Outre le prince assis sur le trône des khalifes, et qui n'avait qu'une ombre d'autorité spirituelle, les autres princes de l'Asie étaient dans leurs états les vassaux du sultan Sandschar ou ses lieutenans; de même que dans l'ancien

---

(1) Dewletschâh; aux mots Enweri, Ferededdin-Katib et Sabir. Après J.-C., 1151; de l'hégire, 549.

royaume de Perse, les sept gouverneurs des grandes provinces entouraient le trône du grand-roi, sous le titre de vice-rois, de même les princes des sept grandes dynasties reconnaissaient ne tenir leur puissance que de la volonté du sultan. Les provinces de Moultân et de Gour, situées au sud du Khorassân, étaient gouvernées, la première par le sultan Behramschâh le Gasnévide ; la seconde par Hossein Dschihansus (*l'incendie du monde*) le Gouride : toutes deux au nom de Sandschar. Ahmed, fils de Souleiman et gouverneur de Samarkand, que ses tentatives de révolte avaient plus d'une fois fait punir, était son lieutenant dans la Transoxane septentrionale ; et les provinces voisines de Khowaresm obéissaient d'abord à Kotbeddin, ensuite à son fils Itsis, qui, l'un et l'autre avaient été les premiers échansons de Sandschar. Son neveu, le sultan Mahmoud le seldjoukide, régnait dans l'intérieur de la Perse, et les deux dynasties des Atabèges, fondées par Amadeddin-Ben-Sengi et le Turcoman Ildigis, reconnaissaient sa suprématie dans les provinces d'Aserbeidschân et d'Irak, situées à l'extrémité des frontières occidentale et septentrionale de ce royaume. Comme les deux puissantes familles des Gasnévides et des Seldjoukides s'éteignaient alors après un règne d'un siècle, tandis que la dynastie des Atabèges s'étendait de tous les côtés, il ne nous paraît pas hors de propos de dire ici quelques mots de son origine.

Atabeg, qui ne signifie pas *père du prince* comme on l'a traduit, mais bien *père prince, père royal*, était un titre honorifique que Nisamolmoulk, grand visir des Seldjoukides, avait reçu le premier. Il ne conférait point à celui qui le portait la suprême autorité, et pouvait encore moins se transmettre par droit d'hérédité. Sous les successeurs de Melekschâh, ce titre était celui de la plus haute dignité militaire de l'empire, dont était revêtu, à la cour du khalife de Bagdad, l'Emiroloumera, c'est-à-dire *le prince des princes*, et à celle des khalifes du Caire, l'Emiroldschouyousch, c'est-à-dire *le prince des armées*. Antérieurement la famille Buje avait en Orient usurpé le khalifat sous le titre d'Emiroloumera, comme en Occident les Carlovingiens s'étaient, sous celui de maires du palais, assis sur le trône des Mérovingiens; de même les Atabèges se mirent à la place des Seldjoukides, et fondèrent plusieurs dynasties particulières. Les plus remarquables sont, outre celle des Atabèges de l'Irak, celles d'Aserbeidschân, de Fars, appelée aussi la famille de Salgar et de Loristân, qui dans le court espace de cinq ans élevèrent toutes leurs prétentions à la domination absolue (1). A cette époque

(1) Les atabèges d'Aserbeidschân; après J.-C., 1145; de l'hé-

s'éteignirent à Fars, la famille des Kakujé (1), à Damas, celle des fils de Toktéghin (2), dans l'Yémen, celle de Nedschâh, et dans le Khorassân, celle des Gourides (3). Mais en même temps, la famille Seliki s'emparait du trône d'Erzeroum, et les Ejoubites de la principauté d'Emessa (4). Enfin trois ans avant la mort de Sandschar (5), naquit Dschengiskhân, surnommé le fléau du monde, qui plus tard changea les pays les plus fertiles en déserts et les couvrit de monceaux de cadavres.

Pendant les dix dernières années du règne de Salgar dans le Khorassân, Noureddin-Mohammed-Ben-Amadeddin-Sengi, Atabège d'Irak, éleva son royaume naissant à un haut degré de gloire et de prospérité. Digne contemporain de Salgar, il fut le plus puissant adversaire des croisés; leurs historiens ne peuvent même refuser à ses grandes et bonnes qualités les louanges qu'elles méritent, malgré les malheurs qu'il leur fit éprouver sans cesse. Le savant évêque Guillaume de Tyr, profondément versé dans l'histoire d'Orient, s'ex-

gire, 540. — Les atabèges de Fars : après J.-C., 1148; de l'hégire, 543. — Les atabèges de Loristân : après J.-C., 1150; de l'hégire, 545. — Takwimet-Tewarikh.

(1) Après J.-C., 1142; de l'hégire, 537.
(2) Après J.-C., 1154; de l'hégire 549.
(3) Après J.-C., 1158; de l'hégire 553.
(4) Après J.-C., 1160; de l'hégire, 555.
(5) Après J.-C., 1154; de l'hégire, 549.

prime ainsi : « Noureddin était un homme circons-
» pect et modeste qui craignait Dieu ; il aug-
» menta beaucoup son patrimoine (1). » Partout
les chrétiens le rencontrèrent sur leur passage,
et ce ne fut qu'avec beaucoup de peine qu'ils purent l'arrêter dans ses conquêtes. La défaite de
Raimond, prince d'Antioche, et celle de Gosse-
lin, comte de Tripoli, vinrent augmenter le nombre de ses victoires : le premier fut tué au siége
d'Anab (2), le second fait prisonnier par une
horde de Turcomans, un jour qu'il quittait sa résidence de Telbascher (3) pour aller à la chasse. Les
châteaux de Telbascher, d'Antab, d'Asas, de Ra-
vendan, de Tellkhaled, de Karsz, de Kafrzoud, de
Méraasch et de Nehrelhus (4), ainsi qu'un riche butin tombèrent alors entre les mains du vainqueur.

Noureddin, maître de Moszoul et de Haleb, l'était
aussi du nord de la Syrie ; mais il manquait encore d'un point d'appui dans la partie méridionale de Damas. Là régnait Medschireddin-
Abak (5), le dernier prince seldjoukide de Damas,
ou plutôt son visir Moineddin-Ennar (6). Deux

(1 Gesta Dei per Francos, p. 893.
(1) Nepa, p. 915.
(2) Nokhbetet-Tewarikh.
(1) Turbessel, Hamtab, Hazart, Ravendel. — Gesta Dei, p. 920 : après J.-C., 1151 ; de l'hégire, 546.
(1) Mejereddin. — Gesta Dei, p. 893.
(1) Mehenneddin Ainardus, ibid.

fois Noureddin avait mis le siége devant cette ville, et deux fois il avait été repoussé, lorsqu'enfin les habitans l'appelèrent eux-mêmes de crainte de tomber sous le joug des croisés. Medschireddin se retira tranquillement; il reçut d'abord en échange Emessa, puis Balis, et ensuite alla à Bagdad. Noureddin, maître de Damas, en fit sa résidence et l'orna de mosquées, d'académies, de bibliothèques, d'hôpitaux, de bains et de fontaines. En peu d'années, il répara les maux qu'avait causés le tremblement de terre. A l'imitation de Melekschâh, qui le premier avait créé à Bagdad une haute école (*medresse*), Noureddin fonda à Damas la première école de théologie, *Darolhadisz*, où l'on enseignait la parole du prophète.

La libéralité et la justice, les deux plus grandes vertus d'un prince de l'Orient, se rencontrèrent chez lui sans qu'il négligeât pour cela l'accomplissement sévère des devoirs de l'islamisme. juste et modeste comme Omar-Ben-Abdolasis, le septième khalife de la famille ommiade, Noureddin était religieux et austère comme Omar-Ben-Khattab, le second successeur du prophète; il ne portait sur lui ni de la soie ni de l'or; ses habits étaient de coton ou de toile, et ses vêtemens et sa nourriture ne lui coûtaient jamais plus du cinquième de sa part dans le butin. Il était toujours en guerre pour la gloire de la foi; tantôt il combattait les armes à la main les ennemis de l'islamisme (1), tantôt il s'adonnait tout entier à l'étude et aux soins du gouvernement, sans oublier jamais le jeûne et la prière (2). Les présens que lui envoyaient les princes étrangers étaient vendus de suite, et le prix servait à élever des fondations pieuses, à construire des monumens publics ou à faire d'abondantes aumônes. Outre les grandes sommes qu'il donnait annuellement aux habitans de la Mecque et de Médine, ainsi qu'aux Arabes du Désert, afin de laisser passer tranquillement les caravanes de pélerins, il distribuait par mois cinq mille ducats aux pauvres; il honorait et récompensait surtout le corps des légistes dont il faisait lui-même partie. Sous le titre de Fakhrinouri, *Gloire à la lumière*, il publia un ouvrage dans lequel s'appuyant sur les traditions du prophète, il expliquait les règles fondamentales de sa politique, de sa morale et de la discipline qu'il avait introduite dans toutes les branches de l'administration. Comme il avait conquis, pendant un règne de vingt-huit ans, plus de cinquante châteaux, et avait fondé dans toutes les villes de son empire des mosquées et des colléges, les peuples lui donnèrent ainsi qu'à son père Amadeddin-Sengi, non-seulement

(1) Dschihadol-Aszghar.
(2) Dschihadol-Ekber.

le titre honorifique de Gasi ou de victorieux, mais encore celui de Schehid, martyr. Comme ils avaient tous deux rempli leurs devoirs de princes et passé leur vie à combattre pour la foi, on voulut récompenser ainsi leurs vertus en les mettant au nombre de ceux qui avaient acquis la couronne du martyre (1).

Des motifs religieux et politiques déterminèrent Noureddin à s'attacher plutôt au khalife de Bagdad qu'à celui du Caire. Le premier devait être à ses yeux le véritable successeur du prophète ; car les troubles qui agitaient alors l'Egypte paraissaient annoncer l'époque où les Atabèges enleveraient la puissance souveraine à la faiblesse des princes fatémites. La guerre que se firent les deux visirs Dhargham et Schawer, qui se disputaient la royauté, vint confirmer encore la justesse de ses prévisions (2).

La même année (3) où Noureddin avait réparé au bout de quatre mois, par une victoire complète, la défaite que les croisés lui avaient fait éprouver à Bakia (Boquea), et vengé ainsi la prise de son harem, Schawer arriva lui-même

---

(1) Tiré du Nokhbetet-Tewarikh de Mohammed-Effendi, d'après Akdolschemen, c'est-à-dire le *chapelet de corail*, d'Aïni; le Kamil, c'est-à-dire le *complet* d'Ibn-Eszir, et le Miretol-Edvar, c'est-à-dire le *Miroir*.

(2) Après J.-C., 1162 ; de l'hégire, 558.

(3) Après J.-C., 1162 ; de l'hégire, 558.

à Damas et promit à Noureddin le tiers des revenus de l'Égypte, s'il lui prêtait secours contre son rival Dhargham. Noureddin y envoya avec une armée le gouverneur d'Emessa, Esededdin-Schirkouh, c'est-à-dire, *le lion de la foi de la montagne des lions*, issu de la famille des éjoubites; Dhargham tomba dans la première bataille, mais Schawer s'étant, après avoir recouvré son ancienne puissance, refusé à remplir sa promesse, Esededdin s'empara de la province (Scherkyé) et de sa capitale Belbeis. Schawer aussi perfide envers ses ennemis qu'envers ses amis, et qui trahissait, pour obéir à une fausse politique et son maître et lui même, appela à son secours Amaury, ci-devant comte d'Ascalon et alors roi de Jérusalem; mais il se repentit peu de temps après de cette démarche, et paya aux croisés une somme de 60,000 ducats pour les faire retourner sur leurs pas. (1) Cependant Esededdin ayant reçu des renforts, marcha sur le Caire, défit à Aschnoumind les troupes du khalife et occupa la haute Egypte, tandis que son neveu Joussouff prenait d'assaut la ville d'Alexandrie. Mais il ne tarda pas à y être assiégé par l'armée de Schawer réunie à celle des croisés. Après que Jousouff eut fait pendant trois mois une vigoureuse résistance, il fut

---

(2) Suivant le Nokhbetet-Tewarikh; suivant les Gesta Dei, on paya de suite 200,000 ducats et on en promît autant.

convenu que Noureddin recevrait annuellement la somme de 50,000 ducats pour les frais de la guerre, et les croisés 100,000, qui devaient être perçus sur les revenus de l'Egypte. En outre on laissa au Caire une garnison de quelques milliers d'hommes, pour protéger le pays contre les entreprises de Noureddin. Les avantages accordés au roi de Jérusalem dans la capitale de l'Egypte, l'engagèrent à rompre le traité de paix, et lui suggérèrent l'idée de s'emparer du pays entier. Cédant aux instigations du Grand-maître des chevaliers Hospitaliers, qui espérait ainsi maintenir sous la dépendance de son ordre la ville de Belbeis qu'il avait chargée d'une dette de plus de 100,000 ducats, pour subvenir aux préparatifs de guerre, Amaury entra en Egypte avec des forces imposantes. Les Templiers refusèrent leur concours, soit qu'en effet ils fussent mécontens de cette rupture, soit, ce qui paraît plus vraisemblable, qu'ils y fussent poussés par des sentimens de jalousie contre les chevaliers de St-Jean, et par d'autres motifs que leur suggérait leur politique secrète (1). Dans cette circonstance, Schawer demanda encore une fois des secours à Noureddin contre les croisés, qui avaient déjà conquis Belbeis et mis le siége devant sa capitale (2): Le Caire (le nou-

---

(1) Gesta dei, p. 978.
(4) Après J.-C., 1168; de l'hégire, 564.

veau Caire) fut entouré d'un mur auquel les femmes et les enfans travaillaient jour et nuit. La partie ancienne de la ville de Miszr, appelée ordinairement, mais à tort, l'ancien Caire, fut livrée aux flammes par les ordres de Schawer : le feu dura 54 jours. Le khalife Adhad envoya en Syrie courriers sur courriers avec des lettres pressantes, et pour peindre à Noureddin l'extrémité où il était réduit, il y joignit des cheveux de ses femmes, comme pour dire : *Au secours ! au secours ! l'ennemi nous enlève nos femmes et les entraîne par les cheveux* (1). Noureddin était alors à Haleb, et Esededdin Schirkouh à Emessa, siége de son gouvernement. Aussitôt Noureddin le chargea de soumettre l'Egypte. Il lui donna 200,000 ducats et un corps d'élite de huit mille hommes, dont deux mille Syriens et six mille Turcomans. Pendant ce temps, Schawer et Amaury commençaient à perdre tout espoir, le premier d'être secouru, le second de conquérir le Caire. Schawer promit au nom du khalife la somme énorme d'un million de ducats, et Amaury se contenta d'abord de 50,000 (2). A l'approche des Syriens, les croisés s'éloignèrent de la ville as-

(1) Nokhbetet-Tewarikh.
(2) Le Nokhetet-Tewarikh ne donne ici que la moitié de la somme fixée par Guillaume de Tyr ; suivant ce dernier historien, le khalife aurait promis deux millions de ducats et en aurait compté 100,000. Gesta Dei, p. 979.

siégée. Le khalife Adhad, accompagné des principaux de sa cour se rendit dans le camp d'Esdededdin et se plaignit amèrement de la puissance de Schawer, qui, disait-il, n'avait appelé les Francs que pour élever sur les débris de l'empire sa propre dynastie.

Soixante-cinq jours plus tard, après la mort de Noureddin, son neveu Joussouf Salaheddin, c'est-à-dire Joseph, *la loyauté de la foi*, fut revêtu de la plus haute dignité de l'empire et du titre *d'Almelek-Ennaszir* ou *roi vainqueur*. Salaheddin est le fondateur de la dynastie des Ejoubites ; son nom est plus célèbre en Europe que celui d'aucun autre prince ou conquérant de l'Orient. Les récits des historiens des croisades ont acquis une grande renommée aux héros de la Syrie, et la valeur des croisés a toujours été en Asie le sujet d'une juste admiration. Amadeddin-Sengi, Noureddin et Salaheddin paraissent dans les ouvrages des chroniqueurs européens sous les noms défigurés de Sanguin, de Noradin et de Saladin, et dans les annales musulmanes, on essaie en vain de reconnaître sous les noms de Comis, de Birins et de Reï, le comte de Tripoli, le prince d'Antioche et le roi de Jérusalem. Les exploits de Salaheddin nous donneront, dans le livre suivant, l'occasion de revenir sur ce prince et de nous en occuper avec plus de détail : ici nous ne le considérerons que comme visir du khalife et général de Noureddin au nom duquel il gouvernait l'Egypte. Déjà même dans les prières publiques du vendredi, il faisait citer le nom de son maître l'Atabège immédiatement après celui du khalife.

Noureddin pensa qu'il était temps enfin de renverser le khalifat des Fatémites et d'ôter au dernier prince de cette famille jusqu'à l'ombre du pouvoir. Il ordonna à son lieutenant Salaheddin de remplacer les Imamié et les Ismaïlites, qui jusque là avaient occupé les places de juges, par les légistes de la secte orthodoxe des Schafiites, et l'autorisa en même temps à substituer dans les prières publiques le nom du khalife abasside Almostanszarbiemrillah à celui du khalife fatémite Adhad-lidinillah. Salaheddin ne put exécuter immédiatement les ordres qu'il avait reçus, parce que la majorité des habitans professait les mêmes croyances que les Rafédhi et les Schiites, et révérait encore le fantôme du khalifat fatémite; mais il saisit l'occasion que lui offrit la mort d'Adhad-lidinillah pour faire réciter les prières publiques au nom du khalife de Bagdad (1), et après celui-ci au nom de Noureddin. Bien que Salaheddin agît toujours d'après les ordres de son oncle, il servit plutôt ses propres intérêts que ceux de son parent; mais toujours est-il que ce fut lui qui porta le grand coup sous lequel suc-

---

(1) Après J.-C., 1171; de l'hégire, 567.

comba, après avoir gouverné deux siècles avec gloire, la branche des Ismaïlites de l'Ouest qui étendait sa domination jusqu'au sein de l'Asie. Le trône que la doctrine secrète voulait élever sur les ruines de tous les autres fut renversé et enseveli sous ses ruines la loge du Caire. Le khalifat de la famille d'Abbas avait donc vaincu celui de la famille d'Ali, malgré les efforts des missionnaires ismaïlites qui avaient mis tout en œuvre pour le soutenir et lui recruter des défenseurs. Avec lui disparut le fantôme au nom duquel on avait longtemps retenu les peuples dans une fanatique ignorance. Cet événement est de la plus haute importance dans l'histoire de l'Orient en général et en particulier dans celle des Assassins; car Salaheddin qui avait fondé sa puissance sur les débris du khalifat égyptien, devint plus tard l'ennemi le plus redoutable des sectaires dont le premier chef avait été Hassan-Sabah.

LIVRE IV.

Règnes de Hassan II, fils de Mohammed Ier et petit-fils de Kia-Buzurgomid, connu sous le nom d'Ala-Sikrihi-es-Sélam, c'est-à-dire *bénédiction à sa mémoire* (1), et de son fils Mohammed II.

Nous avons exposé dans les livres précédens les mystères de la doctrine des Ismaïlites; nous avons fait tomber le masque d'hypocrisie sous lequel cette secte se dérobait aux yeux du monde. Bien que leur doctrine secrète ait laissé partout des traces sanglantes, quelques-uns de nos lecteurs ont pu être portés à considérer ces horreurs multipliées plutôt comme le fruit du hasard, ou comme des actes de vengeance personnelle, que comme l'effet d'un système réfléchi de meurtres et de débordemens. De nos jours même, plusieurs associations religieuses ou politiques n'ont-elles pas

---

(1) Dans un fragment publié postérieurement par M. de Hammer, ces mots se trouvent écrits de la manière suivante : Aladsikrihi-al-Sélam. V. *Nouveau journal asiatique*, n° 54, p. 538.

trouvé de fervens apologistes qui les ont présentées sous le jour le plus favorable? Bien que les Jésuites, les Illuminés, les Templiers aient été accusés de professer et de mettre en pratique des doctrines infâmes, on ne saurait établir aucune comparaison entre ces Ordres et celui des Assassins; tout ce que nous en avons dit jusqu'ici ne s'appuie ni sur de simples hypothèses, ni sur les accusations des historiens, ni sur des aveux arrachés à la douleur des tourmens; les aveux libres et spontanés des successeurs de Hassan-Sabah ont été pour nous une source intarissable de révélations. Jusqu'alors ils avaient soigneusement caché aux yeux des profanes leur hideuse doctrine; il était réservé à Hassan II de mettre les principes de l'Ordre au grand jour. Déjà du vivant de Mohammed il s'était érigé en prophète, et n'avait sauvé ses jours qu'en se couvrant du voile d'une profonde hypocrisie. Aussitôt que la mort de son père lui eut donné la Grande-maîtrise, il jeta le masque, et non content de s'abandonner lui-même à toutes sortes d'excès, accorda aux autres la même licence. Mais c'était peu encore; il ne put résister à l'attrait de monter lui-même en chaire pour prêcher le peuple. S'il avait eu l'expérience de ses aïeux, si la maturité de son jugement eût égalé l'étendue de ses connaissances, il se serait bien gardé de répandre parmi les profanes les principes fondamentaux de la doctrine ismaïlite. Quelle utilité en effet, l'Ordre pouvait-il retirer de ces enseignemens où les profanes apprenaient à ne voir dans Mohammed qu'un être stupide, et à considérer son fils comme un modèle de mérite et de savoir? Une ignorance qui donnait encore aux sectaires quelque retenue, était préférable à ces pernicieuses révélations. Il voulait non-seulement favoriser à tout prix, par son exemple, l'impunité des crimes, mais établir en théorie qu'ils ne méritaient aucun châtiment. L'an 559 de l'hégire (1), les habitans du pays de Roudbâr furent invités à se rendre au château d'Alamout, où Hassan avait fait construire une chaire vis-à-vis de la Kibla (2), et planter aux quatre coins quatre étendards : un blanc, un rouge, un jaune et un vert. Le peuple s'assembla sur la Moszella, *place de prières*, située au pied du château, et semblable à celle du faubourg de Schiraz, célébrée dans les poésies d'Hafizem (3).

Hassan monta en chaire le 17 du mois de ramazan (4), et commença à jeter le trouble dans l'esprit de ses auditeurs par des paroles obscures et énigmatiques ; il leur persuada qu'un envoyé

---

(1) Après J.-C., 1163.
(2) On appelle ainsi le pays de la Mecque, vers lequel tous les moslimins se tournent dans leurs prières.
(3) Hafis, lettre Elif.
(4) Suivant Mirkhond et Wassaf; d'après le Nokhbetet-Tewarikh, ce fut le septième.

de l'Imam, ce mystique possesseur du khalifat égyptien, lui avait remis une lettre adressée à tous les Ismaïlites, qui changeait les règles fondamentales de la secte, et leur donnait une nouvelle sanction. Il leur déclara qu'en vertu de cette lettre « les portes de la grâce et de
» la miséricorde étaient ouvertes à tous ceux qui
» lui obéiraient et qui le suivraient, qu'eux seuls
» seraient les véritables élus, et qu'en cette qua-
» lité ils seraient affranchis de l'observation de
» toutes les lois jusqu'au jour de la résurrection,
» c'est-à-dire de la révélation de l'Imam. » Ensuite il récita en langue arabe le Khoutbé, ou *prière de la chaire*, qu'il disait également avoir reçu de l'Imam. Un interprète placé au bas de la chaire en donna la traduction suivante aux auditeurs : « Hassan, fils de Mohammed et petit-
» fils de Buzurgomid, est notre Khalife, Daï et
» Houdschet, c'est-à-dire *notre successeur, no-*
» *tre missionnaire, notre preuve*. Tous ceux qui
» suivent notre doctrine doivent lui obéir dans
» les affaires de la foi et du monde, considérer
» ses ordres comme venant d'en haut, ses pa-
» roles comme inspirées, ne point faire ce qu'il
» défendra et faire tout ce qu'il commandera,
» comme si ses ordres étaient donnés par nous-
» même. Qu'ils sachent que notre seigneur les
» a jugés dignes de sa miséricorde, et qu'il les a
» conduits vers Dieu le tout-puissant. » Il fit en-

suite dresser des tables et ordonna au peuple de rompre le jeûne et de se livrer à tous les plaisirs comme aux jours de fête; car, disait-il, c'est aujourd'hui le jour de la révélation de l'Imam.

Depuis ce moment où le crime se montra sans déguisement aux yeux de tout le monde, le nom de Moulahid, *impies*, qui jusqu'alors n'avait été donné par les légistes qu'aux partisans de Karmath et à ceux de quelques autres sectaires, fut étendu à tous les Ismaïlites de l'Asie. A dater de ce jour, le 17e du mois de ramazan, les Assassins célébrèrent *la fête de la révélation* comme la véritable époque de l'annonciation de leur doctrine : de même que le nom de Mohammed n'est jamais prononcé par les moslimins sans que l'on y ajoute les mots : *qu'il soit béni*, de même les Ismaïlites ajoutèrent depuis au nom de Hassan la formule : *salut à sa mémoire*. L'historien Mirkhond nous raconte que Joussoufschâh-Kiatib, homme digne de foi, avait lu au-dessus de la porte de la bibliothèque d'Alamout l'inscription suivante :

AVEC L'AIDE DE DIEU,
LE DOMINATEUR DU MONDE
ROMPIT LES CHAINES DE LA LOI.
SALUT A SON NOM!

Hassan II, après s'être fait reconnaître par le

peuple comme khalife et législateur envoya de nouvelles règles à tous les Prieurs et missionnaires des provinces soumises; il écrivit au Réï Mosaffer, Grand-prieur dans le Kouhistân comme l'avait été dans l'Irak son homonyme, contemporain de Hassan-Ben-Sabah, et lui donna des instructions conformes à son nouveau système. Il lui disait : « Moi Hassan, je vous déclare que je suis
» le représentant de Dieu sur la terre, et le Réï
» Mosaffer est le mien dans la province de Kou-
» histân. Les hommes de ce pays doivent lui obéir
» et regarder ses ordres comme émanés de ma pro-
» pre bouche. » Mosaffer fit construire dans le château de Mouminabad, sa résidence, une chaire du haut de laquelle il lut au peuple la lettre du Grand-maitre. Presque tous les habitans l'acceuillirent avec joie, ils burent du vin au pied de la chaire en mêlant leurs voix au son des chalumeaux et au bruit des tambours, et affichèrent un mépris scandaleux de la loi et de la religion. Quelques-uns seulement, fidèles aux doctrines de l'islamisme, émigrèrent : ce fut dans le Roudbâr et le Kouhistân un effroyable débordement de libertinage et d'immoralité. Ce n'était plus le khalife, c'était Hassan II qui était proclamé de toutes les chaires comme véritable successeur du prophête. Afin de pouvoir se passer du titre d'Imam, titre que les peuples

n'avaient donné jusqu'alors qu'au seul khalife de l'Egypte, il jugea nécessaire de mêler son origine à celle des khalifes fatémites, bien que dans l'assemblée du 17 de ramazan il se fût annoncé comme fils de Mohammed : il donna plus tard à entendre, par des paroles obscures et des écrits à double sens, qu'il était fils de Nésar et petit-fils du khalife Mostanszar, sous le règne duquel le fondateur de l'Ordre avait été forcé par le généralissime Bedr-Dschemali de quitter l'Egypte, pour avoir pris le parti du fils aîné de Mostanszar contre son jeune frère Nésar. Pour accréditer cette généalogie, les amis de Hassan II racontèrent qu'un certain Aboul-Hassan-Seide, le confident du khalife Mostanszar, était arrivé à Alamout un an après la mort de son maître, et y avait amené un fils de Nésar qu'il avait confié aux soins de Hassan-Ben-Sabah ; il ajoutait que ce dernier avait reçu l'envoyé avec de grands honneurs et avait assigné pour demeure au jeune Imam un village situé au pied du château, où, après s'être marié quelque temps après, il avait donné à son fils nouveau-né le nom de *Salut à sa mémoire*. On disait encore qu'à la même époque où l'épouse de l'Imam était accouchée, la femme du Grand-maître Mohammed, fils de Buzurgomid, avait donné le jour à un enfant mâle. Une servante gagnée, en portant le jeune *Salut à sa mémoire* château, l'avait changé contre le fils de Mohammed. Comme ce conte était trop absurde pour commander quelque croyance, et comme, d'après la doctrine des Assassins, tout était indifférent et rien n'était défendu, les partisans de cette généalogie admirent plus tard que le jeune Imam avait eu un commerce secret avec la femme de Mohammed, et que le Grand-maître actuel 8e Imam et khalife, en était le fruit. Hassan aima mieux être considéré comme un bâtard issu du sang du khalife que comme l'enfant légitime de son père : l'honneur de sa mère fut sacrifié à son ambition ; l'adultère lui créa des droits, et dans son désir de régner il profana la sainteté du harem. Les Ismaïlites qui faisaient ainsi descendre Hassan de Nésar, fils du khalife Mostanszar, portaient le nom de Nésari : ils donnaient à Hassan le surnom de Kaïmolkiamet, c'est-à-dire *le Seigneur de la résurrection* et appelaient leur secte *la secte de la Révélation et de la résurrection*. Ils entendaient par l'époque de la résurrection, celle où l'Imam devait apparaître (kaïm) et les rapprocher de Dieu en abolissant toutes les lois. D'après eux, l'avénement de Hassan à l'Imamat était le commencement de cette époque ; car il détruisait à la fois et les lois de la religion et celles de la morale. Désormais le vice et le crime se montrèrent sans crainte et marhèrent tête levée (1). Hassan II, comme on devait

(1) Mirkhond.

s'y attendre, devint lui-même la victime de sa nouvelle doctrine : la quatrième année de son règne il tomba, au château de Lemsir, sous le poignard de son beau-frère, un des descendans de la famille Bouyeh. L'historien voit dans ce meurtre moins la vengeance du ciel qui châtiait tant de crimes, qu'une punition toute naturelle. N'était-ce point en effet le comble de l'imprudence que d'initier la masse du peuple à tous les mystères de la doctrine de l'Ordre? Aussi paya-t-il de sa vie cette liberté indéfinie qu'il avait donnée à tous d'assassiner.

Règne de Mohammed II, fils de Hassan II.

L'incendie que Hassan avait allumé en révélant à tous les principes secrets de l'Ordre, loin de s'éteindre dans son sang, se propagea dans toute l'Asie sous Mohammed II, son fils et son successeur, qui commença son règne par tirer vengeance du meurtre de Hassan. Hassan-Namwer, son assassin ainsi que tous ses parens de l'un et l'autre sexe périrent sous la hache du bourreau. Loin de profiter du triste exemple que l'imprudence de son père lui mettait sous les yeux, il suivit fidèlement ses traces. Il prêchait plus hautement encore la nouvelle doctrine, et affichait les mêmes prétentions que son père à la dignité d'Imam. Assez instruit dans les théories philosophiques, il se croyait l'unique savant de son temps, dans cette branche de connaissances comme dans toutes les autres. Nous possédons de lui un grand nombre de traités de philosophie et de jurisprudence, mais ce n'est pas le lieu de les citer. Ces études étaient un hommage rendu non-seulement aux institutions du fondateur de l'Ordre, qui profondément versé dans les sciences mathématiques et métaphysiques, avait amassé au château d'Alamout une précieuse collection de livres et d'instrumens, mais encore à l'esprit de son siècle, pendant le cours duquel la civilisation de la nouvelle Perse atteignit son plus haut degré et la philosophie et la poésie prirent le plus brillant essor. Son règne de 46 ans vit naître et mourir une pléiade de poètes persans plus illustre que celle des Alexandrins sous les Ptolémées et que celle des poètes français sous François Ier (1).

Nous ne mentionnerons ici, dans la poésie lyrique, que Souseni et Watwat (2). Le premier fut le créateur du système métrique; le second peut être appelé le législateur de la poésie persane. Les deux grands poètes panégyriques Khâkani (3) et Sohaïr-Faryabi (4), ainsi qu'Enweri, fameux tous les trois par les louanges qu'ils prodiguèrent aux princes orientaux. Les mystiques Sénayi (5) et Attar (6), illustrèrent aussi le règne de Mohammed II. Sénayi est l'auteur du Hadikat, *jardin orné*, que Saadi paraît avoir imité dans son poème très connu intitulé : *Jardin de roses et de fruits* (7). Attar s'est rendu célèbre par ses œuvres poétiques, entre autres par son Mantikettaïr, *Dialo-*

---

(1) Devletschâh. Histoire de la littérature classique, par Heeren. Bouterwek, Hist. de la poésie française.
(2) Après J.-C., 1173; de l'hégire, 569.
(3) Après J.-C., 1177; de l'hégire, 573.
(4) Après J.-C., 1186; de l'hégire, 582.
(5) Après J.-C., 1201; de l'hégire, 598.
(6) Après J.-C. 1180; de l'hégire, 576.
(7) Après J.-C., 1190; de l'hégire 586.

gue des oiseaux; il eut pour rival Dschelaleddin-Roumi, qui plus tard devint le plus grand mystique de l'Orient. Il faut nommer encore Nisami célèbre poète romantique des Persans, le chantre immortel de Khosru et de Schirin (1).

A cette pléiade de poètes il faut ajouter des philosophes, des légistes et des moralistes du premier rang (2), tels que les scheikhs, Abdolkadir-Gilani, le fondateur d'un des Ordres de derwiches les plus considérés, dont le tombeau à Bagdad est encore aujourd'hui visité avec autant de vénération que celui du grand Imam Abou-Hanife, et les deux grands légistes Ahmed-Ibn-Mahmoud-Gâsnéwi (3) et Imam Borhaneddin-Ali-Ben-Ebibekr-Almaraghainani (4), auteurs l'un des Mokademme, *Prolégomènes*, l'autre du Hedayet, *Conduite*; deux ouvrages classiques de jurisprudence pratique. Le secrétaire Amad, n'est pas moins illustre comme calligraphe. Dans l'histoire s'est distingué, Ibn-Eszir-Dscheseri, auteur du Kamil (5); dans la philosophie, Schehabneddin-Sehrwerdi et l'imam Fakhr Rhasi (6) ont acquis à juste titre une grande

---

(1) Après J.-C., 1189; de l'hégire, 576.
(2) Après J.-C., 1170; de l'hégire 566.
(3) Après J.-C. 1196; de l'hégire 593.
(4) Après J.-C., 1196; de l'hégire, 593.
(5) Après J.-C. 1209; de l'hégire 606.
(6) Après J.-C. 1172; de l'hégire, 568.

gloire. Il faut bien se garder de confondre ce dernier avec le scheikh, le poète ou le médecin du même nom (Rhasès). Leur illustration littéraire n'aurait point mérité notre attention, que l'importance qu'ils ont dans l'histoire des Assassins nous aurait imposé le devoir de les citer. Leur vie et leur mort nous montrent combien il y avait alors de péril pour les savans à se déclarer les ennemis de la doctrine secrète.

Le philosophe Aboufeth-Jahya-Ben-Hanosch-Ben-Emirek, mieux connu sous le nom de Schehabneddin-Sehrwerdi, auteur célèbre de plusieurs ouvrages métaphysiques, périt à Haleb, sous les coups du fils de Salaheddin. Comme sa doctrine était considérée par le collége des légistes comme philosophique, c'est-à-dire comme athée, chacun pouvait le tuer avec impunité.

L'imam Fakhreddin Rhasi, menacé du même sort, y échappa, mais non sans danger. Il enseignait publiquement dans Reï, sa patrie, la jurisprudence, sous la Grande-maîtrise de Mohammed II, fils de Hassan II. Calomnié par ses envieux, accusé d'être en secret partisan des Ismaïlites et même un de leurs missionnaires, il monta en chaire, et pour se justifier, blasphéma contre les Ismaïlites et les maudit. Aussitôt que le Grand-maître en eut été instruit par ses espions, il envoya à Reï un de ses fédavis, avec des instructions spéciales. Celui-ci se fit passer

pour un élève dans la science des lois et suivit, sous ce titre emprunté, les cours de l'imam. Sept mois s'écoulèrent avant qu'il pût trouver une occasion favorable d'exécuter sa mission. Enfin, il guetta le moment où le serviteur de l'imam était sorti pour aller chercher le repas de son maître. L'imam était seul dans son cabinet, le fédavi entra, le jeta à terre, et lui appuya son poignard sur la poitrine. « Quel est ton dessein, lui demanda l'imam? — De t'arracher le cœur et les entrailles. — Pourquoi? — Parce que tu as dit du mal des Ismaïlites dans une chaire publique. » L'imam conjura l'assassin d'épargner sa vie, et lui jura par tout ce qu'il y a de plus solennel, qu'il ne blasphémerait plus jamais contre les Ismaïlites. « Si je te laisse la vie, dit l'envoyé, retomberas-
» tu dans tes anciennes erreurs, et te croiras-tu
» dégagé de tes sermens au moyen d'une interpré-
» tation fallacieuse? » L'imam l'assura qu'il n'aurait recours à aucune interprétation, et qu'il se soumettait d'avance à l'expiation de son parjure. Alors l'assassin se releva de dessus sa poitrine, et lui dit : « Si j'avais eu réellement l'ordre de te
» tuer, je n'aurais pas manqué de l'exécuter. Mo-
» hammed, fils de Hassan, te salue, et te prie
» de venir à sa forteresse l'honorer d'une vi-
» site. Tu auras un pouvoir illimité et nous t'o-
» béirons à l'avenir avec fidélité comme tes
» serviteurs. Nous méprisons la voix du peuple,

» dit le Grand-maître, les paroles ne restent
» pas plus dans notre esprit *que des noix sur*
» *un globe;* mais vous ne devez point blasphé-
» mer contre nous, parce que vos paroles se
» gravent sur la pierre comme les traits du bu-
» rin. » L'imam répondit qu'il ne pouvait aller
à Alamout, mais que pour l'avenir, il ne parle-
rait plus du Grand-maître qu'avec respect. Alors
le fédavi tira de sa ceinture trois cents pièces
d'or qu'il lui donna en lui disant : « Ce que tu
» vois là, c'est ta rente annuelle, et le divan a dé-
» crété que tous les ans, le Réi Mosaffer t'appor-
» terait pareille somme; voilà encore deux ha-
» bits de l'Yémen, que t'envoie Mohammed. » Au
même instant, le fédavi disparut. L'imam prit
les habits et l'argent, et pendant quatre ou cinq
ans reçut la même somme qui lui fut toujours
exactement comptée. Avant cet événement, il
avait coutume, toutes les fois qu'il parlait des Ismaïlites dans une discussion, de la résumer par
ces mots : « Que peuvent dire ces impies que
» Dieu veuille anéantir et poursuivre de sa ma-
» lédiction ! » Mais après avoir reçu sa subven-
tion annuelle, il se contentait de dire : « Que
» peuvent dire les Ismaïlites ? » Un de ses élèves
qui lui demanda la cause de ce changement, reçut de lui pour toute réponse : « On ne peut pas
» maudire les Ismaïlites, leurs preuves sont trop
» tranchantes, et leur raison c'est le poignard. »

Cette aventure singulière, que plusieurs historiens (1) persans nous racontent tous de la même manière, nous prouve que le meurtre n'était pas pour la politique du Grand-maître l'unique moyen d'assurer la réussite de ses projets, mais qu'il préférait quelquefois employer la corruption. Nous y voyons encore que souvent les Ismaïlites aimaient mieux se faire des amis de ses ennemis que de s'en débarasser par l'assassinat, surtout lorsqu'ils étaient d'illustres savans ou des hommes célèbres dont la vie était, dans ce cas, plus utile à l'Ordre que la mort. Excepté l'anecdote que nous venons de citer, les historiens ne nous apprennent rien de ce qui s'est passé pendant les 50 ans du règne de Mohammed dans le Dschebal et le Kouhistân, qui étaient les provinces persanes de l'Ordre ; mais aussi cette période est plus fertile en événemens qui exercent une influence immédiate sur l'histoire des Assassins. La Syrie, qui en fut le principal théâtre, vit aussi à la même époque les exploits des croisés et de Salaheddin. Ce grand prince avait été destiné par la Providence à être l'instrument qui devait renverser le khalifat des Fatémites ; aussi les Assassins le désignèrent-ils aussitôt aux poignards de leurs fédavis. Afin de mieux connaître l'homme qu'ils avaient choisi pour victime, et qu'elle était

(1) Mirkhond. Devletschâh. Ghaffari.

sa puissance lorsqu'ils essayèrent pour la première fois de l'assassiner, nous continuerons le récit du règne de Noureddin que nous avons commencé dans le livre précédent, et ajouterons quelques mots sur Salaheddin et sa grandeur naissante.

Revêtu, après la mort de son oncle Esededdin Schirkouh, de la dignité suprême de l'empire, sous le nom de Melek-Ennaszir, il fut confirmé dans cette charge par l'atabège Noureddin, avec le titre d'Emiralisfahlar, qui, chez les Persans, correspond à celui d'Emirolschouyousch chez les Arabes, et signifie *Maître des armées*. Peu de temps après le khalife de Bagdad lui envoya le diplôme, le vêtement d'honneur et des présens magnifiques, pour le récompenser d'avoir transféré les droits souverains de l'islamisme de la famille de Fatima à celle d'Abbas. C'était au Caire que l'on gardait les trésors immenses accumulés par les Fatémites dans le cours de deux siècles, et qu'avaient fournis les provinces de Moghres, d'Egypte, de Syrie et d'Arabie. Bien que leur richesse surpassât toute croyance, la libéralité de Salaheddin les eut bientôt épuisés (1). Aïni, écrivain recommandable et digne de foi, nous apprend que ce trésor contenait sept cents solitaires

---

(1) Tiré de l'Okdetol-Dscheman dans le Nokhbetet-Tewarah.

de perles dont chacune était, par sa grosseur, d'un prix inestimable; une émeraude de la longueur de six pouces et de l'épaisseur d'un doigt; une bibliothèque de 2,000,000 de volumes; des lingots et des monnaies d'or, de l'ambre, de l'aloès et une incroyable quantité d'armes. Salaheddin, dès son avénement, distribua une grande partie de ces trésors aux princes qui étaient dans son armée, l'administration des bibliothèques fut organisée, et le reste du trésor, vendu à l'enchère, fournit, pendant dix années consécutives, les sommes nécessaires pour soutenir la guerre contre les croisés et construire les monumens qui s'élevèrent dans la ville du Caire. Sous son règne on y bâtit un château fort, avec un mur qui entourait la ville, un grand aqueduc qui conduisit les eaux du Nil à la hauteur de la montagne, et les halles magnifiques sous la colonnade desquelles le narrateur de cette histoire s'est souvent retracé la grandeur de Salaheddin. Enfin il fit bâtir une académie près du tombeau de Schafii, un hôpital au nouveau Caire, et un magasin à blé à Miszr, l'ancienne capitale de l'Egypte sous les Arabes. Tous ces monumens portent le sceau de sa grandeur; on y lit partout son nom, Joussouf, que l'ignorance seule des habitans actuels du Caire et de Miszr a pu prendre pour celui du Joseph de l'Egypte.

Si Noureddin voyait d'un œil inquiet la puissance toujours croissante de Salaheddin, il sentait aussi qu'il n'était plus en son pouvoir de commander au possesseur du trésor des Fatémites. Néanmoins il fut assez politique pour confirmer dans ses fonctions un gouverneur qu'il ne pouvait plus changer, et Salaheddin, de son côté, en eut assez de gratitude pour reconnaître, au moins nominalement, la souveraineté de son oncle. Aussi, comme il ne voulait pas se révolter ouvertement contre lui, mais seulement s'assurer un refuge au besoin, il résolut de marcher contre l'Yémen et commença par y envoyer son frère aîné, Touranschâh, avec une armée (1). Ce pays était alors gouverné par Abdennebi, fils de Mehdi, partisan de la secte impie de Karmath, qui, par ses exactions, avait attiré sur lui l'exécration de ses peuples. Les trésors qu'il avait amassés par de pareilles voies étaient cachés dans le tombeau de son père Medhi, à Sobéid; les murs de ce tombeau étaient couverts d'or ainsi que le dôme et éblouissaient les yeux dans un rayon de plusieurs milles; l'or, l'argent, les perles et les pierres précieuses s'y trouvaient en immense quantité. Abdennebi voulait faire de ce tombeau une nouvelle Kaaba et le rendez-vous de tous les pèlerins de l'Orient. Dans ce but, il pillait les caravanes qui se rendaient à la Mecque, et les richesses que lui don-

(3) Après J.-C., 1173; de l'hégire, 569.

naient ses rapines venaient augmenter encore la masse de son butin. Plus tard plusieurs princes, surtout ceux de la Perse, ont essayé comme Abdennebi, mais par des motifs purement politiques, d'empêcher les peuples d'aller en pélerinage à la Mecque et d'appeler leur vénération sur d'autres tombeaux que celui du prophète, notamment sur celui de Meschhed-Ali, près de l'Euphrate, qui, comme celui de Sobéid, avait été couvert de lames d'or par le schâh Abbas, et sur le tombeau de Mesched-Ben-Mousza, près de Thous, dans le Khorassân. On voulait ainsi attirer le numéraire ou tout au moins le concentrer dans le pays, mais la Mecque resta toujours le seul et véritable lieu de pélerinage de l'islamisme, malgré les conquêtes des Karmathites et des Wahabites. Touranschâh défit et tua Abdennebi, fit raser le dôme, s'empara des trésors de Sobéid, qu'il envoya à son frère, et, sur les ordres de celui-ci, fit prier du haut des chaires pour le khalife de Bagdad et l'atabège Noureddin.

Après la mort de ce sultan (1), Salaheddin fit faire en Egypte les prières publiques au nom du jeune Saleh, fils de Noureddin, alors âgé de onze ans. Ce prince, trop faible pour régner par lui-même, fut confié aux soins des grands de l'empire, surtout à ceux de l'eunuque Gumuschté-

(1) Après J.-C., 1174 ; de l'hégire, 570.

gin, qui transféra la résidence de son jeune maître à Haleb, en laissant à Damas pour gouverneur Ibnalmokaddem. Les croisés, qui croyaient trouver dans la minorité du fils de Noureddin une occasion favorable à l'agrandissement de leurs conquêtes, marchèrent sur Damas, et ne levèrent le siége que pour de grandes sommes d'argent qu'Ibalmokaddem se vit forcé de leur payer. A cette nouvelle, Salaheddin entra dans une grande colère, se dirigea à marches forcées vers Damas à la tête de sept cents cavaliers, fit au gouverneur de vives remontrances sur son indigne conduite, et écrivit au jeune atabège une lettre respectueuse dans laquelle il lui prêtait serment de fidélité comme à son seigneur, et lui déclarait qu'il n'était venu en Syrie que pour le défendre dans un moment où ses possessions étaient vivement attaquées, d'un côté par les croisés, de l'autre par son neveu Seiffedin, seigneur de Moszoul. Dans sa réponse qui fut rédigée par les ennemis de Salaheddin, au lieu de le remercier des services qu'il lui avait rendus, il lui reprochait son ingratitude, sa désobéissance, et le menaçait de lui enlever très prochainement le commandement de l'Egypte. Ce fut alors que Salaheddin, furieux de cette insulte, déclara au porteur de la lettre, Nial, seigneur de Manbedsch, qu'il devait à l'inviolabilité de son caractère la conservation de ses jours ; il fondit ensuite avec ses troupes sur Haleb afin, disait-il, de s'entretenir de vive-voix avec le jeune prince. Sur la route il s'empara de Hama et de Hems, et vint établir son camp près de Haleb. Les habitans et le jeune prince, guidé par son gouverneur l'eunuque Gumuschtégin, au lieu d'aller à la rencontre de Sahaleddin avec des intentions pacifiques, s'avancèrent contre lui les armes à la main. « Dieu m'est témoin, s'écria Salaheddin, » que je ne voulais point avoir recours à la force » des armes ; mais, puisque vous le voulez, » qu'elle décide la querelle. » Les troupes de Haleb furent battues, dispersées, et s'enfuirent vers la ville que Salaheddin commença à assiéger dans les formes (1).

Gumuschtégin, qui avait perdu tout espoir d'échapper au glaive des braves qui l'assiégeaient, songea à se servir des poignards des Assassins. Le château fort de Masziat était alors le centre de la puissance des Ismaïlites en Syrie. Là régnait Raschideddin-Sinan, (2) Grand-prieur de l'Ordre, dont le nom et les ouvrages se sont conservés jusqu'à ce jour parmi les Ismaïlites de Syrie (3). Masziat est situé dans la montagne de Semak parallèle aux côtes de la mer Méditérannée qu'elle

(1) Tiré du Nokhbetet-Tewarikh.
(2) Nokhbetet-Tewarikh. Dshihannouma.
(3) Rousseau, Mémoire sur les Ismaïlis, p. 13.

suit jusqu'au Liban (1). Le château ainsi que dix-huit villages voisins, faisaient partie du district de Hama (Epiphania), et à cette époque il était le plus considérable des dix autres châteaux également bâtis sur la cîme des montagnes, et le centre des forces ismaïlites, que les auteurs contemporains des croisades évaluaient à soixante mille hommes (2). Les noms de ces châteaux que nous donne la géographie de Hadschi-Khalfa (3) sont Masziat, Kadmus, Kahaf, Akkaz, Hosznalekiad, Safita, Alika, Hosznalkarnin, Sihihoun et Sarmin : c'est par ce dernier qu'avaient commencé, en Syrie, les conquêtes des Ismaïlites (4). Ces châteaux, non moins que les poignards des Assassins, avaient rendu Raschideddin maître de toute la partie montagneuse de la Syrie septentrionale. Salaheddin, le défenseur légitime de la foi de Mohammed, qui avait renversé le khalifat égyptien et dont la puissance toujours croissante menaçait même d'anéantir les atabèges de Syrie, était l'adversaire naturel et l'ennemi le plus dangereux de l'Ordre : aussi était-il sans cesse exposé à ses coups. La prière que Gumuschtégin fit au Grand-prieur Sinan, de sacrifier Salaheddin à sa vengeance, fut accueillie d'autant plus facilement, qu'un pa-

---

(1) Rousseau, Mémoire, p. 1.
(2) Guillaume de Tyr, p. 994.
(3) Dschihannouma, p. 591 et 592.
(4) Macrisi, Aboulféda.

reil service était généreusement payé. Trois assassins l'assaillirent dans son camp devant Haleb; mais, heureusement ils ne purent le frapper d'un coup mortel et furent mis en pièces (1). Tandis que Gumuschtégin conspirait ainsi contre la vie de Salaheddin, il échappait à peine aux embûches que lui tendaient ses ennemis, le visir Schehabeddin-Abou-Ssaleh et les émirs Dschemaleddin-Schadbakht et Modschahid, qui voulaient lui enlever la faveur du jeune prince Melikssaleh. Gumuschtégin pour déjouer leurs projets eut recours à sa politique ordinaire. Au moment où Melikssaleh sortait pour aller à la chasse, l'eunuque lui demanda un blanc-seing afin d'expédier, disait-il, une affaire pressante. Le prince, sans méfiance, signa, et Gumuschtégin écrivit au Grand-prieur des Assassins un ordre qui lui enjoignait de faire tuer le visir et les deux émirs. Sinan croyant qu'il s'agissait de débarassser le prince de quelque obstacle qui le gênait dans l'exercice de son pouvoir absolu, fit partir sur-le-champ plusieurs de ses affidés. D'eux d'entre eux, qui assaillirent le visir au moment où il sortait de la mosquée par la porte de l'est, placée près de sa maison, périrent sur-le-champ. Peu de temps après, Modschahid fut attaqué par trois autres : l'un d'eux saisit le haut de son manteau, afin de

---

(1) Nokhbetet-Tewarikh.

lui porter un coup plus assuré, mais Modschahid donna des éperons à son cheval et s'enfuit en laissant son manteau entre les mains de l'agresseur. Le peuple saisit les meurtriers, dont deux venaient faire de fréquentes visites à l'écuyer de Modchahid; l'un fut mis en croix ainsi que l'écuyer, sur la poitrine duquel on avait attaché un écriteau avec cette inscription: Telle est la récompense de ceux qui recèlent des impies. L'autre assassin fut conduit à la forteresse; là on lui coupa les talons, et on le frappa sur cette chaire sanglante, afin de lui faire avouer qui l'avait poussé à un pareil crime. Au milieu des tourmens, il dit au jeune prince: Tu demandes à notre maître Sinan qui a ordonné le meurtre de tes esclaves; et me punis pour avoir exécuté tes ordres. Melikssaleh écrivit au Grand-prieur une lettre pleine des plus amers reproches, mais Sinan lui renvoya pour toute réponse la lettre qu'il avait signée.

Depuis, le prince de Haleb et le chef des Assassins de Syrie furent toujours en correspondance. Plusieurs fois déjà Raschideddiu-Sinan avait écrit à Melikssaleh pour demander la restitution du bourg d'Hadschira, enlevé aux Ismaïlites, mais cette demande étant restée sans succès, le Grand-prieur eut enfin recours non à la plume ni au poignard, mais au feu. Les Assassins devinrent des incendiaires, portèrent le ravage dans les différentes foires de Haleb, et jetèrent sur les maisons de la naphte brûlante. le gouverneur de la ville accourut avec ses gens pour éteindre le feu ; mais ce fut en vain : comme le feu grégeois, elle résistait à l'action de l'eau. Plusieurs habitations furent entièrement consumées, une quantité immense de riches étoffes et de marchandises précieuses périt dans les flammes. Les Assassins lancèrent, pour alimenter le feu, de la naphte du haut des terrasses dans les rues, et se dérobèrent ensuite à la vengeance publique, au milieu de la consternation générale (1).

Melikssaleh-Ismaïl, prince de Haleb, dont le favori Gumuschtégin avait employé sans résultat contre Salaheddin les poignards des Ismaïlites, appela à son secours les croisés et son neveu Seifeddin, seigneur de Moszoul. Les croisés assiégèrent Emessa, mais se retirèrent à l'approche de Salaheddin. Seifeddin au contraire, et son frère Aseddin, réunirent leurs troupes à celles de Melikssaleh. Salaheddin essaya encore une fois une réconciliation. Dans une lettre très humble, il offrit au prince de Haleb de lui restituer Hama, Hems et Balbek, et de lui céder la ville de Damas, sous l'unique condition qu'il serait confirmé dans le gouvernement de l'Egypte : sa condescendance fut traitée de faiblesse.

(1) Ibn-Forat.

Dans la bataille qui suivit immédiatement cette négociation, il remporta sur l'armée confédérée de Moszoul et de Haleb, une victoire complète dans la plaine de Hama. Dès ce moment, il prit d'une main ferme les rênes du gouvernement et ordonna que désormais en Syrie et en Egypte les prières publiques se feraient en son nom, et que la monnaie serait frappée à son effigie (1). Ssaleh n'obtint qu'à force de supplications, la possession tranquille de Haleb. Le prince de Moszoul, qui s'était réuni à ceux de Hoszn-Keif et de Maredin, perdit à la bataille de Tell, près de Hama, son camp et son armée. Salaheddin, après avoir distribué le butin à ses troupes et relâché les prisonniers, s'empara des places fortes d'Asas, de Manbedsch et de Bosaa. Pendant le siége, il fut attaqué de nouveau par un assassin qui le blessa à la tête; mais il fut assez heureux pour le saisir à temps par la main et le percer de son épée; un second assassin se précipite sur lui; mais avant d'avoir porté le premier coup, il est taillé en pièces par les damas de la garde. Deux autres viennent encore l'assaillir, mais toujours sans plus de succès (1). L'exemple de ceux qui avaient déjà péri rendit les autres plus circonspects; ils crurent qu'il leur serait plus fa-

---

(1) Après J.-C. 1175; de l'hégire 571.
(2) Nokhbetet-Tewarikh.

cile d'atteindre leur but en ne se montrant qu'un à un et en fatiguant ainsi le sultan et ses gardes. Ce dernier expédient leur réussit. Salaheddin, effrayé de ces tentatives réitérées, se retira dans sa tente, passa ensuite en revue son armée, et en chassa tous les étrangers (1). L'année suivante (2), il se hâta de conclure un traité de paix avec les princes de Moszoul et de Haleb, et envahit aussitôt après le territoire des Ismaïlites, le ravagea dans tous les sens et bloqua étroitement le château fort de Masziat. Il l'aurait conquis, et aurait détruit la puissance des Ismaïlites en Syrie, si Schehabeddin, prince de Hama, sur les prières de Sinan, n'eût déterminé son neveu à faire la paix sous la condition qu'il serait à l'avenir à l'abri du poignard des Assassins. En effet, depuis, Salaheddin n'eut rien à craindre de leur part, dans un règne de quinze ans, pendant lequel il fit la guerre tantôt en Egypte, tantôt en Syrie, où il avait conquis toutes les places fortes des croisés et même Jérusalem. Soit que tant de malheurs eussent effrayé les Assassins, soit que l'Ordre jugeât l'existence de Salaheddin nécessaire pour contrebalancer la puissance formidable des croisés, soit enfin que, par une remarquable exception, le

---

(1) Aboulféda, ad ann. 571.
(2) Après J.-C. 1176; de l'hégire, 572.

Grand-prieur ait eu quelque scrupule de violer la sainteté des traités, toujours est-il que Raschideddin-Sinan paraît avoir abandonné les doctrines Ismaïlites et les voies politiques que lui avaient tracées ses prédécesseurs et que suivait encore le Grand-maître régnant; les premiers étaient, comme nous l'avons vu plus haut, les amis secrets de l'Ordre des Templiers, et le dernier foulait aux pieds toute religion et toute morale. Sinan donna une toute autre direction à sa politique, comme le prouvent les historiens contemporains des croisades (1). Ce que nous racontent Guillaume, évêque de Tyr, et Jacques, évêque d'Akka, de l'origine, du système politique et de la discipline des Assassins, à l'occasion d'une ambassade (2) que le Vieux de la montagne avait envoyée en l'an 1102 au roi de Jérusalem, s'accorde parfaitement avec les sources orientales qui disent : « les Assas-
» sins étaient d'abord les plus zélés observateurs
» des lois de l'islamisme. Plus tard, un Grand-maî-
» tre d'un esprit supérieur et d'une haute érudi-
» tion, versé dans la loi chrétienne et connaissant
» à fond la doctrine de l'Evangile, abolit les priè-
» res de Mohammed, fit cesser les jeûnes et per-
» mit à tous sans distinction de boire du vin et de

---

(1) Guillaume de Tyr, *in Gestis Dei per Francos*, p. 994. — Jacobi de Vitriaco *Historia Hyerosolimæ*, p. 1062.

(2) Après J.-C., 1172; de l'hégire, 568.

» manger du porc. La règle fondamentale de
» leur doctrine consiste à se soumettre aveu-
» glement à leur chef, soumission considérée
» comme pouvant seule mériter la vie éter-
» nelle. Ce Maître, appelé généralement le
» Vieux, réside au-delà de Bagdad, dans la
» province persane qui porte le nom de Dsche-
» bal ou Iraki-Adschemi. Là, à Alamout, de
» jeunes garçons sont élevés dans tout ce que
» le luxe asiatique peut imaginer de plus riche
« et de plus séduisant. On leur apprend plu-
» sieurs langues, on les arme d'un poignard,
» puis on les jette dans le monde, afin d'as-
» sassiner sans distinction les chrétiens et les
» Sarrazins. Les meurtres avaient généralement
» pour but, soit de se venger des ennemis de
» l'Ordre, soit de complaire à ses amis, soit enfin
» d'obtenir de riches récompenses. Ceux à qui
» l'accomplissement de ce devoir avait coûté
» la vie étaient considérés comme des martyrs,
» jouissant dans le paradis d'une haute féli-
» cité. Leurs parens recevaient de riches pré-
» sens, ou s'ils étaient esclaves, ils étaient af-
» franchis. Ainsi ces jeunes gens, voués au
» meurtre, sortaient avec enthousiasme de leur
» retraite pour frapper les victimes désignées.
» On les voyait parcourir le monde sous toutes
» les formes, tantôt sous les habits du moine,
» tantôt sous ceux du commerçant, et agir tou-

» jours avec tant de circonspection, qu'il était
» presque impossible de se dérober à leurs
» poursuites. Les gens du peuple n'avaient rien
» à redouter, car les Ismaïlites croyaient au-
» dessous d'eux de prendre leur vie; mais les
» grands et les princes étaient réduits à acheter
» leur sécurité au poids de l'or, à s'entourer de
» gardes et à ne jamais sortir sans armes. »

En comparant attentivement les récits des deux savans évêques, avec ceux que nous transmet l'histoire orientale, bien qu'on y trouve quelque différence, il n'y a ni exagération ni mensonge. La rigoureuse observation des devoirs de l'islamisme, surtout dans le commencement, l'abrogation de toutes les lois sous les Grand-maîtres Hassan II et Mohammed II, le vœu d'une obéissance aveugle, l'existence de bandes d'assassins voués à la mort, les institutions de l'Ordre et sa politique meurtrière, tout s'y trouve renfermé en peu de mots. Il est difficile de concevoir comment des historiens européens, qui avaient puisé dans les auteurs byzantins et les historiens contemporains des croisades, comment même des orientalistes comme d'Herbelot et Deguignes, ont pu regarder les Assassins comme une dynastie. Tout ne prouve-t-il pas au contraire l'existence d'un Ordre? Les Assassins n'ont-ils pas des Prieurs, un Grand-maître, des réglemens, une religion spéciale tout comme l'Ordre des chevaliers Hospitaliers, celui des chevaliers Teutoniques et des Templiers? Un seul fait serait en désaccord avec nos assertions des livres précédens. Nous venons de dire que le Grand-prieur des Assassins, favorable à la doctrine de l'Evangile, celui même qui avait envoyé l'ambassade, avait voulu embrasser la foi catholique; or, comment concilier le plan systématique d'impiété du Grand-maître avec une pareille résolution? Ou les croisés, dans leur erreur, s'étaient persuadés que le Grand-maître ayant abjuré l'islamisme, devait naturellement devenir chrétien; ou bien encore était-ce par politique qu'il berçait de cet espoir le roi de Jérusalem, afin de conserver à l'Ordre un ami puissant. Cependant il paraît plus probable que l'ambassade ne venait point du Grand-maître, qui résidait à Alamout, mais de son Grand-prieur en Syrie Raschideddin-Sinan, qui occupait le château de Masziat.

Sinan seul, et non pas le Grand-maître, devait payer un tribut annuel aux Templiers, et l'ambassade n'avait d'autre but que d'en obtenir la remise. Ce qui donne encore à notre opinion plus de force et de probabilité, c'est l'existence des écrits de Raschideddin, qui, jusqu'à ce jour, ont été conservés en Syrie par un reste des Ismaïlites (1). On y voit clairement que l'auteur avait une connaissance étendue des livres sacrés du christianisme. (2)

Raschideddin-Aboul-Hascher-Sinan, fils de Souleiman de Baszra, car tel est son nom, s'annonçait lui-même comme un Dieu fait homme (3); il ne se montrait jamais autrement que sous de grossiers habits de poil; personne ne le voyait ni manger, ni boire, ni dormir, ni cracher. Depuis l'aurore jusqu'au coucher du soleil, il prêchait au peuple du haut d'un rocher, et ses auditeurs le considérèrent pendant long-temps comme un être supérieur. Toutefois, on s'aperçut un jour qu'il boîtait; car dans le dernier tremblement de terre, il avait été blessé par une pierre (4). Peu s'en fallut qu'il ne perdît à la fois son caractère mystérieux et la vie. Le peuple voulait le punir de sa fraude hypocrite en le faisant périr; il sut alors conserver toute sa présence d'esprit, descendit du haut de son rocher, harangua le peuple, l'apaisa, fit dresser des tables, l'invita à manger, et obtint par cette éloquence d'un

---

(1) Extraits d'un livre des Ismaélis, par M. Rousseau, tiré du LII cahier des Annales des voyages.

(2) Mémoire sur les Ismaélis, par le même, tiré du XLII cahier des Annales des voyages, p. 13.—Voir la pièce justificative A à la fin du volume.

(3) Extraits d'un livre des Ismaélis, p. 10.

(4) Après J.-C., 1157; de l'hégire, 552.

nouveau genre un tel succès que tous les assistans lui jurèrent d'un accord unanime fidélité comme à leur supérieur (1). Il saisit avec adresse l'instant où le Grand-maître des Ismaïlites de Perse avait si imprudemment découvert tous les secrets de l'Ordre, pour entourer sa doctrine d'un nuage, se faire passer pour prophète, et affermir son autorité dans la Syrie; c'est pour cela que les historiens orientaux le citent comme l'unique chef de la doctrine ismaïlite dans cette province (2); et aujourd'hui encore, ses écrits jouissent d'une autorité canonique chez le reste de ces sectaires. Ces écrits sont un chaos de dogmes contradictoires, dont le sens est probablement allégorique; ils se composent d'une foule de passages mutilés du Koran et de l'Évangile, d'hymnes, de sermons, de litanies, de prières et de réglemens liturgiques. Il est douteux qu'ils nous soient parvenus dans leur pureté originaire; plusieurs siècles d'ignorance et de superstition paraissent y avoir ajouté bien des absurdités, ainsi qu'il est arrivé aux livres des Druses qui se trouvent aujourd'hui avoir aussi peu conservé l'esprit de leur fondateur que ceux de l'ismaïlite Sinan. On n'y trouve plus qu'une connaissance très imparfaite de leurs principaux

---

(1) Ibn-Forat.

(2) Hadschi-Khalfa in Dschihannouma et Aboulféda, ad. ann. 588.

dogmes, surtout aucune trace, aucune tradition de la doctrine allégorique.

Il doit donc être maintenant bien avéré que ce ne fut pas le Grand-maître d'Alamout, mais bien Raschideddin-Sinan, qui, dans les derniers momens du règne d'Amaury, roi de Jérusalem, y avait envoyé l'ambassadeur Behaeddewlet, homme adroit, circonspect et d'une grande éloquence. Il lui était ordonné de se faire baptiser, ainsi que toute sa suite, si les Templiers, leurs plus proches voisins dans les montagnes, les exemptaient du tribut annuel de 2,000 ducats, et si on leur assurait, pour l'avenir, une paix franche et durable. Le roi Amaury reçut l'ambassade avec joie, promit de payer de sa propre bourse, aux Templiers, les 2,000 ducats, retint chez lui quelque temps l'ambassadeur, et le renvoya ensuite avec un guide et un sauf conduit à la frontière ismaïlite. Déjà il avait dépassé le territoire de Tripoli, et approchait des premiers châteaux de l'Ordre, situés dans les montagnes voisines de Tortossa et d'Antoradus, lorsque les Templiers, qui s'y étaient mis en embuscade, se précipitèrent sur lui et l'assommèrent (1). Ainsi, ces chevaliers que l'on avait jusqu'alors soupçonnés d'être les alliés des Ismaïlites et les partisans de leurs doctrines,

---

(1) Guillaume de Tyr, *in Gestis Dei per Francos*, p. 994; *ib.* 1143.

s'annoncèrent eux-mêmes publiquement comme assassins. La religion des Templiers et celle de l'Ordre était la même dès qu'il fallait assouvir dans le sang des victimes une odieuse vengeance. L'assassin était Gautier de Dumesnil, homme méchant et borgne; il avait commis ce forfait, non de son propre mouvement, ni pour satisfaire une haine particulière, mais d'accord avec ses frères, et à l'instigation de son Grand-maître Odo de Saint-Amand. L'intention que les Assassins avaient témoignée de se débarrasser du tribut annuel avait suffi pour porter les Templiers à ce crime; car cet argent s'employait, soit à acheter la paix aux peuplades voisines, soit à récompenser les services rendus (1).

Amaury, irrité de l'horrible attentat qui imprimait une si grande tache à l'honneur du nom chrétien et à sa propre réputation, convoqua les princes du royaume pour se consulter avec eux sur les mesures que nécessitaient les circonstances. Le conseil jugea à l'unanimité, que la punition de cet assassinat importait également à la cause de la religion et de l'autorité royale. Seiher de Mamedun et Gottschalk de Turholdt furent chargés de la part et au nom du roi de demander satisfaction d'un meurtre aussi abominable. Odo de Saint-Amand, orgueilleux et

---

(1) *Gesta Dei per Francos*, p. 978.

méchant, qui ne craignait ni Dieu ni les hommes (1), répondit d'un ton furieux et arrogant : « J'ai déjà imposé une pénitence au frère Dumesnil ; je l'enverrai au Saint-Père qui a défendu qu'on se permît envers lui la moindre violence. » Le roi ayant rencontré plus tard, à Sidon, le Grand-maître, ainsi qu'un nombre considérable de Templiers, convoqua de nouveau son conseil, fit arracher l'assassin, coupable de lèse-majesté, de la cour des Templiers, et le fit jeter dans les cachots de Tyr chargé de chaînes (2). La mort du roi, qui peu de temps après vint affliger toute la Palestine, sauva Gautier du châtiment qu'il avait mérité. Odo trouva la sienne, cinq ans plus tard, à la bataille de Sidon (3), perdue par sa faute ; il y fut fait prisonnier par Salaheddin et expira la même année en prison, sous le poids de ses fers. Le roi s'était, il est vrai, justifié aux yeux des Assassins, mais il ne devait plus songer à les convertir, et dès-lors, les princes croisés étaient aussi exposés que l'étaient déjà depuis long-temps les princes de l'islamisme. Quarante-deux ans auparavant (4) ils avaient frappé au pied de l'autel le jeune Raimond, comte de Tripoli ; après un aussi long intervalle,

(1) *Gesta Dei per Francos*, p. 1015
(2) Après J.-C., 1173 ; de l'hégire, 569.
(3) Après J.-C., 1178 ; de l'hégire, 574.
(4) Après J.-C., 1149 ; de l'hégire, 544.

les princes chrétiens, qui se croyaient à l'abri de leurs coups, furent tout-à-coup tirés de leur sécurité par la mort terrible de Konrad, Seigneur de Tyr et marquis de Montferrat. Les historiens orientaux et ceux d'Occident accusent tous Richard, roi d'Angleterre, d'être l'auteur de ce meurtre, et d'avoir poussé les Assassins à jeter de nouveau l'épouvante dans les rangs des croisés.

Ce n'est qu'avec douleur que nous retraçons ici les circonstances et les motifs d'un attentat qui couvre la gloire d'un des premiers héros des croisades d'une tache que ni les hauts faits d'armes, ni la falsification de quelques documens ne peuvent excuser aux yeux d'un historien impartial. La prétendue lettre du Vieux de la montagne, composée par les partisans de Richard, pour éloigner de lui les soupçons, semble plutôt les confirmer, depuis qu'on en a démontré la fausseté (1). Cette lettre commence par un serment prononcé au nom de la loi, et est datée de la fin de l'ère des Séleucides, l'un et l'autre également inconnus, également étrangers aux Ismaïlites. C'était précisément à cette même époque qu'ils foulaient aux pieds tous les usages et

---

(1) V. Eclaircissemens sur quelques circonstances de l'histoire du Vieux de la montagne. Mém. de l'Acad. des inscriptions, XVI, 155, et la pièce justificative B, à la fin du volume.

toutes les lois, et l'ère de l'hégire, la seule usitée autrefois dans les pays soumis à la religion de Mohammed, avait alors fait place à celle de l'avènement de Hassan II, où ils avaient été délivrés de l'observation des lois. Qu'elle fût signée du Grand-maître et datée de Masziat, ce n'est une preuve ni en faveur de Richard ni contre lui; mais ces faits nous permettent néanmoins de conclure avec une espèce de certitude que les croisés ne connaissaient point le véritable Grand-maître qui régnait à Alamout et qu'ils avaient pris le Grand-prieur résident à Masziat pour le Vieux de la montagne. Dans cette lettre apocryphe, qui ne prouve rien autre chose qu'une grande partialité pour le héros, on y met sur le compte de l'Ordre cet assassinat de Konrad devenu si célèbre : il aurait voulu se venger du marquis qui, disait-on, avait fait tuer et piller un des frères jeté par la tempête sur les côtes de Tyr, et, au lieu de donner à l'envoyé des Assassins la satisfaction demandée, l'avait menacé de le faire précipiter dans la mer. Dès-lors, le meurtre du marquis avait été résolu par deux frères, qui avaient mis fin à ses jours en présence du peuple à Tyr.

Tout ce qu'il y a de vrai dans ce document latin, fait par Nicolas de Treveth et accrédité par les partisans de Richard, se réduit aux circonstances de l'assassinat. Le marquis fut assailli

par deux Ismaïlites déguisés en moines (1) et poignardé sur la place du marché de Tyr. Tous les historiens accusent de ce crime Richard-Cœur-de-Lion. Albéric de Trois-Fontaines l'affirme expressément (2), toutefois ce que dit Nicolas de Treveth, pourrait faire contester la véracité du récit d'Albéric, si le témoignage impartial des historiens orientaux n'était unanime dans l'accusation portée contre Richard. L'auteur de l'histoire de Jérusalem et de Hebron, ouvrage classique pour l'histoire des croisades, s'exprime au chapitre de l'assassinat du marquis, avec autant de simplicité que de clarté : « Le marquis, dit-il,
» était allé faire une visite à l'évêque de Tyr, le
» treize du mois de rebi-el-ewel ; en sortant il
» fut attaqué par deux Ismaïlites qui le poignar-
» dèrent. Saisis et mis à la question, ils confessè-
» rent qu'ils n'étaient que les instrumens du roi
» d'Angleterre. Ils furent exécutés après avoir
» subi toutes espèces de tortures (3). » Le même ouvrage cite encore de Richard plusieurs autres traits de perfidie et de méchanceté qui déshonorent son caractère et ne justifient que trop les préventions dont il fut l'objet. Léopold d'Autriche, proche parent du marquis de Montferrat, paraît en

(1) Aboulféda, ad ann. 588. Nokhbetet-Tewarikh.
(2) Chron. Alberici Trium-font. ann. 1192.
(3) Enisol-Dschelil ji Kuds vel Chalil. V. Mines de l'Orient, vol. IV.

le retenant en prison, n'avoir fait qu'user de représailles envers le meurtrier d'un membre de sa famille.

Tandis que les Anglais, pour éloigner de leur roi le soupçon d'assassinat qui planait sur lui et le délivrer de sa captivité, fabriquaient la prétendue lettre du Vieux de la montagne à Léopold (1), ils en inventaient en même temps et dans les mêmes vues une seconde dont nous parle Guillaume de Neubourg, du Grand-maître à Philippe-Auguste, roi de France; toutes deux sont également controuvées (2). Le Grand-maître des Assassins y dit en parlant de lui, *simplicitas nostra;* mais notre simplicité se refuse à croire que jamais Grand-maître se soit servi de cette expression. Dans cette deuxième lettre apocryphe, le Vieux de la montagne déclare au roi de France qu'il n'a jamais songé à envoyer dans son royaume, sur la demande de Richard, des assassins pour y commettre un régicide. Mais cet écrit, dont la fausseté est encore plus évidente que celle du premier, loin de justifier Richard d'un premier meurtre, prouve qu'il était de plus soupçonné d'avoir voulu attenter à la vie du roi de France. En ef-

---

(1) Voir cette lettre à la fin du volume, pièce justificative C.
(2) Guillaume de Neubourg.—V. Dissertation sur les Assassins, par M. Falconet, dans les Mémoires de l'Académie, t. XVII, p. 167.

fet, Rigord (1), biographe de Philippe-Auguste, nous raconte qu'en 1192, le roi étant à Pontoise, on lui écrivit de la Palestine de se tenir en garde contre les projets meurtriers de Richard; et que dès-lors il institua pour sa sûreté personnelle une garde armée de massues de fer. Guillaume Quiart, qui écrivit un siècle après une histoire rimée, ne craint pas d'accuser le roi d'Angleterre d'avoir un système d'assassinats entièrement semblable à celui des Ismaïlites, et d'avoir fait élever des jeunes gens dans les principes d'une obéissance aveugle, afin de s'en servir pour mettre fin aux jours du roi de France, qui, instruit de ces trames, créa le corps des *sergens à masses*. Quand bien même ces craintes auraient été sans fondement ou exagérées, il est certain qu'elles se légitimaient aisément par les précédens et le caractère connu de Richard. D'ailleurs le meurtre de Konrad de Montferrat eut pour conséquence la captivité de Richard en Autriche, et la création de la première garde royale en France.

Mais, dira-t-on peut-être, c'est se donner une peine inutile que de vouloir ici justifier l'Ordre des Assassins, qui avait poignardé des milliers d'hommes de toutes les conditions et de tous les rangs, du régicide projeté contre le roi de France. L'impartialité est pour l'historien un devoir sacré, il ne

---

(1) Rigord, dans Duchesne, V. p. 35.

doit redouter aucun travail pour chercher et trouver la vérité. Que du reste, l'Ordre, par un sentiment de vengeance personnelle, ait voulu ajouter à la liste déjà si nombreuse de ses victimes, le nom de Philippe-Auguste, ou que le Grand-maître n'ait agi que sur la demande de Richard, peu importe, le crime n'en est pas moins affreux. Nous ne chercherons pas non plus à savoir si l'assassin arabe, qui en 1158, se trouvait dans le camp de l'empereur Barberousse, au siége de Milan (1), pour l'assassiner, était venu de l'Espagne ou de la Syrie, s'il avait été soudoyé par le Pape ou par le Grand-maître des Ismaïlites, s'il était l'envoyé du Vieux de la montagne ou du Vieux des sept collines ; les expéditions de Barberousse en Palestine et en Italie, ses entreprises contre les infidèles et contre le chef de la chrétienté, l'avaient rendu également redoutable au pontife de Bagdad et à celui de Rome. Celui qui doit retirer les fruits du crime n'en a pas toujours été l'auteur. Dans le synode de Lyon (2), le pape Innocent IV, accusa Frédéric II, petit fils de Barberousse, d'avoir fait poignarder le duc de Bavière, par des assassins, mais ni l'accusation dont il fut l'objet, ni l'excommunication lancée

---

(1) Radevicus Frisingensis, l. II, c. 37. Sigonius Guntherus.
(2) Franciscus Pagus, *Breviarium hist. chron. crit.*, ad ann. 1244.

contre lui, ne sauraient être citées comme des preuves. Frédéric aussi, dans une lettre au roi de Bohême, accuse le duc d'Autriche d'avoir soudoyé des assassins pour le faire périr (1). On ne tire de ces conjectures qu'un fait bien avéré, le penchant qui poussait au crime les Ismaïlites.

Deux ans après la mort de Konrad, marquis de Tyr et de Montferrat, et après celle de Raschid-Eddin-Sinan (2), Henri, comte de Champagne, passa, en allant en Arménie, près du territoire des Assassins; le Grand-prieur, successeur de Sinan, lui envoya une ambassade pour le complimenter et l'invita à venir le voir dans son château. A son retour, le comte accepta l'invitation et vint; le Grand-prieur alla à sa rencontre et le reçut avec de grands honneurs. Après lui avoir fait visiter une multitude de châteaux et de forteresses, il le mena dans une autre dont les tours étaient d'une prodigieuse hauteur; sur chaque crénau de ces tours, étaient deux sentinelles vêtues de blancs, par conséquent initiées à la doctrine secrète. Le Grand-prieur, dit au comte : » vous n'avez point sans doute de serviteurs » aussi obéissans que les miens. » En même temps il fit un signe, deux de ces hommes se précipitèrent du haut de la tour et expirèrent à l'instant,

---

(1) *Epistolæ* Petri de Vineis, l. III, cap. 5.
(2) Après J.-C., 1194.

horriblement mutilés. Le Grand-prieur ajouta, en se tournant vers le comte saisi d'étonnement : « Si vous le désirez, au moindre signal de ma » part, tous ces hommes vêtus de blanc, se pré- » cipiteront également du haut des crénaux, » Henri le remercia, et convint qu'aucun prince chrétien ne pouvait compter sur un pareille dé-voûment de la part de ses sujets. Le Grand-prieur le retint quelque temps encore au château de Mas-ziat, puis avant son départ, il le combla de riches présens et lui dit : « Si vous avez quelque » ennemi qui veuille vous nuire, adressez-vous » à moi, je le ferai poignarder. C'est avec ces fi- » dèles serviteurs que je me débarasse des enne- » mis de l'Ordre (1). Ce trait nous montre que le Grand-prieur d'alors marchait entièrement sur les traces du premier Grand-maître Hassan-Ben-Sabah, qui avait donné à l'ambassadeur de Melekschâh la preuve d'une semblable abnégation de la part de ses sectaires (2).

Dschelaleddin-Melekschâh, sultan seldjoukide, alarmé des progrès de Hassan, lui ayant envoyé un officier pour le sommer de se soumettre et d'abandonner ses châteaux ; le fils de Sabah, fit venir à l'audience plusieurs de ses Fédawis ; puis il fit signe à un de ces jeunes gens de se tuer et il

---

(1) Marinus Sanutus, l. III, part. X, ch. 8.
(2) Elmacini, *Hist. Saracenica*, l. III, p. 286.

n'existait plus, il dit à un autre de se jeter du haut d'une tour et à l'instant ses membres fracassés tombaient dans le fossé. « Rapporte à ton maî-
» tre, dit-il alors à l'ambassadeur effrayé, ce
» que tu as vu, et dis lui que j'ai sous mes or-
» dres soixante-dix mille hommes qui tous exé-
» cutent mes commandemens avec la même sou-
» mission; voilà toute ma réponse. »

Comme ses faits se trouvent unanimement racontés tant par les historiens orientaux que par ceux des croisades, on ne saurait révoquer en doute leur véracité; seulement le chiffre de soixante-dix mille nous semble exagéré: Guillaume, évêque de Tyr, le porte à soixante mille, et Jacques, évêque d'Akka, seulement à quarante; ce nombre comprenait non-seulement les initiés mais encore les profanes. Ce que jadis le voyageur vénitien Marco-Polo (1), et tout récemment encore des hommes d'une grande autorité, nous ont transmis sur le noviciat et la discipline de ces catéchumènes du meurtre ne peut nullement être contesté. Depuis que ces récits se sont trouvés d'accord avec les sources orientales (2), la narration de Marco-Polo, jouit à juste titre d'une grande estime, et sa sincérité qui, comme celle

---

(1) Marco Polo, *de Regionibus orientalibus*, l. 1, c. 28.
(2) Siret Hakem biemrillah dans les Mines de l'Orient, part. III, p. 201, en arabe et en français.

d'Hérodote, avait été long-temps problématique est tous les jours de plus en plus appréciée.

Au centre du territoire des Assassins, en Perse et en Syrie, à Alamout et à Masziat, étaient, dans des endroits environnés de murs, véritable paradis, où l'on trouvait tout ce qui pouvait satisfaire les besoins du corps et les caprices de la plus exigeante sensualité, des parterres de fleurs et des buissons d'arbres à fruits entrecoupés de canaux, des gazons ombragés et des prairies verdoyantes, où des sources d'eau vive bruissaient sous les pas. Des bosquets de rosiers et des treilles de vigne, ornaient de leur feuillage de riches salons ou des kiosques de porcelaine garnis de tapis de perse et d'étoffes grecques. Des boissons délicieuses étaient servies dans des vases d'or, d'argent et de cristal, par de jeunes garçons et de jeunes filles aux yeux noirs, semblables aux *houris*, divinités de ce paradis que le prophète avait promis aux croyans. Le son des harpes s'y mêlait au chant des oiseaux, et des voix mélodieuses unissaient leurs accords au murmure des ruisseaux. Tout y était plaisir, volupté, enchantement. Quand il se rencontrait un jeune homme doué d'assez de force ou d'assez de résolution pour faire partie de cette légion de meurtriers, le Grand-maître ou le Grand-prieur, l'invitait à leur table ou à une entretien particulier, l'enivraient avec de l'opium de jusquiame et le faisaient transporter dans ces jardins. A son réveil il se croyait au milieu du paradis. Ces femmes, ces *houris*, contribuaient encore à compléter son illusion. Lorsqu'il avait goûté jusqu'à satiété toutes les joies que le prophète promet aux élus après leur mort, lorsqu'enivré par ces douces voluptés et par les vapeurs d'un vin pétillant, il tombait de nouveau dans une sorte de léthargie, on le transportait hors de ce jardin, et, au bout de quelques minutes, il se trouvait auprès de son supérieur. Celui-ci s'efforçait alors de lui faire comprendre que son imagination trompée lui avait fait voir un véritable paradis et donné un avant goût de ces ineffables jouissances réservées aux fidèles, qui auront sacrifié leur vie à la propagation de la foi, et auront eu pour leurs supérieurs une obéissance illimitée. Ces jeunes gens se dévouaient alors avec joie à devenir les aveugles exécuteurs des arrêts du Grand-maître.

Toute leur éducation avait pour objet de les convaincre qu'en obéissant sans restriction aux ordres de leur chef, ils s'assuraient après leur mort la jouissance de tous les plaisirs qui peuvent flatter les sens, et qu'ils devaient ainsi chercher l'occasion d'échanger cette vie terrestre contre la vie éternelle. Ce que Mohammed avait promis aux moslimins dans le Koran, ce qui n'avait été pour un grand nombre, qu'un beau rêve ou une vaine promesse, s'était réalisé pour eux, et l'espoir de goûter un jour la félicité du ciel, les excitait aux plus hideux forfaits.

Mais cette fraude dut bientôt être découverte; ce fut probablement le quatrième Grand-maître, qui, après avoir dévoilé au peuple tous les mystères de l'impiété, lui révéla aussi les joies du paradis, qui sans cela, auraient eu peu d'appats pour des hommes auxquels tout était permis. Ce qui jusqu'alors ne leur avait servi que comme moyen de jouissance, fut dès ce moment, le but unique de leur vie. L'ivresse de l'opium, en fascinant leur imagination, les transportait au milieu des plaisirs célestes; mais leurs forces épuisées ne leur permettaient jamais de saisir des réalités. Constantinople et le Caire nous montrent encore aujourd'hui quel incroyable attrait l'opium, préparé avec de la jusquiame, a pour l'indolence léthargique du Turc, et combien il agit puissamment sur l'organisation de l'Arabe. Les effets qu'il produit nous expliquent la fureur avec laquelle les jeunes gens recherchent ces enivrantes pastilles d'herbages (Haschische), qui leur donnent dans leurs propres forces une confiance illimitée. L'usage de ces pastilles leur avait fait donner le nom d'Haschischin, (1) c'est-à-dire,

---

(1) V. Mémoire sur la dynastie des Assassins et sur l'origine de leur nom, lu par M. Sylvestre de Sacy à la séance publique de l'Institut du 7 juillet 1809.

V. encore la lettre de M. Sylvestre de Sacy au rédacteur du

mangeurs d'herbes. Ce mot dans la langue des Grecs et dans celle des croisés s'est transformé en celui d'Assassins (Haschischin, Assassinen), qui, devenu dans tous les idiômes européens synonyme de meurtrier et de sicaire, rappelle involontairement le souvenir des forfaits de cet Ordre.

Moniteur, n° 359, sur l'étymologie du nom des Assassins, et les pièces justificatives D et E, à la fin du volume.

LIVRE V.

Règne de Dschelaleddin-Hassan III, fils de Mohammed-Hassan II, et de son fils Alaeddin-Mohammed III.

Les Orientaux, n'ont rien de plus sacré que les devoirs de la piété filiale, et pour l'habitant de l'Asie, la constitution de la famille soumise aux lois de son chef, et vivant sous son autorité absolue, est l'idéal et le modèle du gouvernement parfait. Si la violation de ces devoirs et les crimes des fils dénaturés sont punis dans l'Occident comme dans l'Orient, si les parricides ne peuvent, dans aucun hémisphère, se dérober à la vengeance du ciel, les historiens orientaux présentent à tout moment cette grande vérité, que, dans la même génération, l'infanticide suit de près le parricide, et que le poignard du petit-fils venge sur le père l'assassinat de l'aïeul.

L'histoire des anciens rois persans et celle des khalifes, offrent à l'humanité révoltée une foule de sanglans exemples. Comment alors n'abonde-raient-ils pas dans celle des Assassins ? Khosru-Parwis et le khalife Mostanszer, qui s'étaient souillés du sang de leur père, furent tués par leurs fils. La haine que Hassan II portait à son père appela sur son fils Mohammed de terribles représailles ; son petit fils Dschelaleddin se révolta d'abord contre lui, et finit par l'empoisonner.

Dschelaleddin-Hassan, fils de Mohammed, et petit-fils d'Hassan II, né la cinq cent cinquante-deuxième année de l'hégire (1), avait vingt-ans, lorsqu'il prit les rênes du gouvernement. Pendant le règne de son père, qui n'avait été qu'une anarchie de trente-cinq années, il avait pu réfléchir à son aise sur les conséquences désastreuses de ses fautes et sur l'imprudence qu'il avait commise en relâchant tous les liens qui unissent la société par la morale et la religion. Mécontent des innovations qui dévoilaient aux profanes et au peuple les secrets du fondateur et des initiés, il se déclara hautement, du vivant même de son père, contre cet abus, sans penser au danger qu'il appelait sur sa tête. Le père et le fils se redoutaient également, et cette crainte réciproque était suffisamment justifiée par les exemples terribles que leur avaient laissés leurs aïeux.

(1) Après J.-C., 1457.

Hassan II, père de Mohammed avait péri sous le poignard d'un de ses plus proches parens, et Hassan I, avait fait éxécuter ses deux fils. Le père et le fils s'observaient donc mutuellement; les jours d'audience publique, et ceux où il devait recevoir les hommages de Dschelaleddin, Mohammed portait sous ses habits une cotte de mailles et doublait le nombre de ses gardes. Mais où le poignard est impuissant, le poison peut agir, et en effet, suivant plusieurs historiens, Mohammed est mort empoisonné. Dschelaleddin-Hassan, le troisième de ce nom parmi les Grands-maîtres de l'Ordre, annonça, dès son avénement, l'intention de rétablir la véritable religion et de la conformer aux lois rigides de l'islamisme; il défendit tout ce que son père et son grand père avaient permis, ordonna la reconstruction des mosquées, le rétablissement de la prière publique, et prescrivit de nouveau les réunions solennelles du vendredi. Il appela auprès de lui des Imams, des lecteurs du Khoran, des prédicateurs, des scribes et des professeurs qu'il combla de faveurs et de présens, et fonda, dans les mosquées nouvellement construites, des couvens et des écoles.

Dans la vue de ramener la religion à sa pureté primitive, il adressa des manifestes et des instructions précises, non-seulement aux Grand-prieurs de la Syrie et du Kouhistân (1), mais encore aux princes des états voisins. Aux premiers, il ordonna de rappeller aux Ismaïlites la rigoureuse observation des lois religieuses, aux seconds il annonça son retour à la véritable foi. En même temps il envoya des ambassadeurs à la cour de Naszirledinillah khalife de Bagdad, à celle du sultan de Transoxane, Mohammed Khowaresmschâh, ainsi qu'aux chefs des autres dynasties persanes, afin de les assurer de la pureté de ses croyances. Persuadés tous de la véracité de ses sentimens, ils reçurent ses ambassadeurs avec distinction, les revêtirent de pelisses d'honneur, et donnèrent pour la première fois à leur maître les titres réservés aux souverains, titres que jusque-là aucun Grand-maître n'avait pu obtenir. Les Imams et les plus grands scribes de l'époque rédigèrent une déclaration formelle qui rendait témoignage de la sincérité de sa conversion et de son orthodoxie, et lui donnèrent le titre honorifique de New-Musulman, *Nouveau musulman*. Comme les habitans de Kaswin, ennemis déclarés jusqu'alors des Ismaïlites, doutaient encore de ses sentimens religieux, Dschelaleddin alla jusqu'à demander qu'on lui envoyât à Alamout quelques hommes de distinction qui viendraient s'en convaincre par leurs propres yeux. A leur arrivée,

---

(1) Aboulféda, ad ann. 607. — Mirkhond. — Wassaf.

Hassan III brûla en leur présence les livres qu'il disait être ceux du fondateur Hassan I, et contenir les règles secrètes de l'Ordre; il maudit tous ses aïeux les Grand-maîtres, et obtint ainsi des droits aux suffrages de ses ennemis les plus acharnés (1).

La seconde année du règne de Dschelaleddin, son harem, c'est-à-dire sa mère et son épouse, entreprit avec une grande magnificence le pélérinage de la Mecque; d'après l'usage suivi pour les princes orthodoxes, on porta devant elles un étendard et on distribua de l'eau aux pélerins. Nourrir les indigens, prendre soin des malades et instruire les ignorans, tels sont les œuvres les plus méritoires de l'islamisme. De là cette multitude de karavansérails, de ponts, de bains, de restaurans, de fontaines, d'hôpitaux et d'écoles; nombreux et admirables monumens de la religion de Mohammed, qui ont groupé autour des villes et des mosquées tant de fondations pieuses. Tous ces monumens transmettent à la postérité, par des inscriptions les noms du fondateur quel qu'il soit, sultan, visir ou eunuque, homme ou femme, sans distinction d'âge ou de condition. Mais bien que les femmes aient la liberté de faire construire des ponts et des restaurans aussi bien que des écoles ou des hôpitaux, leurs noms se trouvent

---

(1) Aboulféda, ad ann. 607. — Mirkhond. — Wassaf.

de préférence sur les mosquées; les bains et les fontaines, probablement parce que prier et faire ses ablutions sont les deux occupations favorites des femmes de l'Orient, et qu'elles ne peuvent se réunir et se voir qu'à la mosquée, aux bains ou dans les fontaines. Si d'après la religion du prophète, l'ablution est inséparable de la prière qui, elle-même, est prescrite cinq fois par jour; la propreté du corps est pour les femmes une nécessité hygiénique : aussi ce sexe qui puise sa force dans la prière, a-t-il un plus impérieux besoin de mosquées, de bains et de fontaines. Les fontaines auprès desquelles on distribue gratuitement l'eau aux passans, ont encore un autre rapport avec la piété des femmes ismaïlites, comme l'indique leur nom, Sebil.

Sebil (en arabe chemin), signifie généralement la route; de là le voyageur s'appelle Ibn-es-Sebil, *fils de la route* : dans un sens plus étendu, on entend par ce mot le chemin de la piété et des bonnes œuvres qui conduit au ciel. Tout ce qu'un musulman peut entreprendre de méritoire il le fait, si Sebil-Allah, c'est-à-dire *sur le chemin de Dieu*, ou par amour de Dieu; les actes les plus dignes de récompense sont la participation à la guerre sainte ou les combats livrés pour la propagation de la foi et la défense de la patrie (1).

(1) Sacquebute de la guerre sainte, de la bouche de Mohammed, fils d'Abdallah le prophète. Vienne, 1813.

Comme les femmes ne peuvent prendre part aux batailles, tout ce qu'elles font pour soigner les blessés et pour soulager la fatigue des guerriers leur ouvre le paradis, tout aussi bien que si elles avaient combattu. Distribuer de l'eau aux soldats, surtout le jour d'une bataille, est le plus grand mérite des femmes dans les guerres entreprises pour la gloire de Dieu et du prophète. Une pareille guerre est la plus puissante parmi les bonnes œuvres commandées par Dieu ; vient ensuite le pélerinage à la Mecque : les fatigues que l'on éprouve à travers les déserts brûlans de l'Arabie sont l'image des fatigues d'une campagne, et, soulager le pélerin, est pour les femmes une œuvre tout aussi précieuse aux yeux de Dieu. Aussi les princesses de l'Orient, depuis Sobeid épouse de Haroun-Raschid jusqu'aux femmes des sultans ottomans, ont-elles fait consister leur piété et mis leur ambition à faire des distributions d'eau aux karavanes, à creuser des puits et construire des acqueducs sur le chemin de la Mecque. La distribution d'eau de l'épouse de Dschelaleddin surpassa même celle que fit Khowaresmschâh, le puissant prince de Transoxane, et le khalife Naszirledinillah ne craignit point d'accorder à l'étendard de Dschelaleddin la préséance sur celui de Khowaresmschâh. Cette faveur fut par la suite la source de graves démêlés entre le khalife et le schâh de Khowaresm. Ce dernier s'approcha de *la ville du salut*, à la tête d'une armée de trois cent mille hommes; le khalife envoya alors dans son camp le célèbre scheikh Schehabeddin-Seherwerdi : admis à l'audience, le savant ambassadeur récita un long sermon très élégant, dans lequel il faisait l'éloge d'Abbas et du khalife régnant; après qu'on eut traduit à Khowaresmschâh le sens du discours, il répondit : « C'est bien; l'homme qui revêtu du manteau de » prophète, règne comme son successeur sur les » fidèles, devrait posséder toutes ses qualités; » mais je n'en trouve aucune dans les descen- » dans de la famille d'Abbas. » Le scheikh revint à Bagdad, et Khowaresmschâh s'avança avec son armée jusqu'à Hamadan et Holwan, où tout à coup une neige fine et abondante arrêta sa marche et le força de rétrograder. Dans une seconde expédition contre Bagdad, ses armées furent défaites, près de Kaschgar, par les hordes de Dschengiskhân. Après la mort de Khowaresmschâh, son fils et son successeur Alaeddin-Tekesch voulut reprendre les projets de son père, mais comme lui, il fut arrêté dans sa marche par une neige pénétrante, qui dura vingt jours, et l'obligea de s'éloigner de Hamadan (1). L'hiver et les Mongols (2), qui sortis des contrées septentrio-

---

(1) Goulscheni-Khoulefa.
(1) Comme ce mot se présentera fréquemment dans la suite

nales, se répandaient sur toute l'Asie, purent seuls sauver d'une ruine certaine, la ville du khalife. Le Grand-maitre des Assassins, ne voyant aucun moyen de résister à ce torrent impétueux, envoya secrètement une ambassade à Dschengis-khan, pour lui offrir ainsi qu'au khalife sa soumission.

La politique de Dschelaleddin avait été si adroite, que non seulement il avait acquis la renommée d'une orthodoxie sans tache, mais encore il avait pris rang parmi les princes régnants, chose inouie jusqu'à lui; car les khalifes n'avaient jamais voulu tolérer de la part des précédens Grand-maîtres, ce qu'ils regardaient comme une usurpation.

Hassan III pour soutenir son autorité d'ailleurs toujours croissante, entretenait des relations amicales et concluait des alliances avec les princes qui l'entouraient, surtout avec son plus proche voisin, l'atabège Mosafereddin souverain d'Aran et d'Aserbeidschân; ils se réunirent contre Naszireddin-Mangeli, gouverneur de l'Irak,

---

de cette histoire, nous avons cru devoir placer ici une courte observation. M. de Hammer écrit *Mogols*, nous l'avons écrit d'une manière différente; en cela nous avons suivi l'orthographe adoptée par M. Schmidt, professeur de langue et de littérature *mongoles* à St-Pétersbourg, qui, dans l'excellente grammaire qu'il vient de publier, a constamment écrit *Mongols* et non *Mogols*.

qui s'était déclaré l'ennemi de l'abatège, et avait envahi le territoire des Assassins. Dschelaleddin se rendit d'Alamout à Aserbeidschân, où Mosafereddin lui fit une réception magnifique, et le combla de présens ainsi que son armée. Telle était la libéralité de l'atabège, que mille dinars portés journellement chez le Grand-maître y suffisaient à peine aux besoins de sa cuisine. Les deux princes alliés firent partir ensuite une ambassade à Bagdad, pour demander au khalife des secours contre Mangeli. Naszirledinillah leur envoya plusieurs des hommes les plus distingués de sa cour, chargés de pleins pouvoirs. Avec l'appui de cette ambassade et renforcés par les troupes auxiliaires du khalife, ils envahirent l'Irak, défirent et tuèrent le gouverneur Naszireddin-Mangeli, et en mirent un autre à sa place (1). Après une absence de dix-huit mois, Dschelaleddin retourna à son château d'Alamout. Comme dans son voyage et pendant sa campagne, il n'avait caché nulle part, l'horreur que lui inspirait le système d'impiété suivi par ses aïeux, et que sa conduite pleine de prudence et d'adresse, avait constamment été en harmonie avec ses paroles, les princes musulmans de tous les pays qu'il traversa, vinrent à sa rencontre et le reçurent avec bienveillance et amitié (2).

(1) Après J.-C., 1214; de l'hégire, 611.
(2) Mirkhond.

Il manifesta le désir de conclure une étroite alliance avec les princes et les gouverneurs de Khilan; mais cette famille lui ayant répondu qu'elle ne pouvait lui accorder sa demande sans le consentement du khalife, Dschelaleddin envoya alors une seconde ambassade à Bagdad. Naszirledinillah, ayant permis à ses lieutenans de s'unir avec le Grand-maître, il obtint pour épouse la fille de Keikawus, qui lui donna pour successeur, Alaeddin-Mohammed.

Pour ne point confondre le lieutenant de Khilan Keikawus avec son homonyme le prince de Rouyân, de la famille Kawpare, ce qui serait d'autant plus facile, que ces deux familles n'ont jusqu'ici été connues d'aucun historien européen, nous avons omis à dessein de parler de ce dernier, quoique déjà, dès l'an 561 de l'hégire, il ait eu quelques relations politiques avec les Ismaïlites ses plus proches voisins (1). Mais avant d'expliquer les rapports qui existaient depuis un demi-siècle entre le Grand-maître des Assassins et les princes de la famille Kawpare ou Dabouyé, il nous semble nécessaire de dire quelques mots de la position géographique qu'occupaient au nord les voisins des Imaïlites.

La chaîne de montagnes qui limite au nord l'Irak persan, le Dschebal, est pour ainsi dire

(1) Après J.-C., 1164.

le rempart de la Perse, du côté de la mer Caspienne. Le pays tantôt plat, tantôt montagneux, situé entre cette mer, et le versant septentrional de cette chaîne est divisé en quatre provinces, dont deux se trouvent au pied de la montagne, tandis que les deux autres sont resserées entre elle et la mer. Les provinces méridionales, sur la pente, sont le Dilem et le Tabéristân, la première à l'Ouest, la seconde à l'est; les provinces de Gilân et de Masendérân sont situées au nord, l'une au-delà du Dilem, l'autre au-delà du Tabéristân. C'était sur la pente méridionale de cette chaîne de montagnes que s'étendait le territoire des Assassins, au sud-est, depuis Alamout jusque vers Komis et le Kouhistân, presqu'au centre de ces quatre provinces au-delà des Alpes Caspiennes, que les cartes indiquent avec précision, se trouve le district de Rouyân et celui de Rostemdar, gouvernés par des princes dont la famille sut régner pendant huit siècles, tandis que celles de Gilân, de Dilem, de Tabéristân et de Masendérân, virent s'élever et tomber une multitude de dynasties. Puisque les territoires de Rouyân et de Rostemdar, se trouvent immédiatement au-delà du mont Demawend, et Alamout ainsi que les châteaux forts qui en dépendent en deçà, nos regards doivent s'arrêter en premier lieu sur les princes de Rostemdar, les plus proches voisins des Ismaïlites; nous parlerons ensuite de ceux du

Masendérân, les plus puissans de cette Pentarchie. Outre l'intérêt qu'inspirent ces deux familles souveraines, intérêt bien légitime puisque le pays soumis à leur autorité tient une place dans l'histoire des Assassins, il existe encore d'autres motifs restés jusqu'à ce jour inconnus aux historiens d'Europe ; l'antiquité de leur origine et les monumens qui s'y sont conservés depuis la fondation de l'empire persan. Du temps de la vieille monarchie persane, la famille Haneffchâh gouverna sans interruption le Tabéristân et le Masendérân, jusqu'à Kobrad, père de Nouschirwan, qui laissa l'administration aux mains de son fils aîné, Keyousz. Ce dernier s'étant révolté contre son frère puîné, Nouschirwan, qui occupait le trône de Perse, fût défait et tué. Un de ses successeurs, nommé Bawend, reconquit, l'an quarante-cinq de l'hégire, les droits souverains que ses aïeux avaient possédés, et, depuis, la famille Bawend, issue du sang de Nouschirwan, régna pendant un espace de sept siècles, bien que l'ordre de succession eût été deux fois interrompu par les princes Alides et par ceux de Dilem. Après sa chûte, la dynastie Dschelawi s'éleva sur ses ruines. La famille Dabouyé, ou Kawpare, ne mérite pas moins notre attention que celle des princes de Masendérân, qui gouvernait en même temps la province de Kouhistân (1). Cette famille

(1) De l'hégire, 750.

régna sans interruption pendant 888 ans depuis la quarantième-année de l'hégire, ou Baduspan s'empara de Rouyân et de Rostemdar. Elle fut remplacée par la famille Keyoumersz. Baduspan descendait du forgeron Kawe, si célèbre dans l'histoire de l'Orient pour avoir précipité du trône le tyran Sohak : son tablier de cuir devint l'étendard de la liberté et fut conservé, comme bannière de l'empire, jusqu'à la chûte de la monarchie, richement orné de perles et de pierres précieuses. Feridoun, le souverain légitime, proclamé roi par le magnanime forgeron, était non-seulement né dans ce pays au village de Weregi, le plus ancien du Tabéristân, mais il y avait été élevé en secret pendant le règne du tyran (1).

Sa mère qui s'y était réfugiée, l'y nourissait du lait d'une vache sauvage (Kaw, Cow) dont la tête sculptée sur la massue de Feridoun est devenue aussi célèbre dans les insignes de l'empire que le tablier de cuir du forgeron. C'est donc du haut des montagnes du Tabéristân, que le jeune héros commença la lutte pour l'indépendance, que Kawe soutenait dans la capitale. Sohak fut pris près de Babylone, et emprisonné dans le village de Weregi, situé au pied du Demawend, d'où sortit la liberté, et où la tyrannie trouva son tom-

---

(1) V. l'Histoire du Tabéristân et du Masendérân, par Sahir Eddin, à la Bibliothèque impériale de Vienne, n. 117.

beau. Feridoun partagea son empire entre ses trois fils Iredsch, Tourân et Salem, et se retira ensuite à Temissche-Kouti, qui, suivant toute probabilité, était à l'un des coins du triangle que formaient les villes de Sari et de Kourgan, l'ancienne Astrabad. Lorsqu'Iredsch eut péri dans la lutte contre ses frères, son fils Menoutschehr, excité par son aïeul Feridoun, se proposa de le venger. Les restes des trois frères reposent près de Sari, sous des rochers qui ont résisté à l'action destructive de plusieurs siècles et aux efforts réunis de plusieurs milliers d'hommes qui ont essayé de les abattre. Les champs et les défilés du Tabéristân devinrent ensuite le théâtre des combats célèbres de Menoutschehr et d'Efrasiab, et des invasions de Tourân, qu'Iran sut repousser avec un plein succès. Comme on le voit par ces courtes explications topographiques, c'est sur ce sol classique que se passèrent les plus anciens événemens de l'histoire persane. Outre les descendans du frère de Nouschirwan et du libérateur Féridoun, les famille de Bawend et de Kawpare n'étaient point les seules à réclamer une antique généalogie; la famille Keyoumersz (1), qui régna après la chûte de celle de Kawpare, jusqu'à la fondation de la dynastie des Sefi, faisait remonter son origine au roi Keyoumersz,

(1) Dschihannouma, p. 442.

dont l'existence est tellement obscure que plusieurs historiens ont pris le premier roi persan pour le premier homme.

Quoiqu'il en soit, cette famille fut, à notre connaissance, la dernière qui descendit des anciens rois de la Perse, et la conformité de son nom avec celui de Keyoumersz, premier roi persan, n'est qu'un de ces hasards dont l'histoire nous offre tant d'exemples. Le premier et le dernier prince, de l'empire romain d'Orient et d'Occident, de celui des seldjoukides, et du royaume de Tabéristân; Le premier prophète des musulmans et le dernier de ses successeurs de la famille d'Abbas, portaient le même nom. Ceux d'Auguste, de Constantin, de Mohammed, de Togrul, et de Keyoumersz, ouvrent et ferment les dynasties romaine, byzantine, arabe, seldjoukide et persane, et peut-être l'empire turc d'Europe finira-t-il sous un Osman, de même qu'il a commencé sous un prince de ce nom.

Après avoir arrêté un instant nos regards sur les pays les plus voisins du territoire des Ismaïlites, nous les reporterons sur les princes de Rouyân et de Rostemdar, qui tous portent le nom d'Astandar. Astan signifie dans la langue du Tabéristân, encore entièrement inconnue en Europe, une montagne, et Astandar, *prince de la montagne*, la même chose que Scheikholdschebal, ou *Vieux de la montagne*, titre que prenait le

Grand-maître des Assassins. Tous deux donc portaient un semblable nom, qu'ils avaient emprunté à la nature du pays qu'ils gouvernaient, et il leur était commun, non-seulement avec la famille Kawpare, mais encore avec la famille Bawend, qui régnait sur le Masendérân, et, avant les Ismaïlites, sur le Kouhistân, ainsi qu'aux princes des pays montageux situés au-delà du Demawend. Astan, Dschebal, Kuh, sont trois mots qui dans les langues tabéristane, arabe et persane, ont une signification identique, celle de *montagne*. Les souverains de la famille Kawpare prenaient le titre d'Astandar ou de *prince de la montagne;* de même que le Grand-maître des Assassins, se donnait, en deçà du Demawend, celui de Scheikholdschebal, ou *Vieux de la montagne* (1).

Astandar Keikawus-Ben-Hesarasz régnait vers la première moitié du sixième siècle de l'hégire au-delà des montagnes de Rouyân, et, sur la pente opposée, Mohammed, fils de Buzurgomid, alors Grand-maître des Assassins, dont les possessions s'étendaient jusqu'aux frontières du Rouyân. La jalousie naturelle entre voisins et l'alliance que fit Keikawus avec Schâh Gasi, prince du Tabéristân, envenima encore l'animosité avec laquelle

(1) Histoire du Masendérân et du Tabéristân, par Sahireddin.

les Ismaïlites faisaient la guerre aux gouvernemens légitimes. Schâh Gasi était un des plus puissans et des plus implacables ennemis des Assassins, et des motifs de vengeance personnelle ajoutaient encore à la haine qu'il leur portait. Les Assassins lui avaient tué, à Sarkhos, au sortir du bain, son favori, jeune homme d'une extrême beauté, qu'il avait envoyé avec mille chevaux à la cour de Sandschâr. Schâh Gasi le fit enterrer avec pompe près du tombeau de l'Imam Ali Moussa, et y fit construire une chapelle voûtée, qu'il dota généreusement des terres des villages environnans. Depuis, il poursuivit sans relâche les Assassins qui avaient même menacé sa vie. Son général, Schlekouh, fit une invasion nocturne sur le territoire de l'Ordre, tua quelques milliers d'hommes, et avec leurs crânes éleva cinq pyramides dans le district de Roudbâr. Schâh Gasi, qui ne cherchait qu'à susciter des ennemis aux Ismaïlites, envoya d'abord contre eux son gendre Kia-Buzurgomid, homonyme du Grand-maître d'alors, prince de Dilem, et, après sa mort, le prince de Rouyân. Ce fut le commencement de la guerre implacable que se firent Kia-Buzurgomid de Dilem au-delà, et Kia Buzurgomid en-deçà des montagnes (1).

(1) Histoire du Masendérân et du Tabéristân, par Sahireddin.

Lorsque Keikawus eut réuni après la mort de son neveu, Kia-Buzurgomid de Dilem, le gouvernement de ce pays aux principautés de Rouyân et de Rostemdar, Schâh Gasi de Tabéristân l'exempta du tribut de trente mille dinars à condition qu'il les emploierait à faire une guerre sans relâche à l'Ordre des Assassins; aussi les moslimins de ces contrées n'avaient-ils rien à redouter du poignard des Ismaïlites, qui à cette époque ne pouvaient se montrer ni dans la province de Rouyân, ni dans celles de Masendérân ou de Dilem. Keikawus alla même jusqu'à attaquer Alamout, à piller et à ravager tout le voisinage. Plus tard il écrivit au Grand-maître Kia-Mohammed, une lettre dans laquelle il lui disait:
» Les méchans, les infidèles, les maudits doivent
» disparaître de la surface de la terre; Dieu le
» tout-puissant détruit leur maison et l'ange
» vengeur prépare l'enfer pour les recevoir. Il
» n'a pas commandé en vain aux fidèles l'extir-
» pation de la race des impies; si le glaive des-
» tructeur ravage votre pays et menace vos têtes,
» c'est que Dieu répand sur nous sa grâce su-
» prême et nous envoie sa bénédiction. Vous
» êtes assaillis de tous côtés, forcés de recourir
» à des ruses stupides et de vous cacher dans les
» buissons, comme des renards traqués. Qui
» vous empêche donc de montrer votre valeur
» dans la lutte que vous soutenez contre moi,

» votre plus grand ennemi dans ce monde, qui
» ne fus jamais accompagné de gardes ou d'offi-
» ciers? » — Le Grand-maître lui répondit
laconiquement, et dans le style de l'Ordre :
« Nous avons lu votre lettre, elle ne contient que
» des injures, et les injures retombent sur la tête
» de leur auteur » (1).

Keikawus eût pour successeur Astandar Hesarasf, fils de Schernousch, qui suivit une politique opposée. Las de la guerre avec les Assassins, il fit la paix, conclut avec eux un traité d'alliance céda ses plus forts châteaux et s'abandonna à tous les excès de l'ivrognerie.

Deux des grands de sa cour, auxquels il avait tué à l'un son favori, à l'autre son frère, se rendirent chez Erdeschir, roi de Masendérân. Ils se plaignirent à lui de ce que leur souverain, devenu l'allié des Assassins, commençait à les imiter, et le supplièrent de mettre fin à de pareils désordres. Erdeschir les retint auprès de lui, et envoya à Hesarasf un homme d'une haute distinction, afin de lui faire sentir la nécessité de changer de conduite ; mais comme ces exhortations restèrent sans résultat, tous les grands allèrent alors trouver Erdeschir, ou bien prirent les armes et se joignirent aux troupes du roi de

---

(1) Histoire du Masendérân et du Tabéristân, par Sahireddin.

Masenderân. Hesarasf abandonné, s'enfuit chez les Assassins ; le seid Eddaï Iloulhaki Abourisa fut nommé gouverneur de Dilem, mais périt bientôt après dans une attaque nocturne qu'Hesarasf dirigea contre lui à la tête des troupes Ismaïlites. Erdeschir alors jura de ne point se reposer avant d'avoir vengé la mort du seid. Réfugié dans la forteresse de Welidsch, Hesarasf vit son ennemi conquérir celles de Nour et de Nadschouh, et mettre même pendant quelque temps le siège devant Welidsch. Toutefois Erdeschir voyant qu'il y perdait beaucoup de monde, fut forcé de le lever ; il se retira après avoir confié le gouvernement de Rouyân et de Rostemdar, à Heszbereddin Khorschid. Hesarasf, chassé de ses états, se rendit à Irak, puis à Hamadan, pour y demander les secours de Togrul, dernier sultan seldjoukide de la branche persane.

Togrul envoya un ambassadeur à la cour d'Erdeschir pour intervenir en faveur d'Hesarasf ; mais le schâh lui ayant répondu que si son protégé désirait rentrer en possession du Rouyân, il devait faire pénitence pour son impiété et rompre toute liaison avec les Assassins, le sultan donna son approbation entière à la conduite du roi de Masenderân. Hesarasf se rendit alors à Réï, où il demanda, mais en vain, à Seradscheddin, des secours et la main de sa fille Kamil.

Enfin, trompé dans toutes ses espérances, il

alla directement avec son frère chez Erdeschir, qui fut sur le point de le retenir prisonnier dans le château de Welidsch. Le commandant, ancien serviteur d'Hesarasf, refusa d'enfermer celui qui avait été son maître. Heszbereddin mit fin à la vie errante du prince proscrit en le fesant assassiner à l'insu d'Erdeschir. Le schâh fit élever son fils encore mineur; mais avant d'avoir atteint sa majorité, il expira sous les coups d'un certain Bistoun qui s'empara du gouvernement de Rouyân. L'assassin se réfugia à Alamout, l'asile de tous les criminels; le Grand-maître offrit aussitôt son extradition sous la condition qu'Erdeschir abandonnerait à l'Ordre le village d'Herdschân; mais ce prince répondit à l'envoyé : « A quoi me ser» virait un misérable tel que Bistoun? pour un » tel homme, je ne céderais jamais aux Assas» sins la moindre de mes possessions » Ces faits se passèrent la troisième année du règne de Dschelaleddin (1), qui, sans abandonner son dessein de rétablir la religion, subordonnait même en offrant l'extradition du meurtrier, sa politique aux intérêts de l'Ordre.

Bien qu'aucun assassinat n'ait souillé le règne de Dschelaleddin, et que sa conduite ait toujours été d'accord avec son système de prosélytisme, l'historien doit cependant douter de la pureté de

(1) De l'hégire, 610.

ses vues et de la sincérité de sa conversion. Deux de ses actes offrent des motifs suffisans pour la suspecter, d'abord son refus de ne livrer le meurtrier du jeune prince réfugié à Alamout que contre l'abandon d'un village ; ensuite l'autodafé qu'il feignit de faire des ouvrages du premier Grand-maître, afin de convaincre les ambassadeurs de Kaswin de la moralité de ses croyances. Il n'est plus douteux aujourd'hui que l'on se contenta de brûler les livres dogmatiques et ceux des pères de l'islamisme, car la bibliothèque entière de l'Ordre et avec elle les ouvrages métaphysiques et théologiques de Hassan-Sabah ne furent livrés aux flammes qu'après la conquête d'Alamout et l'extermination des Assassins. Il est donc plus que probable que la conversion de Dschelaleddin annoncée avec tant de bruit n'était que l'œuvre de sa politique et d'une profonde hypocrisie, car il n'avait d'autre but que de rétablir l'autorité des Ismaïlites, tandis que son prédécesseur, en propageant avec une ardeur inconsidérée leurs désastreuses doctrines, avait attiré sur eux la malédiction des prêtres et la proscription des souverains ; son adroite abjuration lui permettait en outre d'échanger le titre de Grand-maître, contre celui de prince. Comme alors les Assassins, les Jésuites renièrent aussi leur doctrines sur la révolte et le régicide, lorsque les parlemens les menacèrent de l'expulsion, et le Vatican d'une bulle de dissolution, bien qu'elles eussent été répandues par plusieurs de leurs écrivains, et condamnèrent en public les maximes qu'ils observaient en secret comme les véritables règles de l'Ordre.

L'Ordre des Jésuites une fois démasqué et chassé de presque tous les états, n'a jamais pu reprendre son ancienne grandeur et sa puissance passée, malgré tous les efforts qu'ont fait certains écrivains pour prouver la sainteté de leur morale et la pureté de leur christianisme: tel fut le sort de l'Ordre des Assassins. Dschelaleddin régna trop peu de temps pour que le peuple eût déjà perdu le souvenir d'une impiété systématique de cinquante ans. Après un règne de douze ans, il laissa à son fils, avec le titre de prince, celui de Grand-maître des Ismaïlites, qui, sous lui, recommencèrent immédiatement leur carrière de crimes et de forfaits. Le poison avait mis fin au règne sanglant de Mohammed II père de Dschelaleddin, le poison accéléra l'avénement de son petit-fils et successeur Alaeddin-Mohammed III, agé de neuf ans (1), qui commença son règne par ordonner la mort d'un grand nombre de ses parens qu'il accusait d'avoir participé à l'empoisonnement de son père.

Les Ismaïlites considèrent l'imam qui monte sur

(1) Mirkhond.

le trône comme toujours majeur, même dans sa puberté, et son enfance ne nuit en rien à la validité de ses commandemens, que l'on doit recevoir avec une obéissance passive, parce qu'ils sont regardés comme émanés de Dieu même. Le Grand-maître étant l'image de la divinité, les Ismaïlites exécutaient aveuglément les ordres sanguinaires du jeune prince, qui lança de nouveau ses fidèles dans la route que la politique de son père avait abandonnée pendant douze ans.

Règne d'Alaeddin-Mohammed III, fils de Dschelaleddin Hassan-New-Musulman.

Quoique le climat aride de l'Arabie et de la Perse conduise plus rapidement à la virilité, et que le développement de l'intelligence et des forces physiques y soit plus précoce que dans le climat plus froid de l'Europe, on y verrait cependant, avec moins de surprise, une jeune fille de neuf ans épouse et mère, qu'un roi d'un âge si tendre. On s'étonnera donc moins de voir Aisché partager, à neuf ans, la couche du prophète, que Mohammed III saisir à cet âge les rênes d'un pouvoir absolu et illimité. Alaeddin, à peine sorti du harem, en fut naturellement le jouet; il dut se conformer à tous les caprices des femmes qui régnèrent sous son nom, tandis qu'il s'occupait à élever des brebis. Tout ce que Dschelaleddin avait fait pour la religion et la morale fut aboli sous son successeur; la débauche et l'impiété dépassèrent toutes les bornes, et les poignards se rougirent de nouveau du sang des hommes qui se recommandaient ou par leur piété ou par leurs vertus. La cinquième année de son règne, Alaeddin, s'étant fait saigner sans consulter son médecin, une perte de sang trop considérable lui donna une profonde mélancolie et lui causa une faiblesse cérébrale qu'il garda jusqu'à sa mort. Depuis ce temps, personne n'osa plus lui présenter des médicamens, ou lui faire la moindre observation sur la marche du gouvernement. Ceux qui lui parlèrent d'administration furent mis à la torture ou exécutés. On lui cachait tout ce qui pouvait l'intéresser, et il se consumait ainsi dans une vie misérable, sans amis ni conseillers ; car personne n'osait l'approcher. Le mal augmentait de plus en plus, et ce n'est pas être exagéré que de dire qu'alors il n'y avait plus chez les Assassins ni finances, ni armée, ni administration.

Toutefois, malgré la férocité de son caractère, Alaeddin traita avec beaucoup de respect le scheikh Dschemaleddin-Ghili, auquel il s'abandonna entièrement. Il lui envoya annuellement cinq cents dinars, quoique celui-ci reçût une égale somme du prince de Farsistân. Les habitans de Kaswin lui ayant reproché de se faire payer un double subside et de vivre de l'argent des impies, le scheikh leur répondit : « Les imams ordonnent
» l'exécution des Ismaïlites et prononcent la con-
» fiscation de leurs biens : on peut donc à plus
» forte raison prendre leur argent lorsqu'ils vien-
» nent l'offrir eux-mêmes. » Alaeddin, auquel on rapporta les paroles des habitans de Kaswin, assura qu'il ne les ménageait qu'à cause du scheikh, et que si Dschemaleddin-Ghili ne vivait

pas parmi eux, il mettrait la terre de Kaswin dans des sacs, et les sacs au cou des habitans pour les porter à Alamout. Un messager qui lui remit une lettre du scheikh, dans un de ses momens d'ivresse, reçut, pour prix de sa mission, cent coups de bâton. Pendant qu'on exécutait ses ordres, il lui dit : « Imbécile qui me donnes une lettre du » scheikh lorsque je suis ivre, tu ne pouvais » donc pas attendre mon retour du bain ? j'aurais » alors repris mes sens (1). » Le scheikh n'était pas le seul homme qui possédât les bonnes grâces d'Alaeddin; ce prince avait encore une grande vénération pour le fameux mathématicien Naszireddin, de Thous, célèbre dans tout l'Orient, qui avait été envoyé sous son règne en ôtage à Alamout, par Mohammed-Mohtaschem-Naszireddin, auquel il avait dédié son ouvrage, intitulé *Akhlaki Naszeri* (Ethique de Naszir). Naszir, comme nous le verrons bientôt, soutint pendant quelque temps, comme premier ministre du successeur d'Alaeddin, l'édifice chancelant de la domination ismaïlite; mais ensuite, il le renversa lui-même et donna ainsi l'exemple de ce que peuvent le talent et l'esprit de vengeance, lorsqu'ils s'associent pour conserver ou pour renverser les trônes.

Ce fut sous ce prince efféminé que fut conclue, suivant le récit d'un témoin oculaire, une négo-

(1) Mirkhond.

ciation remarquable avec Dschelaleddin-Mankberni, le dernier des sultans de Khowaresm. Ce prince, à son retour de l'Inde, avait donné à l'émir Orkhan le gouvernement de Nischabour, province qui touchait aux possessions ismaïlites (1). Pendant l'absence de l'émir Orkhan, son lieutenant fit plusieurs invasions sur le territoire des Assassins et ravagea Tim et Kaïn, les deux principales villes du Kouhistân. Kemaleddin fut alors envoyé par le Grand-maître en ambassade, pour demander la cessation des hostilités; mais le lieutenant de l'émir, au lieu de lui répondre, tira de sa ceinture plusieurs poignards et les lui jeta aux pieds; il est probable qu'il voulait par là, ou exprimer le mépris qu'il faisait des poignards des Assassins, ou leur déclarer qu'il les combattrait avec leurs propres armes. Ces ambassades hiéroglyphiques sont en quelque sorte le style de la diplomatie de l'Orient. Si les femmes s'y servaient du langage des fleurs, les princes cherchaient à rendre leur pensées par d'autres images également symboliques. L'histoire nous apprend qu'Alexandre et le roi indien Porus se sont envoyé de semblables ambassades, et qu'ils s'efforçaient d'y faire assaut de bravades. Alexandre fit venir un coq, devant lequel on jeta un sac de blé, ce qui

---

(1) Mohammed-Nissawi, Biographie du sultan Dschelaleddin-Mankberni.

voulait dire que, quand même les guerriers indiens seraient aussi nombreux que ces grains de blé, les Grecs, qui étaient aussi valeureux que le coq, les auraient bientôt dévorés. De même, Alexandre en demandant à Darius un tribut d'œufs d'or ou besans (*beisa*, œuf), lui avait fait remettre avec son message une poule morte, ce qui signifiait que la poule qui avait pondu ces œufs devait mourir. Cette diplomatie hiéroglyphique ne put cependant terminer ni les querelles d'Alexandre et de Darius, ni celles d'Orkhan et des Ismaïlites, qui résolurent alors de se donner eux-mêmes la satisfaction qu'on leur refusait (1). Pendant que le sultan Mankberni était à Kendscha, Orkhan fut attaqué hors des murs par trois Assassins et resta sur la place. Ils entrèrent ensuite dans la ville, tenant à la main leur poignard ensanglanté, et en parcoururent les rues en proclamant le nom, la puissance et la suprématie de leur Grand-maître Alaeddin ; puis ils cherchèrent le visir Scherfal-Moulk (noblesse de l'empire) jusque dans la salle de son divan, mais ce fut en vain. Alors ils blessèrent un de ses domestiques se promenèrent encore dans la ville, en s'annonçant tout haut comme Assassins, et plantèrent leur poignard dans la porte du visir. Heureusement leur témérité ne resta pas impunie :

(1) Après J.-C., 1226 ; de l'hégire 624.

le peuple, revenu de sa première frayeur, s'assembla, les poursuivit d'une grêle de pierres et les lapida (1).

Pendant ce temps, un envoyé des Ismaïlites, nommé Bedreddin-Ahmed, était arrivé à Barlekan pour se rendre de là à la cour du sultan. A la nouvelle des événemens dont nous venons de parler, il demanda au visir Scherfal-Moulk s'il devait continuer son chemin ou retourner sur ses pas. Le visir, qui redoutait l'audace des Assassins et craignait de tomber comme Orkhan sous leurs poignards, lui répondit qu'il pouvait venir en toute sûreté. A son arrivée, le visir mit tout en œuvre pour satisfaire aux demandes de l'ambassadeur, qui avaient pour but la cessation des hostilités et l'abandon aux Assassins du château fort de Damaghan. La première de ces demandes fut accordée sur-le-champ; quant à la seconde, elle le fut également, mais moyennant un tribut annuel de trente mille ducats. Le sultan partit pour Aserbeidschân, et l'amdassadeur resta chez le visir comme son hôte. Un jour, dans un festin, lorsque le vin eut échauffé les convives, Bedreddin dit au visir qu'il y avait au nombre des gens de sa suite, parmi ses gardes, ses écuyers et ses

---

(1) Mohammed-Nissawi : Biographie du sultan Mankberni et d'Hassan-Ben-Ibrahim. — Voy. Notices historiques sur les Ismaéliens, par Quatremère de Quincy, et Mines de l'Orient, vol. IV.

pages, plusieurs Ismaïlites. Le visir, curieux de connaître ces dangereux serviteurs, pria l'ambassadeur de les lui montrer, et lui donna son mouchoir pour gage qu'il ne leur ferait aucun mal. Aussitôt cinq des domestiques, spécialement attachés au service du visir, s'annoncèrent comme des Assassins déguisés, et l'un deux, Indien d'origine, lui dit : « Il y a quelque temps, tel jour
» et à telle heure, j'aurais pu vous assassiner im-
» punément et sans être aperçu de personne; si
» je ne l'ai pas fait, c'est que je n'en avais pas
» reçu l'ordre de mes supérieurs. » Le visir, naturellement peureux et plus peureux encore dans l'ivresse, fut tellement effrayé qu'il ôta ses habits et se prosterna, revêtu seulement d'une chemise, devant les cinq Assassins, les conjurant d'épargner sa vie, et protestant qu'il serait à l'avenir le fidèle esclave du Grand-maître Alaeddin. Mankberni, en apprenant la lâcheté et l'infamie de son visir, lui envoya une lettre pleine de reproches, et lui enjoignit de brûler vifs les cinq Ismaïlites. Scherfal-Moulk n'obéit que sur des ordres réitérés. Les Assassins, au milieu du supplice, s'estimaient heureux de subir le martyre pour leur maître Alaeddin. Kemaleddin, chef des pages, qui, plus que tout autre officier de la cour, devait veiller à la sûreté de son maître, fut condamné à mort. Le sultan se rendit ensuite à Irak, et le visir resta dans la province d'Aserbeidschân,

et avec lui l'historien de ces événemens, Aboulfetah-Nissawi. Pendant son séjour à Berdaa, Salaheddin, ambassadeur du Grand-maître, arrivé d'Alamout, demanda une audience au visir, et lui dit : « Vous avez jeté cinq Ismaïlites dans les » flammes ; si vous voulez racheter votre tête, » vous paierez pour chacun de ces malheureux » la somme de dix mille ducats. » Scherfal-Moulk reçut l'envoyé avec les plus grands honneurs, et ordonna sur-le-champ à son secrétaire, Aboulfetah-Nissawi, de dresser un acte en vertu duquel il s'obligeait à payer annuellement aux Ismaïlites la somme exigée et, en outre, à verser dans la caisse du sultan les trente mille autres qui lui étaient dus par les Assassins pour l'abandon du château de Damaghan.

Alaeddin aurait pu trouver auprès du scheikh Dschemaleddin et de l'astronome Naszireddin les plus sages conseils, mais ni la religion ni la science ne purent le distraire de sa sombre mélancolie, ou le guérir de sa maladie cérébrale. Ce fut alors qu'il envoya une ambassade au prince de Farsistân, pour lui demander un habile médecin. L'atabège Mosafereddin-Eboubekr, qui craignait, comme tous les autres princes de son temps, les poignards des Assassins, n'eut rien de plus pressé que de contenter ses désirs (1). Il lui

---

(1) Wassaf.

adressa l'imam Behaeddin, fils de Siaeddin-Elgarsouni, homme célèbre par ses connaissances médicales tant théoriques que pratiques. Il employa son art avec succès pour la guérison d'Alaeddin; mais, lors même qu'il se trouva mieux, l'imam ne put jamais obtenir de son vivant la permission de retourner dans sa patrie; l'assassinat du chef de l'Ordre put seul lui rendre sa liberté.

L'ambition, et la crainte de ne pouvoir jouir que dans un âge avancé du pouvoir illimité de Grand-maître, causèrent une fois encore la mort du chef des Assassins. Père de plusieurs enfans, il avait nommé presqu'au sortir du berceau, pour son successeur, Rokneddin, son fils aîné. Lorsqu'il fut entré dans l'âge viril, les Ismaïlites lui rendirent les honneurs dus aux princes, et ne firent aucune distinction entre ses ordres et ceux de son père. Alaeddin, irrité de cette obéissance prématurée, déclara qu'il voulait transmettre la succession à un autre de ses fils (1); mais les Ismaïlites n'eurent aucun égard pour l'expression de ses volontés, et suivirent les principes habituels de la secte, d'après lesquels le premier choix était le seul valable, le seul juste. Le lecteur peut se rappeler un fait semblable que nous avons cité en racontant l'histoire du khalife égyptien Mostanszar, qui d'abord avait nommé

---

(1) Après J.-C., 1255; de l'hégire, 653.

pour lui succéder son fils Nésar, et qui, plus tard, cédant aux instigations de l'Emirolschouyousch, lui avait substitué Mosteali, son frère puîné. C'est ainsi qu'avait pris naissance le grand schisme qui partagea alors les Ismaïlites, dont une partie défendait les droits de Nésar, et dont l'autre avait embrassé la cause de Mosteali. Hassan-Sabah, qui se trouvait en Egypte à cette époque, fut forcé de quitter le pays comme partisan de Nésar: il était donc très naturel que, dans la nouvelle querelle que faisait naître la succession d'Alaeddin, les Ismaïlites suivissent l'esprit du fondateur de l'Ordre, qui s'était prononcé alors en en faveur du fils aîné. Rokneddin, craignant pour ses jours, que son père menaçait, résolut de s'éloigner de la cour et d'attendre, dans un château fort, le moment où il serait appelé à prendre les rênes du gouvernement.

La même année, Alaeddin ayant donné lieu à plusieurs des grands qui l'entouraient de concevoir de justes soupçons pour leur sûreté personnelle, ceux-ci cachèrent leurs craintes sous le masque d'une vile flatterie, et, pour sauver leur vie, conspirèrent avec Rokneddin contre celle de ce prince. Hassan de Masendérân, musulman et non ismaïlite, qui avait souillé sa foi en consentant à être pour Alaeddin l'objet de ses abominables plaisirs, et qu'il avait élevé à la dignité de chambellan, fut choisi pour exécuter l'assassinat. On était convenu de guetter le moment où Alaeddin, ivre selon son habitude, se reposerait au milieu de ses troupeaux de brebis, dans la maison de bois qu'il avait fait construire près du parc; c'est là que, dans la nuit du mercredi, dernier de dsou'lkadah 651 (1), Hassan de Masendérân lui traversa le cou d'une flèche au signal donné par son fils dénaturé. Le meurtrier reçut sa juste récompense : Kharschâh lui adressa une lettre et la fit porter par un fédawi qui tua Hassan pendant qu'il lisait la lettre. Il ordonna ensuite que les fils de Hassan brûlassent le corps de leur père sur la place publique. Ce qui eut lieu le dimanche 26 de dsou'lhidjah (2). Le parricide Rokneddin se consuma dans une vie pleine de tourmens, toujours assailli encore moins par les remords que par les reproches journaliers de sa mère, jusqu'à ce qu'enfin la vengeance céleste le punit à son tour. Ainsi Alaeddin, dont le père avait été empoisonné par ses plus proches parens, périt sous les coups d'un assassin soudoyé par son fils.

Dans les annales de quelques autres dynasties,

---

(1) Le dernier de dsou'lkadah de l'an 651 répond au 21 janvier 1254, qui était effectivement un mercredi (la lettre solaire étant D), de sorte que le calcul de l'hégire a commencé au 16 juillet et non pas au 15, et est par là vérifié. H.

(2) Le 26 de dsou'lhidjah répond au 16 février 1254, qui était un lundi et non un dimanche. H.

nous ne trouvons jamais plus d'un double parricide ; les criminels, effrayés, ont reculé devant un troisième, parcequ'ils n'avaient pas encore entièrement renoncé à l'estime des hommes et aux sentimens les plus sacrés de la nature. L'histoire des Assassins seule semble combler la mesure de tous les forfaits ; on y voit quatre fois le meurtre des parens vengé par leurs descendans. Depuis Hassan-Ben-Sabâh jusqu'à la chute de l'Ordre, une mort violente a toujours terminé la vie des Grand-maîtres ; deux d'entre eux furent tués par leurs fils, deux autres par leurs parens, qui se servirent également du poison et du poignard. Hassan II périt sous les coups de son gendre et de son fils Mohammed, qui, à son tour, fut empoisonné par son fils Dschelaleddin. Celui-ci reçut aussi son châtiment de la main de ses parens, et mourut comme son père, par le poison. Alaeddin, fils de Dschelaleddin, fit tuer les empoisonneurs, mais Rokneddin son fils, augmenta le nombre des parricides.

Les Grand-maîtres, qui faisaient si facilement assassiner leurs ennemis, n'étaient pas toujours eux-mêmes à l'abri des poignards : leurs gardes, jeunes gens voués à la mort, n'étaient que des assassins ordinaires ; le privilége du parricide était réservé aux chefs de l'Ordre.

LIVRE VI.

Règne de Rokneddin-Karschâh (1), dernier Grand-maître des Assassins.

Le temps approchait où l'Ordre des Assassins, qui depuis long-temps s'était attiré par ses crimes l'exécration de l'humanité entière, allait recevoir le châtiment qu'il avait si justement mérité. Après une existence de cent soixante-dix ans, il entendit gronder au centre de l'Asie l'orage qui devait l'écraser. La puissance de Dschengiskhan (ou Tchinghiz-Khan), *le conquérant du monde*, qui répandait partout la terreur, les avait encore épargnés ; mais sous son troisième successeur, Mangoukaan ou Mangou-Khan, le torrent des Mongols inonda tout l'Orient, se répandit sur la

---

(1) L'édition sur laquelle nous avons traduit porte Karschâh. Le numéro 54 du *Nouveau journal asiatique* (Paris, juin 1832), contient un fragment de M. de Hammer, dans lequel ce nom se trouve changé en celui de Khour-Schâh.

Perse, fit disparaître le khalifat de Bagdad, ainsi que d'autres dynasties, et anéantit du même coup l'Ordre des Assassins. Lorsque, la 582ᵉ année de l'hégire (1), les sept planètes se réunirent dans le signe de la balance, comme elles s'étaient réunies en 489 (2) dans celui des poissons (3), toute l'Asie consternée crut voir arriver la fin du monde. Les astrologues avaient annoncé la première fois un déluge, et la seconde des ouragans et des tremblemens de terre qui devaient bouleverser le globe jusque dans ses fondemens. Mais, lors de la première prédiction, quelques pèlerins seulement furent ensevelis sous les eaux, et cette nuit, où tous les élémens devaient se confondre, ne put pas même éteindre les flambeaux sur les cimes des minarets (1); cependant, quoiqu'il n'y eût aucune révolution terrestre à l'époque prédite par les astrologues, les révolutions politiques qui éclatèrent alors vinrent à propos pour sauver leur science et leur renommée. Vers la fin du cinquième siècle de l'hégire, les Assassins inondèrent toute l'Asie, et, vers la fin du sixième, Dschengiskhan s'y précipita comme la foudre, et la terre trembla sous les pas des Mongols. Le déborde-

---

(1) Après J.-C., 1186.
(2) Après J.-C., 1095.
(3) Takwimet-Tewarikh, ann. 489 et 582.
(4) Dewletschâh.

ment de ces barbares sembla communiquer l'ébranlement à l'Europe, du moment où la Perse et la Chine furent conquises, sous le règne de Mangou, par ses frères Koublaï et Houlakou-Khan (1); c'est ce dernier qui détruisit les châteaux des Assassins et renversa le trône des khalifes; à ce double titre, l'expédition d'Houlakou en Perse mérite toute notre attention.

Tandschou-Newian, généralissime de Mangou-Khan, qui couvrait les frontières de l'Iran, envoya à son maître l'ambassade du khalife de Bagdad, qui se plaignait des crimes réitérés des Assassins, et priait le redoutable khan de les exterminer. Ces plaintes, jointes à celles du juge de Kaswin, qui se rendit également à la cour du khan, et qui, dans la crainte d'être assassiné par les Ismaïlites, avait mis pour aller à l'audience une cuirasse sous ses vêtemens, éveillèrent toute la sollicitude de Mangou. Il donna sur le champ l'ordre de rassembler une armée, dont il confia le commandement à son frère Houlakou, auquel il dit lors de son départ : « Je t'envoie avec une armée puissante et un » corps nombreux de cavalerie d'élite de Tourân

---

(1) M. de Hammer avait, dans sa première édition, donné à ce khan le nom d'Houlagou. Plus tard, dans une lettre adressée aux traducteurs, il l'a changé en celui d'Houlakou. C'est cette rectification qu'ils ont adoptée. V. aussi *Nouveau journal asiatique*, numéro 54, pag. 527-539.

» à Iran, le pays de grands princes. C'est à toi
» maintenant de veiller à l'observation des lois et
» des institutions données par Dschengiskhan, et
» de prendre possession du pays situé entre l'O-
» xus et le Nil. Je veux que tu récompenses et
» favorises les peuples qui t'obéiront et se sou-
» mettront volontairement; mais ceux qui te ré-
» sisteront ou se révolteront contre toi devront
» être anéantis avec leurs femmes et leurs enfans;
» après avoir détruit l'Ordre des Assassins, tu
» entreprendras la conquête de l'Irak. Si le kha-
» life de Bagdad t'offre ses services et te rend
» hommage, tu le traiteras avec indulgence et
» bonté; mais s'il s'oppose aux progrès de tes ar-
» mes, il partagera le sort des autres (1). »
Houlakou se rendit alors à son camp de Karakouroum, divisa son armée en plusieurs corps
et la renforça de mille familles d'artificiers chinois. Cette troupe devait diriger les instrumens
de siége et lancer dans la ville de la naphte,
composition connue en Europe depuis les croisades sous le nom de feu grégeois, mais en usage
déjà depuis long-temps, ainsi que la poudre, chez
les Arabes et les Chinois (2). Il partit dans le mois
de ramazan, l'an 651 de l'hégire (3), et, après

---

(1) Mirkhond, cinquième partie, Histoire des Mogols.
(2) V. Mines de l'Orient, part. 1, pag. 248.
(3) Après J.-C., 1253.

avoir reçu sur sa route de nombreux renforts, il se reposa d'abord un mois à Samarkand, puis ensuite à Kasch.

Là, Schemseddin-Kort et l'émir Arghoun de Khorassân vinrent, accompagnés des grands de la province, lui offrir leur soumission. Pendant qu'il recevait leurs hommages, Houlakou envoyait des ambassades aux princes des pays voisins, pour leur demander s'ils voulaient reconnaître sa domination. Il leur disait : « Au nom du » khan, je viens détruire l'Ordre des Assassins et » leurs châteaux forts ; si vous me soutenez dans » cette entreprise, vos efforts seront récompensés » et vos provinces protégées ; mais si, au contrai- » re, je vois en vous des sentimens hostiles, après » l'extirpation de cet ordre, je tournerai mes » armes contre vous. Souvenez-vous de mes pa- » roles, car ce que j'ai prédit arrivera. » Aussitôt que l'on sut qu'il approchait à la tête de ses armées victorieuses, des ambassadeurs vinrent de toutes parts lui offrir les hommages de leurs souverains ; nous ne citerons ici, parmi eux, que Rokneddin, prince de Roum, le prince des seldjoukides de Fars, l'atabège Saad d'Irak et ceux d'Aserbeidschân, de Kourdschistân et de Schirwân. Dans les premiers jours du mois de silhidsché, l'an 652 de l'hégire, Houlakou passa l'Oxus sur un pont qu'il avait fait construire, afin de prendre sur l'autre rive le divertissement de la chasse aux lions, car un froid glacial l'avait forcé de prendre ses quartiers d'hiver, et fait mourir dans son armée une grande quantité de chevaux. Ce ne fut qu'au commencement du printemps que l'émir Arghoun-Khan vint rejoindre Houlakou dans son camp. Les soins de l'administration furent pendant son absence confiés à son fils Gheraï, à Ahmed-Bitegi et au visir Khodscha Alaeddin-Atamoulk, célèbre auteur de l'ouvrage historique de Dschihan-Kouscha, *le conquérant du monde*. Après cet hiver, au commencement de moharrem de la même année, il quitta Schirghan pour se rendre à Khawaf, d'où il envoya son général, Keïtbouka-Newian, pour faire la conquête du Kouhistân, qu'une maladie imprévue l'empêchait de diriger lui-même. Houlakou alla ensuite en personne à Thous, où avaient reçu le jour le plus grand poète, l'astronome le plus renommé et le plus illustre visir de la Perse, Firdoussi, Naszireddin et Nisamolmoulk, et où était aussi le tombeau de l'Imam Ali-Ben-Mousa-Nisa, fameux dans tout l'Orient. Le conquérant mongol s'y établit dans le jardin d'Arghoun-Aka, et y dressa une tente faite d'après le modèle de celle du grand khan. De là, il se rendit au jardin de Mansouriyé, qu'Arghoun avait fait rétablir après qu'il était tombé en ruine. Les dames de l'émir Arghoun et Iz-Eddin-Tahir, son lieutenant, reçurent des titres et l'invitèrent à un grand festin.

Le lendemain, on se rendit à la prairie Dadghan, où l'on goûta quelques jours les délices de l'endroit; on apporta de Merw, de Yazroud, du Dahistân, et d'autres lieux, du vin et des provisions en abondance. Après quelques jours de repos, il envoya le prince Schemseddin-Kort, à Naszireddin-Mohteschem, lieutenant de Rokneddin à Sertakht. Malgré sa grande vieillesse, Naszireddin, celui même qui fut le premier protecteur de l'astronome de ce nom, se rendit, accompagné de de Schemseddin-Kort, au camp d'Houlakou, où il fut reçu avec honneur.

Le conquérant, parvenu à Kodjân, ordonna, aux dépens du trésor public, la reconstruction de ce lieu jadis dévasté par les Mongols. Il y fit creuser des canaux, élever une fabrique et planter un jardin auprès de la mosquée. Le visir Seif-Eddin-Aka fut chargé de surveiller ces constructions, et les émirs reçurent l'ordre d'y bâtir des maisons. De retour à Khirkân, il envoya plusieurs ambassades (1) à Rokneddin-Kharschâh, qui régnait à Alamout, pour lui ordonner de se soumettre. Rokneddin venait de s'asseoir sur le siége de Grand-maître, encore dégoûtant du sang de son père, mais le gouvernement se trouvait de fait entre les mains de son perfide visir, le grand as-

---

(1) Les ambassadeurs furent Biktimour-Kourdji, Zehir-Eddin, Sipahsalar-Bitekdji et Châh-Emir.

tronome Naszireddin, de Thous. Celui-ci avait dédié un de ses ouvrages au khalife Mostaszem, qui, au lieu de lui accorder les récompenses que méritait son travail, n'avait eu pour lui que des mépris. Alkami, visir du khalife, jaloux de Naszireddin, s'étant aperçu qu'il manquait à la dédicace l'épithète « *représentant de Dieu sur la terre* », son maître trouva l'ouvrage de l'astronome mal écrit, et le jeta dans les eaux du Tigre (1). Dès ce moment, le savant, offensé, jura de se venger. Il s'enfuit à Alamout, où il vint implorer la protection du Grand-maître des Assassins, sous le poignard desquels tant de visirs et même de khalifes avaient perdu la vie; mais comme celui-ci n'embrassait pas avec assez d'ardeur ses projets de vengeance, dans un moment où l'approche d'Houlakou attirait l'attention de l'Ordre, et lui faisait oublier le khalife de Bagdad pour ne songer qu'à sa propre conservation, Naszireddin, se vit dans la nécessité de changer ses plans. Comme il était probable que les châteaux des Ismaïlites ne résisteraient pas aux armées mongoles, il résolut de livrer au vainqueur, qui s'approchait en toute hâte, non-seulement les châteaux de l'Ordre, mais encore le Grand-maître lui-même. Il espérait que cette trahison ser-

---

(1) Ecrits historiques d'Ali-Effendi, à la bibliothèque impériale de Vienne, n° 125.

virait son ressentiment, et que la chûte de l'Ordre entraînerait celle du khalife. Ainsi, dans le principe, il n'avait voulu que faire tomber le prince et son visir sous le fer des Assassins; mais les Mongols devaient renverser tout l'édifice du khalifat.

Rokneddin, suivant aveuglément les conseils de Naszireddin, envoya à Baïssour-Noubin, général d'Houlakou, dont déjà l'armée menaçait Hamadan, une ambassade chargée de lui offrir sa soumission. Baïssour répondit que, son maître devant arriver bientôt, Rokneddin ferait mieux d'aller s'adresser à lui-même. Après plusieurs ambassades réciproques, on convint que Rokneddin enverrait à Houlakou son frère puîné, Chahin-Châh, le Kokdja Asil-Eddin-Rouzeni et d'autres notables du pays. Ce général devait les accompagner en personne, mais il se fit remplacer par son fils, et lui-même, conformément aux ordres qu'il avait reçus, entra avec son armée dans le district d'Alamout, le dixième jour du mois de dschemasiollewel, de l'an 654 de l'hégire (1). Les Assassins et les troupes de l'Ordre occupèrent, dans le voisinage du château, une hauteur qu'ils défendirent avec opiniâtreté contre les Mongols. La montagne était escarpée, et la garnison nombreuse; les assaillans, forcés d'abandonner l'attaque, brûlèrent dans

(1) Après J.-C., 1256.

leur retraite les maisons des Ismaïlites et dévastèrent tout le pays. Pendant ce temps, Chahin-Châh était arrivé chez Houlakou; à la nouvelle de la résistance des Assassins, le Mongol envoya à Rokneddin un officier chargé de lui dire : « Rokneddin nous a envoyé son frère, c'est pourquoi nous lui pardonnons les crimes de son père et ceux de ses partisans. Quant à lui, comme il ne s'est rendu coupable d'aucun forfait pendant le court espace de son règne, il peut se retirer chez nous, après avoir rasé ses forteresses. » En même temps, Baïssour reçut l'ordre de ne plus ravager le pays de Roudbâr. Sitôt que Rokneddin eut connaissance de ce message, il fit démanteler quelques châteaux, tels que Maimoun, Alamout, Lemsir; et Baïssour retira ses troupes du Roudbâr. Sadreddin-Sungi, un des hommes les plus considérés parmi les Assassins, se rendit ensuite, par ordre de Rokneddin, et sous la conduite d'un officier mongol, au camp d'Houlakou, pour lui certifier que le prince des Assassins avait déjà commencé à raser ses châteaux et qu'il en continuerait la démolition. Sadreddin, dont le maître redoutait la présence d'Houlakou, pria en même temps ce conquérant d'accorder à Rokneddin un délai d'un an, à l'expiration duquel il se présenterait à sa cour. Le Mongol renvoya l'ambassadeur avec un *Basikaki* ou officier, auquel il remit une lettre où il disait au Grand-maître :

« Si la soumission de Rokneddin est sincère, il
» doit venir aussitôt dans notre camp impérial,
» après avoir confié au Basikaki porteur de la
» présente la défense de son pays. » Rokneddin,
entraîné par les mauvais conseils de Naszireddin,
mit trop de lenteur à obéir à ces ordres ; il se
contenta de renvoyer en ambassade son visir,
Schemseddin-Keïlaki, et son cousin Seifeddin-
Sultan-Melik-Ben-Kia-Manszour, pour faire excuser le retard qu'il mettait à se présenter devant
Houlakou, et en même temps il adressa aux
grand-commandeurs (Mouhtechim) du Kouhistân et de Kirdkouh un ordre de cabinet (per-
waneh) qui leur enjoignait d'aller au camp
mongol offrir leur soumission. Lorsque le conquérant fut arrivé vis-à-vis de Lar et de Demawend,
il fit partir Schemseddin-Keïlaki pour Kirdkouh,
et le chargea d'annoncer au commandant de ce
fort qu'il eût à se rendre dans son camp conformément aux ordres du prince des Assassins. On
avertit alors le Grand-maître que, quoique le
château tînt bon et que la garnison fût composée
de braves, on serait bientôt forcé de se rendre. Il
envoya alors Mobariz-Eddin-Ali-Tourân et Chou-
djaa-Eddin-Hassan-d'Astrabad, avec cent dix
hommes d'élite, au secours de Kirdkouh. Ils reçurent chacun deux *manns* de henna et trois *manns*
de sel, dont le château manquait. Quoiqu'on ne

trouve nulle part dans les livres orientaux que le henna est un remède contre la peste, on citait alors un fait remarquable : au mariage de la fille d'un émir, qui s'était teint les mains et les pieds avec du henna, de tous ceux qui, à cause de la grande sécheresse, avaient bu de l'eau dans laquelle le henna avait été délayé, pas un n'était mort de la peste : c'est pourquoi on avait demandé du henna. Les cent dix guerriers arrivèrent heureusement au château, excepté un seul qui se blessa dangereusement au pied et fut porté sur les épaules des autres. Ainsi Kirdkouh fut sauvé du péril (1). Houlakou marcha ensuite vers Kesrân, et s'empara en deux jours d'un château qui se trouva sur son passage. Un autre officier, qui avait accompagné le visir et le cousin de Rokneddin, fut envoyé dans le Kouhistân, et Seiffeddin-Sultan-Melik se rendit lui-même, avec plusieurs officiers mongols, au fort de Maimoundiz, où résidait alors Rokneddin, pour lui signifier que le dominateur du monde avait poussé ses armées jusqu'à Demawend, qu'il ne lui accordait plus aucun délai pour effectuer la remise de ses forteresses, mais que cependant, s'il voulait qu'elle fût retardée de quelques jours, il fallait envoyer aussitôt son fils dans son camp. Cette ambassade arriva à Maimoundiz les premiers

---

(1) Extrait d'un fragment communiqué par M. de Hammer.

jours de ramazan, annonçant partout les ordres d'Houlakou et l'approche de ses armées victorieuses. A cette nouvelle, Rokneddin et tout le peuple tombèrent dans une frayeur stupide.

Le Grand-maître répondit d'abord qu'il était prêt à envoyer son fils; mais ensuite, séduit par ses femmes et les mauvais conseils de ses amis, il remit aux ambassadeurs l'enfant d'une esclave qui était presque du même âge, et les pria de demander à Houlakou de lever l'ordre qui retenait à la cour son frère Chahin-Châh. Le prince mongol, qui, pendant ce temps, s'était avancé jusqu'à la frontière du Roudbâr, découvrit facilement la ruse, mais feignit toutefois de l'ignorer. Il renvoya l'enfant, en disant que sa trop grande jeunesse l'empêchait de le garder, mais que si Rokneddin avait un frère plus âgé que Chahin-Châh, il devait l'amener au camp en échange de ce dernier. Sur ces entrefaites, le Grand-prieur du pays de Kirdkouh arriva chez le prince mongol, qui permit alors au frère de Rokneddin de retourner chez les Assassins. En le congédiant, il lui dit : « Noubliez pas de rappeler » à votre frère qu'il doit raser le château de » Maimoundizet se rendre auprès de nous : car, » s'il ne le fait pas, Dieu seul peut savoir ce qui » arrivera. » Pendant que toutes ces négociations se continuaient, les *Tawadschi*, c'est-à-dire, les recruteurs de l'armée mongole, avaient enrôlé un si grand nombre de soldats, que, dans une immense étendue de terrain, on ne voyait que des troupes s'exerçant au maniement des armes. Houlakou, fatigué de tous ces retards, se présenta lui-même, le 18 du mois de chawal, aux portes de Maimoundiz ; le lendemain, le château fut cerné de toutes parts et l'armée offrit un air de grandeur qu'il est impossible de décrire. On campa à la distance de six parasangues, et l'on tint conseil avec les généraux pour décider s'il fallait commencer les opérations du siége ou attendre l'année suivante ; on alléguait qu'on se trouvait au cœur de l'hiver, qu'on manquait de fourrage, et qu'il faudrait transporter les provisions des provinces de l'Arménie jusqu'à celles du Kirman. Bokatimour et l'émir Keitbouka opinaient pour le siége.

Rokneddin, qui ne prenait en lui-même que de mauvaises résolutions, et à qui Naszireddin ne donnait que de perfides conseils, se décida enfin à envoyer au camp son frère Iranschâh, son fils Tourkia et son visir Naszireddin (*dont Dieu veuille parfumer le tombeau*), avec les notables et les commandans des cavaliers. Ils devaient offrir sa soumission et demander pour lui la faculté de pouvoir se retirer librement où il voudrait. Avec eux étaient les principaux membres de l'Ordre, porteurs de riches présens. Naszireddin, au lieu de soutenir les intérêts de son maître et de faire valoir dans les négociations la force de ses châteaux, dit au contraire au Mongol qu'il n'y avait rien dans ces nombreuses forteresses qui dût arrêter sa marche, parce que la réunion des étoiles avait clairement prédit la chûte prochaine de cet Ordre, autrefois si puissant. Il fut stipulé que le Grand-maître pourrait se retirer librement, sous la condition qu'il livrerait ses châteaux. Le 1er du mois dsou'lkadah, Rokneddin sortit de Maimoundiz avec le kodja Naszireddin, le kodja Asil-eddin-Rouzeni, le visir Mouyeddin et ses ministres, avec Reis-eddaulet et Mowafik-eddaulet, et se rendit dans le camp du vainqueur, ce que Naszireddin a consigné dans le chronogramme suivant :

« C'est l'an six cent cinquante et quatre, dimanche le premier de dsou'lkadah (1), au matin, que Karschâh, le padichâh des Ismaïlites, s'est levé de son trône devant Houlakou-khan. »

Rokneddin fit à cette occasion le quatrain suivant :

> A votre porte je me rends ;
> De mes délits je me repens ;
> A cette marche inopportune
> Entraîné par votre fortune (2).

L'or et les présens qu'il avait apportés furent

---

(1) D'après le calcul des années de l'hégire, à commencer du 16 juillet, le 1er de dsou'lkadah 655 répondait au 20 novembre qui était un lundi. H.

(2) V. *Nouveau journal asiatique*, n° 54, p. 536.

distribués aux troupes. Houlakou eut pitié de la jeunesse et de l'inexpérience de Rokneddin, qui avait à peine occupé un an le trône de ses pères. Il lui parla avec bonté, lui fit des promesses flatteuses, le retint auprès de lui comme son hôte, et prit Naszireddin pour visir.

Rokneddin fût confié, dans le camp d'Houlakou, à la garde des Tartares, et des officiers du khan accompagnèrent les envoyés du Grand-maître dans le pays de Roudbâr, pour y accélerer la démolition des châteaux que les Assassins y tenaient encore. D'autres officiers furent envoyés dans les deux grands priorats de Kouhistân et de Syrie, et dans le pays de Komis, afin d'y demander, au nom du Grand-maître, la soumission des commandans de toutes les places qu'y possédaient les Ismaïlites, et dont le nombre montait à plus de cent. Elles s'élevaient sur les montagnes du Kouhistân, de l'Irak et de la Syrie, depuis la mer Caspienne jusqu'à la mer Méditerranée, et entouraient, comme d'une ceinture, le territoire soumis à la puissance de l'Ordre. Dans le seul district de Roudbâr on en rasa plus de quarante, toutes bien fortifiées et remplies de trésors. Trois d'entre elles, que leur position rendait les plus formidables, refusèrent d'obéir aux sommations d'Houlakou et aux ordres de Rokneddin. Les commandans d'Alamout, véritable résidence des Grand-maîtres, et ceux de Lemsir et de

Kirdkouh, répondirent qu'ils attendraient l'arrivée du khan. Le prince mongol se mit donc en marche avec ses troupes, et arriva quelques jours après devant Alamout, où il assit son camp. Ensuite il envoya au pied de la forteresse son prisonnier le Grand-maître, qui mit en usage les promesses et les menaces pour engager les habitans à se rendre. Le commandant refusa d'écouter Rokneddin. Houlakou, voyant alors qu'un siége en règle lui coûterait trop de monde, laissa devant Alamout un corps chargé de le bloquer étroitement et se rendit à Lemsir, où les habitans vinrent à sa rencontre lui offrir leur soumission. A cette nouvelle, ceux d'Alamout perdirent courage et envoyèrent à Rokneddin un messager, pour le prier d'intercéder en leur faveur auprès du conquérant.

Ce ne fut pas en vain, car celui-ci accorda au commandant ismaïlite un sauf-conduit pour venir dans son camp. Les habitans demandèrent trois jours pour pouvoir s'en aller librement avec leurs trésors et leurs meubles. Ce délai leur fut donné, et, après leur départ, le château fut livré au pillage. Alamout, situé sur une hauteur inaccessible, avait reçu de cette position remarquable le nom de *Nid d'Aigle;* la tradition nous apprend qu'il présentait la forme d'un lion étendu sur ses genoux, la tête appuyée sur la terre. Les murs étaient taillés dans le roc et à pic; ceux qui entouraient les remparts étaient voûtés, afin de protéger la garnison, et, dans le rocher même, il y avait de grands bassins destinés à conserver le vin et le miel. Presque tous les magasins avaient été remplis du temps de Hassan-Sabah, et ce lieu avait été si bien choisi, tout y était l'objet de tant de soins, que le blé n'y moisissait jamais, et que le vin s'y conservait également. Les Ismaïlites attribuaient cette propriété à un miracle opéré par le fondateur de l'Ordre. Les Mongols, qui, sans connaître les lieux, cherchaient partout des trésors dans les souterrains et les caves, tombèrent tantôt dans des bassins de vin, tantôt dans des bassins de miel.

Après que les armées des Assassins eurent été dispersées, et leurs châteaux démolis, Houlakou se rendit dans le mois de selhidsché de la même année à Hamadan, où il avait laissé ses enfans. Rokneddin, qui l'accompagnait, fut traité avec bienveillance, soit par pitié, soit par mépris. Ce prince dégénéré n'avait pas même ces vertus si communes chez les Assassins, le courage et le mépris de la mort, et encore moins celles d'un Grand-maître, l'ambition et la prudence politique. Si le sort des armes ne l'avait fait tomber entre les mains du Mongol, l'ignominie de son caractère l'aurait rendu son esclave. Il vint à se passionner pour une fille mongole de la plus basse extraction, et Houlakou, qui ne négligeait aucune occasion de l'exposer au mépris public, ordonna, lorsque le prince des Assassins lui demanda cette esclave, que ces noces se feraient avec toutes les solennités d'usage et une pompe extraordinaire; les fiançailles avaient eu lieu le 6 moharrem 656. Après leur célébration, Rokneddin supplia le vainqueur de l'envoyer auprès du grand khan Mangou; celui-ci, bien que surpris de cette demande insensée qui devait hâter sa perte, lui en donna la permission, et Rokneddin se mit en marche avec une troupe de Mongols. Dans son désir de voir le puissant Mangou, le prisonnier avait promis qu'il obtiendrait la soumission de la garnison de Kirdkouh, château situé sur sa route, et le seul qui se défendît encore contre les forces mongoles. Il quitta donc le camp d'Houlakou, dressé près de Hamadan, le 1er rebi-el-ewel de l'an 655 de l'hégire (1). Lorsqu'il fut devant Kirdkouh, il fit en effet sommer les habitans de se rendre; mais l'officier chargé de cette mission avait en même temps reçu des instructions secrètes, qui lui enjoignaient d'exciter le commandant à prolonger sa résistance, et à ne livrer la forteresse à personne. Cette politique fourbe et insensée, cause première de la chûte de l'Ordre, accéléra la perte de Kharchâh. Dès qu'il fut à

---

(1) Après J.-C., 1257. — V. *Nouveau journal asiatique*, numéro 54, déjà cité.

Karakouroum, résidence du Mangou, le khan le renvoya sans lui accorder audience et lui fit dire : « Puisque tu prétends avoir fait ta soumis-
» sion, pourquoi n'as-tu point remis entre nos
» mains la forteresse de Kirdkouh ? Retourne
» sur tes pas, et lorsque tu auras livré tous tes
» châteaux, tu pourras avoir l'honneur de voir
» notre personne impériale. » Rokneddin arrivé à l'Oxus, ses compagnons, sous prétexte de s'arrêter pour y prendre leur repas, le firent descendre de cheval et le percèrent de leurs épées.

Dès le commencement de l'invasion mongole, sous le règne de Mangou, Houlakou avait reçu de son frère l'ordre d'exterminer les Ismaïlites, et de n'épargner qui que ce fût, pas même l'enfant dans le sein de sa mère. Il fut obéi, mais seulement après le départ de Rokneddin ; car Houlakou n'avait jusqu'alors retardé l'exécution de ses ordres, que pour attendre la nouvelle de la reddition de Kirdkouh, et des autres places fortes que possédaient encore les Assassins dans le Kouhistân et la Syrie. Il envoya un de ses visirs à Kaswin pour y faire périr les femmes, les enfans, les frères, les sœurs, et même les domestiques de Rokneddin. De tous ses parens, deux seuls, suivant toute apparence du sexe féminin, furent épargnés, mais pour être livrés à la vengeance de la princesse Boulghan-Khatoun, dont le père Dschagataï avait expiré sous les poignards des Assassins. Des instructions également sanguinaires furent envoyées au gouverneur du Khorassân, qui, après avoir assemblé les Ismaïlites, en fit massacrer douze mille sans distinction de sexe ni d'âge. D'autres troupes mongoles parcoururent les provinces pour exécuter sans pitié la sentence de mort prononcée par Mangou. Partout où ils trouvaient un partisan de la doctrine secrète, ils le forçaient de se mettre à genoux et lui coupaient la tête. Tous les descendans de Kia-Buzurgomid, celui-là même qui avait succédé dans la grande maîtrise à Hassan-Sabah, furent mis à mort. L'épée des Mongols moissonna tout sans pitié ; cette longue série de crimes commis pendant deux siècles par les Ismaïlites fut châtiée par un vainqueur aussi cruel qu'ils l'avaient été eux-mêmes.

Les châteaux forts des Assassins dans le Roudbâr et le Kouhistân, même ceux de Kaïn, de Toun, de Lemsir et d'Alamout, s'étaient rendus. La seule forteresse de Kirdkouh, encouragée dans sa résistance par Rokneddin lors de son voyage chez Mangou, opposait depuis trois ans toute l'énergie d'une vigoureuse défense aux attaques réitérées des Mongols. Elle est située dans le district de Damaghan, près de Manszourabad, sur le pic d'une haute montagne ; c'est probablement le château fort de Tigado dont nous parle l'historien arménien Haithon, qui a changé ce siége de trois ans en un de siége de trente ans (1). Sahireddin (2), l'historien du Masendérân et du Rouyân, nous raconte ce siége avec beaucoup de détail. Les princes de ces deux pays qui, effrayés de l'approche d'Houlakou et de la supériorité de ses forces, lui avaient fait leur soumission, furent chargés par le conquérant de réduire Kirdkouh, tandis que lui-même s'avancerait sur Bagdad. A Masendérân régnait à cette époque Schemsolmolouk Erdeschir, de la famille Bawend, et dans le royaume de Rouyân l'astandar Schehrakim, de la famille Kawpare; comme ce dernier avait donné sa fille en mariage au schâh du Masendérân, le Mongol avait tout lieu d'espérer que les efforts combinés des deux princes ameneraient les Ismaïlites à une prompte soumission.

Ce fut au commencement du printemps que le poète Koutbi-rouyani, qui se trouvait au camp des deux princes alliés, fit, dans le dialecte du Tabéristân, un poëme célèbre en l'honneur du Printemps. Sahireddin, qui, dans son ouvrage, nous

---

(1) Bengertus, Joachimus Camerarius, Arnoldus Lubecencis, Haithon Armenensis. Withof, *Royaume meurtrier des Assassins*, pag, 168 et suiv. — Bengertus place par erreur Tigado en Syrie.

(2) Tarikhi Masendérân, à la bibliothèque impériale de Vienne, n° 117.

en a transmis le premier distique (1), a par cela même révélé à l'Europe l'existence d'une langue particulière dans le Tabéristân, langue formée d'un mélange de mots mongols, ighouriens et persans (2). Les chants du poète firent un tel effet sur les deux princes, que, sans attendre la permission du khan, ils levèrent le siége pour aller jouir à leur aise dans leur patrie de la vue de ses sites majestueux, et y goûter toutes les douceurs du printemps, sans songer au châtiment que leur réservait Houlakou. Gasan Behadir, un de ses généraux, fut envoyé pour les punir de leur désobéissance. Le prince de Rouyân, qui le premier avait donné à son gendre l'exemple de la retraite, eut la générosité de se déclarer le seul auteur de cette action inconsidérée, et, afin de préserver le pays de son ami des dévastations des Mongols, il se rendit de lui-même à Amoul, où Gasan Behadir avait établi son camp. Avec l'aide de ce dernier, il parvint à apaiser le courroux du khan, et même à recouvrer, ainsi que son gendre, les titres et les possessions qu'ils avaient perdus.

L'effet merveilleux qu'avait produit, bien que dans un sens opposé, le poète national du Tabéristân n'a rien qui doive nous surprendre. L'his-

---

(1) Lorsque le soleil passe du signe du Poisson dans celui du Capricorne, et que le printemps déploie sa bannière de fleurs au souffle du vent d'est, etc.

(2) Mines de l'Orient, vol. III.

toire de la guerre et de la littérature nous offre un exemple à peu près analogue dans l'enthousiasme qu'excitaient les hymnes de Tyrtée, lorsqu'il conduisait les Spartiates au combat. Cette retraite inopinée des deux princes explique suffisamment la prolongation du siége de Kirdkoûh pendant trois ans : il était donc inutile de le faire durer trente années, surtout si l'on considère que le château d'Alamout, indubitablement le plus fort de tous ceux que possédaient les Assassins, s'était rendu trois jours après la sommation d'Houlakou. Après la reddition de cette forteresse, Atamelik Dschowaïni, illustre visir et historien non moins renommé, obtint du conquérant mongol la permission de faire des recherches dans la fameuse bibliothèque des Ismaïlites et dans leurs archives si célèbres dans tout l'Orient, et d'en sauver les ouvrages dignes d'être conservés pour le khan. Il mit à part les Korans et d'autres livres précieux, et livra ensuite aux flammes, non-seulement tous les ouvrages philosophiques et impies de l'Ordre des Assassins, mais même tous les instrumens qui servaient à l'étude des mathémathiques et de l'astronomie. Il tarit ainsi d'un seul coup toutes les sources où aurait pu s'instruire celui qui aurait voulu publier une histoire complète des dogmes et des statuts de l'Ordre. Heureusement, il nous a transmis dans sa propre histoire les connaissances qu'il avait puisées dans la bibliothèque et dans les archives d'Alamout, ainsi qu'une courte biographie du fondateur Hassan-Sabah. Cette esquisse a servi à tous les auteurs persans, entre autres à Mirkhond et à Wassaf, qui ont l'un et l'autre traité ce sujet avec assez de talent, et l'ont souvent mis à profit. Nous-mêmes nous avons suivi pas à pas ces deux historiens (1).

L'existence de cette bibliothèque, au temps de la conquête, accuse hautement l'hypocrisie du sixième Grand-maître, Dschelaleddin-New-Musulman, le prétendu réformateur de l'islamisme; car il est maintenant bien avéré qu'il n'avait nullement livré aux flammes, en présence des ambassadeurs de Kaswin, les archives de l'Ordre, ainsi que les livres qui contenaient ses statuts : c'était au zèle fanatique d'Atamelik Dschowaïni qu'il était réservé de les détruire. C'est ce fanatisme inquisitorial qui dans tous les temps, et principalement dans le moyen-âge, a enlevé à la postérité des millions de livres. Si l'Occident a accusé, non sans raison (2), comme l'a cru Gibbon, le khalife Omar de l'incendie de la bibliothèque d'Alexandrie, l'Orient peut répondre à cette accusation, en citant l'incendie de la bi-

---

(1) Mémoires historiques sur la vie et les ouvrages d'Alaeddin-Atamelik-Djouainy, par M. Quatremère. — Mines de l'Orient, II. p. 220.

(2) V. Aperçu encyclopédique des sciences de l'Orient.

bliothèque de Tripoli par les croisés, où furent consumés des millions de livres arabes (1). Nul doute que le récit des historiens ne soit exagéré, lorsqu'ils nous disent qu'on a chauffé les bains d'Alexandrie pendant six mois avec tous les travaux de l'érudition grecque, et qu'à Tripoli trois millions de manuscrits arabes ont été réduits en cendres; mais ce qu'on ne saurait nier, c'est que le fanatisme religieux a commandé la destruction de ces deux bibliothèques; ces faits sont attestés par le témoignage unanime des premiers historiens orientaux (2). La bibliothèque d'Alexandrie fut incendiée par les musulmans, parce que, d'après les ordres d'Omar, le Koran seul devait être considéré comme *le livre des livres*, et tout ce qui n'y était point contenu regardé comme inutile. La bibliothèque de Tripoli fut détruite par les chrétiens, parce qu'elle ne se composait que de Korans et d'autres livres d'interprétation religieuse. A Alamout, le Koran fut conservé par Dschowaïni, tous les autres ouvrages philosophiques furent brûlés. Cet autodafé eut lieu à l'imitation de celui du sultan Jakoub de Fez, qui, déjà cent ans avant la chûte de l'Ordre, avait brûlé tous les livres théologiques (3).

(1) Mémoires géographiques et historiques sur l'Egypte, par Quatremère, t. II, p. 506.
(2) Macrisi, Ibn-Khaledoun, Ibn-Forat, Aboulfaradsch.
(3) Takwimet-Tewarikh, ad ann. 588.

Cependant cette perte n'est pas aussi déplorable que celle que le fanatisme nous a fait éprouver par l'incendie des bibliothèques d'Alexandrie et d'Alamout, où les flammes consumèrent les trésors de la philosophie grecque et égyptienne, persane et indienne.

LIVRE VII.

Conquête de Bagdad; chûte et fin de l'Ordre des Assassins.

La puissance des Assassins n'existait plus; Alamout était tombé; les châteaux forts du Roudbâr et du Kouhistân, appuis formidables de l'Ordre, avaient été conquis. Le Grand-prieur de Syrie avait seul refusé d'obtempérer aux ordres du Grand-maître et de rendre ses forteresses. Les Mongols ne l'avaient pas encore forcé de faire sa soumission; un objet plus important que la destruction de quelques châteaux forts de la Syrie, qui, après la chûte d'Alamout et l'extirpation des Ismaïlites en Perse, ne pouvaient plus rendre la vie à l'Ordre, occupait alors l'esprit d'Houlakou; il songeait à conquérir Bagdad et à renverser le trône du haut duquel les khalifes arabes régnaient au nom du prophète depuis près de 750 ans.

Ce grand événement se lie intimement à la

destruction complète de l'Ordre des Assassins. Deux ans après la chûte d'Alamout, par conséquent avant la conquête du château de Kirdkouh, dernier refuge des Ismaïlites, Bagdad, *la reine des villes sur le Tigre*, tomba au pouvoir des Mongols. Le renversement du khalifat n'entrait point, à proprement parler, dans les projets du khan. Les ordres qu'il avait transmis à son frère Houlakou en sont une preuve; il lui avait prescrit de ne demander au khalife que sa soumission et des troupes auxiliaires; mais Naszireddin, ce visir aussi célèbre par sa science que par sa trahison, qui, après avoir livré au vainqueur la personne du Grand-maître et le point central de leur puissance, n'avait point encore assouvi ce désir de vengeance qui le tourmentait, fatigua sans relâche son nouveau maître, et ne cessa de l'exciter à consommer la ruine totale du khalifat.

Cet événement, étroitement lié à l'histoire des Assassins, est d'une si haute importance dans les annales de l'Orient et dans celles du moyen-âge, il offre tant d'attraits par la nouveauté et par la singularité du sujet, que nous croyons devoir suivre le khan dans son expédition d'Alamout à Bagdad.

Le siége et la conquête de Constantinople par les Turcs est peut-être, dans toute l'histoire, le seul événement assez mémorable pour figurer à côté du siége et de la conquête de Bagdad par les Mongols. La chûte du khalifat, déjà depuis long-temps préparée, ne peut se comparer qu'à la décadence progressive de l'empire byzantin. L'historien s'arrête tantôt avec étonnement et admiration, tantôt avec compassion et horreur, devant un nombre infini de villes conquises; mais quelles émotions n'éprouve-t-il pas lorsqu'il voit, comme à Constantinople et à Bagdad, s'ensevelir sous des ruines une domination qui s'étendait sur tout un monde!

Ce haut intérêt manque aux siéges les plus célèbres, aux conquêtes disputées avec le plus d'opiniâtreté, dans l'histoire ancienne et moderne. En général, ce qui recommande à notre attention la plupart de ces siéges, c'est ou le nom des grands capitaines qui les ont dirigés, ou les talens militaires qui y furent déployés, ou encore le courage inébranlable des assiégés. Tyr et Sagonte se sont illustrées par leur résistance aux forces d'Alexandre et de Hannibal, Syracuse par les noms de Marcellus et d'Archimède. Rhodes, en repoussant deux fois avec gloire les efforts de Démétrius, ce fameux *preneur de villes,* et plus tard ceux des Turcs, s'est acquis une renommée impérissable dont Villiers de l'Isle-Adam réclame la première part. Candie et Saragosse se sont immortalisées par la bravoure de leurs habitans ; mais si ces villes ont combattu pour leur liberté, elles n'ont point entraîné dans leur chûte une ancienne dynastie qui régnait sur la moitié du continent. Plusieurs milliers d'années ont passé sur l'histoire de la conquête des villes célèbres qui, comme Babylone et Persépolis, servaient de résidence aux rois d'Assyrie et de Perse, et ont couvert d'un voile impénétrable cette partie des annales de l'antiquité. Encore la destruction de toutes ces villes ne saurait-elle figurer à côté de celle de Jérusalem, centre de la domination judaïque, attaqué par Khosroès et anéanti par Titus, qui trouva dans Tacite un historien digne de raconter ses exploits, et de retracer cette terrible catastrophe. Mais si Gibbon avait pu puiser comme nous aux sources orientales, la conquête de Bagdad viendrait se placer, dans son immortel ouvrage, à côté de celle de Constantinople, et il ne se serait point contenté d'effleurer un pareil sujet. Si nous ne pouvons atteindre l'énergie de ses expressions, nous essaierons du moins de trouver une compensation dans la richesse des faits.

Après la chûte d'Alamout et des autres forts des Assassins, excepté celui de Kirdkouh, Houlakou leva son camp, assis alors sous les murs de Kaswin, et se rendit à Hamadan, où arriva en toute hâte son général Tandschou-Newian, qu'il

avait envoyé à Aserbeidschân, pour déposer au pied du trône de Mangou les trophées de ses victoires. Le Mongol lui confia la conquête de Roum et celle de la Syrie, et le chargea en outre de soumettre à ses armes toute l'Asie, et l'Afrique jusqu'aux régions les plus occidentales. Lui-même se mit en marche pour Bagdad dans le mois de rebi-el-ewel de l'an 655 de l'hégire, en prenant la route de Tébris; de là il envoya un de ses officiers au khalife Mostaszem, et lui fit dire : « Lors de no-
» tre expédition dans le Roudbâr, nous vous
» avons envoyé une ambassade pour vous de-
» mander des secours; vous les avez promis,
» mais nous n'avons pas vu un seul homme. Au-
» jourd'hui nous voulons que vous changiez de
» conduite et que vous ne songiez à aucune ré-
» sistance, car elle ne servirait qu'à vous faire
» perdre votre empire et vos trésors. » Après que l'officier eut rempli sa mission, Mostaszem le fit accompagner, à son retour, de l'illustre savant Scherefeddin-Ibn-Dschousi, le plus grand orateur de son siècle, et de Bereddin-Mohammed de Nadschiwan. Dschousi irrita le khan par la hauteur de ses discours, et de son côté Naszireddin, de concert avec Ibn-Alkami visir de Mostaszem, ne cessa d'entretenir cette colère, et d'exciter le Mongol à conquérir Bagdad. Moyededdin-Mohammed-Ben-Mohammed-Ben-Ab-

dolmelek-Alkami, qui, comme visir, gouvernait avec un pouvoir absolu l'empire des khalifes, et dont l'abominable perfidie accéléra la chûte de Mostaszem, est exécré dans tout l'Orient comme le type d'un traître. Son nom n'est pas moins en horreur chez les Orientaux que celui d'Antalkidas chez les Grecs. Orateur, poète et profondément versé dans la littérature arabe, il trahit son maître avec autant de scélératesse que le grand mathématicien Naszireddin (1).

Naszireddin avait à se plaindre personnellement d'Ibn-Alkami; c'était lui qui avait engagé le khalife à jeter dans les eaux du Tigre le poëme que le premier lui avait dédié. Il est à croire que Naszireddin était plutôt grand astronome que grand poète; cependant il est plus probable encore que ce fut l'ambition alarmée d'Ibn-Alkami qui fut la cause de sa disgrâce. Le visir n'aurait certainement pas vu d'un œil d'envie le *poète* Naszireddin en faveur auprès du khalife, et n'aurait pas cru devoir prévenir contre l'auteur d'un mauvais ouvrage le gouverneur du Khorassân, Naszireddin-Mohteschem, près duquel l'astronome se trouvait alors, et l'accuser de vouloir, par ses intrigues, s'emparer de l'esprit du khalife. Mohteschem, docile aux aver-

(1) Mirkhond. — Wassaf. — Goulscheni-Khoulefa.

tissemens d'Alkami, jeta en prison son protégé, qui venait de lui dédier le grand ouvrage intitulé : *Akhlaki Nasziri*. Naszireddin parvint à s'échapper et à se réfugier dans Alamout : dès-lors il ne songea plus qu'à se venger du khalife et d'Ibn-Alkami. Ce dernier eut bientôt à se plaindre à son tour de Mostaszem. Suivant quelques historiens, le khalife avait mécontenté plusieurs favoris du visir; suivant d'autres, il avait pris des mesures sévères contre la secte des Schiites, dont était membre Alkami, mesures qui inspirèrent à celui-ci des craintes pour sa sûreté personnelle. Pour se venger, il eut, comme Naszireddin, recours à la trahison; il obséda sans relâche Houlakou, et l'invita chaque jour à venir faire la conquête de Bagdad. Le visir du prince mongol et celui du khalife avaient confondu leur haine et s'étaient mutuellement unis, le premier, pour hâter la chûte de l'Ordre des Assassins, le second, pour renverser le khalifat abasside (1).

Avant de retracer ce grand événement, il nous paraît nécessaire de dire quelques mots de la fondation de cette ville célèbre des khalifes et de son ancienne splendeur.

Bagdad, *la ville, la vallée ou la maison du sa-*

(1) Traités historiques d'Aali, à la bibliothèque de Vienne, n° 125.

lut, *le séjour des saints*, et le siége du khalifat, appelée aussi à cause de la position oblique de ses portes, *la ville oblique* (1), fut fondée sur les bords du Tigre, l'an 148 de l'hégire, par Aboudschafer-Almanszour, le second khalife de la famille d'Abbas. Aujourd'hui, elle couvre, sur la rive gauche du fleuve, une longueur de deux milles, et présente la forme d'un arc tendu, dont la circonférence est de douze mille quatre cents aunes; elle est entourée d'un épais mur de briques avec quatre portes principales et cent soixante-trois tours. Lorsque Manszour eut adopté les plans de cette construction, il demanda à ses astronomes à la tête desquels était son visir New-bakht (*nouvelle fortune*), de choisir une heure favorable pour en poser la première pierre. Ils prirent le moment où le soleil entrait dans le signe du Sagittaire; c'était un pronostic qui assurait à la nouvelle ville une industrie florissante, une riche population et une longue existence. New-bakht prédit en même temps au khalife que ni lui ni aucun de ses successeurs ne mourraient dans l'intérieur de ses murs. La confiance de l'astrologue dans la vérité de sa prédiction est moins surprenante encore que son accomplissement. Elle

---

(1) Darres-selam, *la maison du salut;* Wadies-selam, *la vallée du salut;* Medinetes-selam, *la ville du salut;* Budschol-evlia, *le boulevard des saints:* Sevra, *l'oblique.*

se réalisa à l'égard de trente-sept khalifes dont le dernier même, Mostaszem, qui vit la chûte de Bagdad, mourut, non dans ses murs, mais à Samara. Cette ville avait été construite sur les bords du Tigre, par Mostaszem, huitième khalife de la famille d'Abbas, surnommé *le huitième*, parce que le nombre huit se trouvait dans son thême de nativité; elle devait servir de caserne à sa garde de mameloucks (1).

Bagdad, qui reçut dans la suite le nom de *maison*, de *vallée*, ou de *ville du salut*, parce qu'aucun khalife n'y était mort, fut aussi appelée plus tard *le boulevard des saints*, à cause du grand nombre de saints de l'islamisme qui étaient enterrés dans ses murs et hors de leur enceinte, et dont les tombeaux étaient autant de lieux de pélerinage pour les moslimins. Là, étaient les mausolées d'illustres imams et de scheikhs célèbres par leur piété; là aussi, reposait l'imam Moussa-Kassim, le septième des douze imams, qui, descendus en ligne directe d'Ali, prétendaient, en vertu des liens de parenté qui les unissaient au prophète, avoir le droit d'occuper le trône du khalifat; les imams Hanefi et Hanbali, fondateurs des deux grandes sectes orthodoxes de la Sunna; les scheikhs Dschouneid, SchoblI et Abdolkadir-Ghilani (2), chefs de la secte

---

(1) Dschihannouma, p. 459.
(2) Dschihannouma, p. 479, 480.

mystique des Sofis. Au milieu des tombeaux des imams et des scheikhs s'élèvent les mausolées des khalifes et ceux de leurs épouses. Parmi eux, celui de Sobeïde, femme d'Haroun-Raschid se distingue aujourd'hui encore par la solidité de sa construction; il a survécu aux conquêtes et aux dévastations si souvent répétées des Mongols, des Persans et des Turcs. Les académies, les collèges et les écoles d'architecture des Sarrazins sont dignes de figurer à coté de ces monuments des morts. Deux de ces académies surtout, celle de Nisamie et celle de Mostanszarie, célèbres, dans l'histoire de la littérature arabe, ont éternisé le nom de leurs fondateurs. Celle de Nisamie, fut construite dans la première moitié du cinquième siècle de l'hégire par Nisamolmoulk, ce fameux grand-visir du sultan seldjoukide Melekschâh; la seconde, deux siècles plus tard, par le khalife Almostanszar-Billah, qui y créa quatre chaires différentes pour les quatre sectes orthodóxes des Sunnites.

Des nombreux et magnifiques palais de Bagdad, nous mentionnerons seulement celui du khalife Moktaderbillah, connu sous le nom de Dareschschedschret, *la maison de l'arbre*, situé au milieu d'une vaste enceinte de jardins. Il y avait dans le vestibule, à côté de deux grands bassins, deux arbres en or et en argent, auxquels se rattachaient dix-huit branches principales, de chacune desquelles sortait une infinité de petits rameaux. Sur l'un de ces arbres, étaient des fruits artificiels et des oiseaux dont on avait varié le plumage par une combinaison de pierres précieuses de toutes couleurs, et qui, par un ingénieux mécanisme, faisaient entendre avec le mouvement des branches des chants mélodieux. Sur l'autre arbre, on voyait quinze cavaliers revêtus d'or et chargés de perles, le sabre à la main qui, à un signal donné, se mettaient tous en mouvement. Ce fut dans ce palais que le khalife Moktader donna audience à l'ambassade de l'empereur grec, Théophile, étonné du nombre de ses soldats et de la splendeur de sa cour (1); cent soixante mille hommes étaient échelonnés devant la résidence du khalife. Les pages du palais avaient des ceintures d'or; et sept mille eunuques, dont trois mille blancs et quatre mille noirs, gardaient les entrées du palais. Sept cents chambellans étaient aux pieds du trône; on voyait sur le Tigre une foule de barques et de gondoles dorées, surmontées de pavillons et de flammes de soie; les murs du palais étaient ornés de trente-huit mille tapis, dont douze mille cinq cents entièrement tissus d'or; vingt-deux mille morceaux de riches étoffes couvraient

---

(1) Après J.-C., 918; de l'hégire, 306. — Gibbon, vol. v, p. 420, chap. LII, est trop incomplet; nous avons pris pour guide Aboulféda, v. II, p. 332; Dschihannouma, p. 459 et 478; Goulscheni-Khoulefa et Lari.

les planchers. Enfin cent lions attachés à des chaînes d'or et conduits par leurs guides unissaient leurs rugissemens au bruit des fifres et des tambours, aux sons aigus et éclatans des trompettes et aux coups de tonnerre du tam-tam (1).

L'entrée de la salle d'audience était cachée par un rideau de soie noire, et personne ne pouvait entrer, comme les pélerins à la Mecque, sans avoir préalablement baisé la pierre noire qui formait le seuil (2). Dans une vaste salle, derrière ce rideau, était le trône haut de sept aunes, sur lequel le khalife donnait audience aux ambassadeurs étrangers. Dans ces jours solennels il se revêtait du manteau noir du prophète (Borda), ceignait son épée et tenait dans sa main son bâton au lieu de sceptre. Les ambassadeurs, et même les princes qui recevaient l'investiture, baisaient la terre devant le trône. Ils s'approchaient ensuite accompagnés du visir et d'un interprète, puis étaient congédiés après avoir reçu en présent un habit magnifique (khalaa). Lorsque Togrul-Beg, fondateur de la dynastie des Seldjoukides, reçut l'investiture du khalife Kaïmbiemrillah, il fut ainsi revêtu de sept kaftans d'honneur; on lui donna aussi sept esclaves pris dans les sept royau-

(1) Le Damdama persan, le thantana arabe et le tinnitus latin sont les onomatopées de cette musique.

(2) Mirkhond. — Wassaf. — Goulscheni-Khouléfa.

mes qui formaient le khalifat ; on lui remit en outre deux turbans, deux sabres, deux étendards ; ce qui signifiait qu'il était investi de la souveraineté dans les pays de l'est et de l'ouest (1). La cour de Byzance a copié les usages de celle des khalifes, et l'on en retrouve encore quelques-uns dans le cérémonial des grands empires d'Orient et d'Occident. Théophile, qui rivalisait de magnificence avec le khalife, fit construire à Constantinople un palais sur le modèle de *la maison de l'arbre*, et imita jusqu'à l'arbre en or (2) sur lequel chantaient des oiseaux. Les ambassadeurs des puissances européennes ne furent pas moins étonnés que les Grecs ne l'avaient été à Bagdad. Le cérémonial de la cour du khalife qui fut introduit à Bysance existe aujourd'hui encore à la cour de Constantinople tel que Luitprand nous l'a dépeint. Lorsque le khalife sortait à cheval, il était salué sur son passage par les acclamations du peuple et par de longues bénédictions (3). Les empereurs grecs étaient de même accueillis par les cris de : *Bien des années de vie !* aujourd'hui encore sur le passage des sultans ottomans, on entend ces paroles : *Qu'ils vivent longtemps !* (Tchok-Yascha). Les deux turbans por-

---

(1) Deguignes, v. II, p. 197. — Aboulféda, ad ann. 449.
(2) Continuator Theophanis. — Gibbon, chap. LIII.
(3) Mirkhond. — Wassaf. — Goulscheni-Khoulefa.

rés devant lui lorsqu'il se rend à cheval à la mosquée, sont des emblêmes qui signifient que sa domination s'étend sur l'Europe et l'Asie. Le manteau et le sabre du prophète sont conservés dans le trésor du sérail. De nos jours encore, les princes du Liban et les émirs du Désert portent *la borda*, c'est-à-dire, le manteau noir des princes arabes, qui plus tard fut tissu d'or. Cette couleur passa ensuite dans les livrées des empereurs romains d'Allemagne.

A l'époque qui nous occupe, les forces militaires de l'empire chancelant des khalifes n'étaient plus en rapport avec la splendeur et le luxe des temps glorieux de Moktader. Quoique l'armée fût encore composée de 60,000 cavaliers, commandés par un général en chef, appelé Souleimanschâh, ce nombre était trop faible pour neutraliser les trahisons d'Ibn-Alkami. Celui-ci, pour affaiblir encore la puissance de son maître, proposa dans le divan de diminuer l'armée et d'en congédier une partie, malgré la vigoureuse opposition des quatre autres visirs : Le commandant en chef de l'armée, *le grand Teneur de l'encrier, le petit Teneur de l'encrier*, noms des deux secrétaires d'état, et le premier échanson. Alkami sut tellement endormir le khalife, et dissimuler le danger dont le menaçaient les Mongols, qu'il ne quitta pas un instant ses habitudes voluptueuses. Tandis qu'Houlakou était occupé de la conquête du Kouhistân et de l'extermination des Assassins, il reçut d'Ibn-Alkami une lettre dans laquelle ce visir lui promettait de lui livrer les forteresses et les trésors de la ville des khalifes. Cette trahison rendait sans doute la conquête plus facile ; mais le khan n'ajouta aucune confiance aux paroles du visir. Il n'avait pas encore oublié l'infructueuse tentative qu'il avait faite contre Bagdad. Tschourmaghoun, géralissime de Dschengiskhan, avait été déjà envoyé deux fois contre Bagdad, sous le règne du khalife Naszirledinillah, avec une armée de 124,000 hommes, et, après deux attaques inutiles, avait perdu la plus grande partie de ses troupes. Houlakou prit alors conseil de son visir Naszireddin, auquel il ordonna de consulter les astres. Il était naturel que cet astronome y lût la chûte du khalifat qu'il méditait déjà depuis longtemps. L'animosité d'Ibn-Alkami ravivait incessamment les haines de Naszireddin, et la trahison se combinait avec la vengeance pour amener la perte de Mostaszem.

Houlakou, aussitôt après son arrivée à Hamadan, avait adressé au khalife l'ambassade dont nous avons parlé plus haut, pour lui demander d'envoyer à sa rencontre un des deux secrétaires d'état, le premier échanson ou le généralissime de l'armée, qu'il savait être hostiles à ses projets. Mostaszem fit partir le célèbre orateur Ibn Aldschousi, qui *versa l'huile de son éloquence sur le feu de sa colère*, et revint sans avoir pu accomplir sa mission. Houlakou, furieux, ordonna au général de ses armées, l'émir Sograndschân, de marcher avec quelques troupes contre Erdebil, de leur faire passer le Tigre et de les réunir, à l'ouest de Bagdad, à celles de l'émir Boyandschi, pendant que lui-même partirait de Hamadan. Lorsqu'on annonça au khalife l'approche de l'avant-garde mongole, il envoya à sa rencontre, avec mille cavaliers armés de lances, un de ses plus anciens et de ses plus expérimentés généraux, Fetheddin, auquel il adjoignit le secrétaire d'état Moudscheheddin, un de ses jeunes favoris.

Dans la première rencontre, ils eurent l'avantage sur les Mongols ; toutefois la vieille expérience militaire de Fetheddin voulait temporiser ; mais comme Moudscheheddin, dans sa présomptueuse ardeur, ne cessait de lui prodiguer les noms de lâche et de traître, il donna enfin l'ordre de poursuivre l'ennemi sur le bras occidental du Tigre, nommé Dodschaïl ou le petit Tigre. Fetheddin monta un cheval de peu de prix auquel il fit lier, par des chaînes de fer, les pieds de devant et de derrière, puis il déclara qu'il n'abandonnerait point le champ de bataille ; qu'il voulait y vaincre ou y mourir. La nuit et la fatigue mirent fin au combat, et bientôt elles succombèrent toutes deux à un sommeil que leur épuisement ne leur rendait que trop nécessaire. Mais pendant que les troupes du khalife étaient ensevelies dans le repos, les Mongols percèrent quelques digues, et les eaux du Tigre, en se débordant avec impétuosité, inondèrent le camp ennemi. Les soldats du khalife étaient tellement las et affaiblis, que les ténèbres qui couvrirent alors les eaux leur paraissaient plus épaisses encore qu'elles n'étaient en réalité. Ces paroles du Koran : *ténèbres sur ténèbres et partout ténèbres*, ne purent jamais mieux s'appliquer qu'à cette nuit malheureuse, où les troupes de Mostaszem périrent sous les ondes comme celles de Pharaon. Fetheddin, ce valeureux vieillard dont l'expérience avait voulu détourner le danger, fut submergé, tandis que le jeune et téméraire Moudscheheddin, dont la présomption avait causé ce désastre, s'échappa et vint avec deux ou trois compagnons en apporter la nouvelle. L'amour du khalife pour son favori était si aveugle, il avait si peu de souci de la perte de son armée, qu'en apprenant que, de ses deux généraux, Fetheddin seul avait péri, il s'écria trois fois en remerciant le ciel : *Dieu soit loué, il a sauvé Moudscheheddin*. Lorsque les ennemis se furent avancés jusqu'à Dschebel-hamr, *la mon-*

tagne rouge, à trois journées de marche de Bagdad, il se contenta de répondre à ceux qui l'instruisirent de leur approche : *comment est-il possible qu'ils aient franchi cette montagne ?* Toutes les représentations qu'on lui fit restèrent sans effet ; car, pendant ce temps, le corps d'armée principal des Mongols couvrait la route de Jakouba et était campé sur la rive orientale du Tigre. Alors seulement, le khalife ordonna de fermer les portes de Bagdad, de garnir les remparts de troupes et de se préparer à la résistance; les deux Teneurs de l'encrier conduisirent encore une fois l'élite de l'armée contre l'ennemi ; la bataille dura deux jours avec des succès inégaux; le sang coula par torrens. Le troisième jour, Houlagou défendit aux Mongols de renouveler l'attaque, parce qu'il voulait désormais se contenter de bloquer étroitement la ville. Sur toutes les éminences extérieures, sur les tours et les palais qui dominaient Bagdad, on plaça des tuyaux de fer et des machines de guerre. Les unes lancèrent des rochers qui brisèrent les murailles, les autres, de la naphte qui consuma tous les édifices.

A cette époque, les trois chefs des schérifs ou descendans d'Ali, qui demeuraient à Hellé, sur les bords de l'Euphrate, non loin des ruines de Babylone, envoyèrent offrir à Houlakou leur soumission, et lui firent remettre un écrit qui contenait des plaintes amères sur les injustices dont les khalifes les avaient rendus victimes. Dans cette lettre, ils lui annonçaient que, selon une prédiction que leur avait conservé leur glorieux aïeul, *le lion de Dieu, le sage de la foi, le gendre du prophète* et *le fils d'Ebithaleb*, Ali, le temps de la conquête et de la chûte de Bagdad était arrivé. Houlakou, également satisfait de la soumission de ces descendans du prophète et de leur prédiction, leur répondit avec bonté et ordonna à son général, l'émir Alaeddin, de prendre possession du pays de Hellé, et d'en protéger les habitans contre toute violence.

Le siége de Bagdad durait déjà depuis quarante jours, lorsque Mostaszem convoqua tous les grands de l'empire, en assemblée générale. Ibn-Alkami y parla beaucoup des armées innombrables des Mongols et de l'impossibilité de prolonger encore long-temps la résistance. Il conseilla au khalife de traiter avec Houlakou, qui, disait-il, en voulait bien plus à ses trésors qu'à sa puissance; de donner sa fille en mariage au fils du Mongol, et de demander la fille du Mongol pour son propre fils, afin que cette union réciproque fût un gage d'amitié et de paix entre les deux souverains. Il fut même d'avis que, pour arrêter les bases de cette union, le khalife se rendît en personne au camp d'Houlakou; une pareille démarche aurait, disait-il, pour résultat, d'épargner le sang de plusieurs milliers de ses sujets, de sauver la ville d'une destruction totale et d'affermir la domination du khalife qui, à n'en pas douter, trouverait un puissant appui dans l'alliance d'un si redoutable conquérant.

La frayeur et la pusillanimité de Mostaszem donnèrent un bien grand poids aux conseils perfides de son visir. Il l'envoya d'abord dans le camp ennemi, pour y traiter de la paix aux mêmes conditions que le vainqueur avait déjà offertes à Hamadan; mais Ibn-Alkami rapporta une réponse que, suivant toute apparence, il avait dictée lui-même : « Ce qui était admissible à Hamadan ne l'était » plus aux portes de Bagdad. » Le prince mongol s'était alors contenté de mander près de lui un seul des grands dignitaires de l'empire; mais lorsqu'il fut devant Bagdad, il exigea qu'ils vinssent lui offrir leur soumission tous les quatre, le général en chef de l'armée, Souleïman, les deux Teneurs de l'encrier et le premier échanson.

Le siége continua encore pendant six jours avec un grand acharnement. Le septième, Houlakou fit écrire plusieurs lettres, qui furent attachées à des flèches et jetées dans la ville à six endroits différens. Il permettait aux kadis et aux séides, aux scheikhs et aux imams qui ne portaient pas les armes de se retirer en emportant leurs biens. Un des deux secrétaires d'état, qui désespérait du salut de Bagdad, et plus encore du sien propre, s'embarqua sur le Tigre pour se dérober par la fuite aux malheurs qu'il redoutait; mais, en voulant passer près de Karietol-Akab, il fut arrêté par une division de troupes mongoles qui interceptait toute communication entre Medaïn et Baszra. Trois de ses vaisseaux furent incendiés avec de la naphte, et lui-même fut contraint de rentrer dans la ville. Lorsque le khalife apprit qu'elle était aussi étroitement cernée, il perdit tout espoir, et envoya dans le camp d'Houlakou le fakhreddin Damaghani et Ibn-Derwisch, chargés de lui offrir des présens et de traiter avec lui des conditions de la paix; mais ceux-ci n'ayant pu rien obtenir, il envoya le deuxième jour son fils Aboulfasl-Abdorrahman. Cette seconde tentative ayant été aussi inutile que la première, il fit, le jour suivant, partir son frère Aboulfasl-Aboubekr avec les grands dignitaires et les plus nobles personnages du royaume. Toutes ces ambassades furent également infructueuses, et le visir, qui se rendit ensuite au camp du Mongol avec Ibn-Aldschousi, revint annoncer que la première condition exigée pour la libre sortie du khalife était qu'il livrât Souleimanschâh et les deux Teneurs de l'encrier.

Souleimanschâh et un des secrétaires d'état allèrent trouver Houlakou, munis d'un sauf-conduit qu'on leur avait préalablement délivré; mais le conquérant les renvoya avec l'ordre de ramener avec eux leurs familles et toute leur suite : alors seulement, disait-il, il pourrait les faire partir, soit pour la Syrie, soit pour l'Egypte.

Ceux-ci arrivèrent donc bientôt dans le camp avec un nombreux cortége de troupes, qui saisirent cette occasion pour quitter la ville. On leur assignait déjà les différentes places qu'ils devaient occuper, lorsqu'un des premiers émirs d'Houlakou reçut dans l'œil une flèche qui lui fut lancée par un Indien. Cet accident servit de prétexte aux sanguinaires fureurs du Mongol; il ordonna que l'on fît périr sur-le-champ le secrétaire d'état, et ceux qui l'accompagnaient. Quant à Souleimanschâh et à ses officiers, il les fit charger de chaînes et amener en sa présence. Alors il dit au général : « Comment se fait-il que » toi, qui es si savant dans la science de l'astrolo- » gie, tu n'aies pas prévu que ta dernière heure » était arrivée ? Comment se fait-il que tu n'aies » pas conseillé à ton maître d'épargner, par sa » soumission, ton sang et celui de tant d'autres ? » Souleimanschâh répondit que la mauvaise étoile du khalife l'avait rendu sourd à ses bons conseils. Ils échangèrent ainsi quelques paroles, puis le général fut mis à mort avec ses aides-de-camp. Quelques milliers d'hommes, qui, sur la foi d'un sauf-conduit, s'étaient livrés aux mains du conquérant, furent désarmés et traîtreusement assassinés. On les avait préalablement séparés les uns des autres, sous le prétexte de les envoyer dans différentes contrées.

Lorsqu'après un siége de cinquante jours, Mostaszem vit qu'il ne lui restait plus d'autre moyen de salut que de se remettre entre les mains de son vainqueur, il se rendit au camp mongol avec son frère, ses deux fils et une suite d'environ trois mille personnes, composée de kadis, de séides, de scheikhs et d'imams : ce fut un dimanche, le 4 du mois de dschafer, l'an 656 de l'hégire. Le khalife seulement et les trois princes, son frère et ses deux fils, avec trois personnages de la suite, un sur mille, furent admis à l'audience. Houlakou, pour cacher la perfidie de ses desseins, lui adressa les paroles les plus affectueuses et lui fit l'accueil le plus amical. Il pria le khalife de faire annoncer dans la ville que les habitans armés eussent à déposer leurs armes et à se rendre devant les portes, afin qu'on pût en faire un recensement général. Sur l'ordre de Mostaszem, la ville envoya devant les portes ses défenseurs désarmés, dont on s'assura comme on avait fait de la personne du khalife. Le jour suivant, au lever du soleil, Houlakou donna l'ordre d'abattre les murs, de piller la ville et d'en massacrer les habitans. Alors, suivant l'expression des historiens persans, en une heure on vit un sol nivelé à la place de ces fossés, « *pro-* » *fonds comme les méditations philosophiques les*

» *plus profondes, et ces murs élevés comme*
» *le courage d'une grande âme; l'armée mon-*
» *gole, aussi nombreuse que les fourmis et les sau-*
» *terelles, aplanit les fortifications aussi facile-*
» *ment qu'elle aurait rasé une fourmillière, et se*
» *jeta sur la ville comme une nuée de saute-*
» *relles.* » Les eaux du Tigre se teignirent de sang. Tel fut le Nil, lorsque Moïse changea ses flots en sang, ou du moins, il fut alors aussi rouge que l'est encore aujourd'hui le fleuve de l'Egypte, lorsqu'un phénomène annuel gonfle ses eaux et les rougit par le contact d'une glaise et d'un sable entraîné par les pluies qui tombent à certaines époques sur les montagnes de l'Abyssinie. Nous trouvons ainsi une explication toute naturelle du miracle de Moïse.

La ville fut mise à feu et à sang; les minarets et les dômes des mosquées livrés au flammes ressemblaient de loin à des colonnes de feu, entourées de nuages de fumée; des coupoles des mosquées et des bains, l'or et le plomb fondus coulaient par torrens et communiquaient l'incendie aux bosquets de cyprès et de palmiers parsemés autour de ces édifices. Les créneaux dorés des palais précipités sur cette terre de feu, semblaient *des astres tombés du ciel.* Dans les mausolées, les restes mortels des saints scheikhs et des pieux imams, dans les académies, les ouvrages les plus célèbres de grands et illusrtes écrivains, disparurent sous de monceaux de cendres, et les eaux du Tigre engloutirent ceux qui avaient échappé aux flammes. Après le pillage, une si grande quantité de vaisselle d'or et d'argent tomba entre les mains des ignorans soldats d'Houlakou, qu'ils la vendirent au poids comme du cuivre ou de l'étain ; les richesses que le luxe et l'art des Asiatiques avaient accumulées pendant des siècles dans la ville des khalifes devinrent la proie de ces barbares. Les étoffes d'or de Perse et de Chine, les chevaux arabes, les mulets égyptiens, les esclaves des deux sexes grecs et abyssiniens, les monnaies, les lingots d'or et d'argent, les perles et les pierres précieuses, s'y trouvèrent en telle profusion, que le simple soldat devint plus riche que n'étaient les généraux de l'armée et le khan lui-même ; et cependant on n'avait point encore touché aux trésors que renfermaient les palais de Mostaszem, car le khan se les était réservé. Après quatre jours de pillage, le neuf du mois de safar, il se rendit au palais de Mostaszem, accompagné de son prisonnier ; là Houlakou invoquant devant son hôte, car c'était le nom qu'il se plaisait à lui donner, les droits de l'hospitalité, le pria de lui livrer tout ce qui était en sa possession. Cette hypocrite déférence du Mongol causa au khalife une telle épouvante qu'il se mit à trembler de tous ses membres. Dans sa frayeur, soit qu'il n'eût pas sur lui la clé de son trésor, soit qu'il ne la trouvât pas, il donna ordre de forcer les serrures et de briser les verroux. On en rapporta deux mille habits d'une valeur inestimable, dix mille ducats et un grand nombre de pierres précieuses, que le khan distribua, sans daigner même y jeter les yeux, à ceux qui l'accompagnaient. Il se tourna ensuite vers le khalife et lui dit : « Ces trésors appartiennent désormais à « mes serviteurs, fais-moi livrer maintenant ceux « qui ont été cachés par ton ordre. Mostaszem désigna un endroit sous le plancher ; on y fit des fouilles et on y trouva les deux bassins si célèbres dans l'histoire du khalifat : ils étaient tous deux remplis de lingots d'or, dont chacun pesait cent miskals. La sage économie de Naszirledinillah avait commencé à les remplir; la prodigalité de Mostanzar les avait épuisés, et l'avarice de Mostaszem les avait remplis de nouveau. Nous citerons ici une anecdote qui se trouve dans l'histoire des derniers règnes des khalifes. Lorsque Mostanzar visita pour la première fois ses trésors, il s'écria en priant : » Dieu, mon Seigneur ! accorde-moi » la faveur de vider ces deux bassins dans le » cours de mon règne; » le trésorier de Mostaszem se rappela ces paroles, et dit un jour à son maître : « Lorsque ton aïeul visitait ses trésors, il de- » mandait au ciel la grâce de vivre assez long- » temps pour pouvoir remplir ces deux bassins, » toi, tu formes des vœux contraires. »

Mostanzar employa cet or à d'utiles établissemens qui immortalisèrent sa mémoire, et surtout à la construction de la célèbre académie qui fut appelée de son nom Mostanzarie, ou encore Ommolmedaris, c'est-à-dire *mère des académies ;* l'avare Mostaszem, au contraire, mit toute sa gloire à amasser des monceaux d'or. De pareilles richesses, utilement employées à solder des troupes, ou même à payer des tributs, lui auraient donné assez de force pour sauver son trône et éloigner les Mongols.

La cruauté d'Houlakou réalisa à l'égard de Mostaszem la fable grecque du roi Midas et de ses souhaits. Il fit mettre devant lui sur sa table des assiettes remplies d'or, et, sur l'observation que lui fit le khalife qu'il n'avait encore vu personne manger de l'or, le Mongol lui fit dire par son interprète. » C'est précisément parce
» qu'on ne saurait en manger que je t'en ai fait
» servir ; tu aurais mieux fait de le distribuer
» à tes soldats pour te défendre, ou de le donner
» aux miens pour satisfaire à mes désirs. » Mostaszem se repentit trop tard de son avarice : après une nuit passée sans sommeil, en proie à la faim et aux remords, il prononça pour prière ces paroles du Koran : » Seigneur, mon Dieu, toi qui
» es le dépositaire de toute puissance, tu la
» donnes et la reprends à qui tu veux, tu élèves
» et tu abaisses qui il te plait, dans ta main est

» le bonheur, et tu es puissant par dessus toutes
» choses. » Le khan tint conseil avec ses ministres pour délibérer sur le sort du khalife : il fut résolu à l'unanimité, que lui laisser une vie désormais de peu de durée, serait répandre pour l'avenir des semences de guerre et de révolte, et que sa mort pouvait seule mettre fin à la puissance du khalifat ; son arrêt fut donc prononcé ; mais comme Houlakou crut se rendre coupable en le faisant mourir comme un malfaiteur vulgaire, et en versant par le glaive le sang d'un successeur du prophète, on l'enveloppa dans un sac de toile; puis on le fit mourir sous le bâton. Tel est le respect religieux des Orientaux pour les personnes sacrées, que les formes consacrées par les usages de l'Orient s'observent jusque dans l'exécution d'un souverain. Cette vénération a été de tout temps poussée à un tel degré, que les princes ottomans, lorsqu'ils périssent dans une révolte, ne sont point étranglés : on les fait mourir ne leur écrasant les parties sexuelles.

Le sac et le pillage de Bagdad, commencé quatre jours avant la mort du khalife, se prolongea encore quarante jours; alors le feu ne trouva plus d'aliment et la fatigue fit tomber les armes des mains des vainqueurs. Quand même on ferait la part des horreurs qui se commettent habituellement dans toutes les villes prises d'assaut, quand même on pardonnerait l'oubli de toutes les lois de l'humanité, il resterait encore pour l'historien le devoir impérieux de stigmatiser par une réprobative commémoration la conquête de Bagdad par les Mongols ; il n'élèvera pas la voix pour se plaindre de l'incendie des mosquées, de la violation sacrilège des mausolées et du pillage de tant de trésors; il pourra voir avec indifférence la perte de tant de monceaux d'or et d'argent qui sillonaient Bagdad en laves brûlantes, la ruine *du rempart des remparts du salut*, et même la chute du trône des khalifes ; mais il regrettera à jamais la destruction des bibliothèques et de tant de myriades de volumes consumés dans les flammes. Là, étaient les trésors de la littérature arabe, accumulés depuis près de six cents ans, et les auteurs persans qui avaient pu échapper au désastre de Medaïn. Le deuxième khalife avait, comme nous l'avons vu, ordonné à ses lieutenans de brûler en Egypte la bibliothèque d'Alexandrie, et de jeter dans le Tigre celle de Medaïn, résidence du roi persan Khosroès. C'est en vain que quelques historiens d'Europe ont voulu laver Omar de ce crime de lèse-littérature, (beleidigter litterature.) il n'en reste pas moins accusé d'avoir privé le monde savant des trésors accumulés dans ces deux bibliothèques par les Grecs et les Persans. Cinq siècles auparavant, ces bibliothèques avaient été détruites par les Arabes, dans l'espace de deux ans; deux ans suffirent à la barbarie des Mongols pour faire disparaître celles d'Alamout et de Bagdad. A ce double incendie, il faut encore ajouter dans le même siècle, ceux des immenses bibliothèques de Tripoli, de Nischabour et du Caire. La réunion des sept planètes dans un seul signe du zodiaque, phénomène qui a fait prophétiser à quelques astronomes un déluge ou un incendie général, peut, ce semble, s'appliquer avec raison à l'invasion des Mongols et à l'anéantissement des bibliothèques.

Ici nous croyons devoir ajouter encore quelques mots sur la destinée des deux visirs qui furent aussi célèbres par leurs grands talens que par leur abominable trahison. Naszireddin, qui avait préparé la chûte du khalifat et amené celle de l'Ordre des Assassins, construisit, après la conquête de Bagdad, le fameux observatoire de Meragha, et publia ses *Tables astronomiques*. Ces deux monumens, qui suffisent pour éterniser la mémoire d'Houlakou, rendirent le nom de Naszireddin immortel dans l'histoire de l'astronomie. Ibn-Alkami, le poète, n'eut, au lieu de la récompense qu'il attendait, que le châtiment des traîtres. Devenu l'objet du mépris des Mongols eux-mêmes, il mourut peu de temps après l'horrible massacre des habitans de Bagdad, de repentir et de désespoir. Ceux qui avaient survécu écrivirent en lettres majuscules au dessus de toutes les portes des karavansérails et des écoles : « *Que la malédiction de Dieu tombe sur celui qui ne maudit point Ibn-Alkami!* » Un de partisans du traitre, un schiite, qui avait effacé la négation sur une de ces inscriptions, fut puni de soixante-dix coups de bâton. Le nom d'Ibn-Alkami est aussi intimement lié à l'histoire de la chûte de l'Ordre des Assassins et à celle du khalifat que celui de Naszireddin.

La conquête de Bagdad nous a presque fait perdre de vue l'histoire des Assassins; mais l'importance du sujet et sa coïncidence avec la fin de la domination ismaïlite, dont la chûte a préparé celle du khalifat, nous prescrivaient impérieusement cette digression.

Après la démolition des forts de l'Ordre, tant dans le Roudbâr qua dans le Kouhistân, ce qui restait des Ismaïlites se maintint encore pendant quatorze ans dans les montagnes de la Syrie, contre les armées des Mongols, des Francs et du sultan égyptien Bibars, un des plus grands princes des Mamelouks égyptiens venus de la Tschercassie (1). Ce prince aimait trop le pouvoir pour consentir à le partager, du moins dans son pays, avec le reste des Assassins chassés des montagnes de la Perse. Sous son règne, des navires francs et arabes, ayant à leur bord des

---

(1) Après J.-C., 1165; de l'hégire, 664.

ambassadeurs, entrèrent dans les ports de l'E-gypte. Des princes chrétiens et moslimins, tels que l'empereur d'Allemagne, Alphonse d'Aragon, le gouverneur de l'Yémen et d'autres, ne cessèrent d'envoyer de riches présens aux Ismaïlites de la Syrie. Bibars, pour montrer combien l'Ordre lui inspirait peu de crainte, leva sur tous ces présens l'impôt ordinaire, et adressa aux prieurs de cette province une proclamation pleine de reproches et de menaces. Ceux-ci, effrayés et encore sous le poids des malheurs qu'ils venaient d'essuyer en Perse, protestèrent de leur soumission, et même prièrent le sultan « de ne point les oublier dans la paix qu'il al- » lait conclure avec les Francs, et de les com- » prendre dans le traité, pour marque de la » haute protection qu'il leur accordait, à eux, » ses esclaves. » En effet, Bibars, qui, dans le cours de cette année, signait la paix avec les chevaliers Hospitaliers, stipula comme une des premières conditions l'abolition du tribut payé jusqu'alors par les Ismaïlites. Ceux-ci, reconnaissans, lui envoyèrent l'année suivante des ambassadeurs chargés de lui offrir une somme d'argent considérable, et de lui dire : « Que l'or qu'ils » avaient payé jusqu'à ce jour aux Francs coule- » rait désormais dans son trésor, et servirait à » solder les défenseurs de la véritable foi (1). »

(1) Macrisi, dans le liv e des Sectes. — Ibn-Forat.

Lorsque trois années plus tard (1), Bibars pénétra en Syrie pour marcher contre les Francs, les commandans des villes vinrent à sa rencontre lui prêter serment de fidélité. Nedschmeddin seul, alors Grand-maître des Assassins, au lieu de suivre leur exemple, demanda impérieusement la diminution du tribut : il fut dépouillé de ses fonctions. Sareméddin-Mobarek, gouverneur de la forteresse ismaïlite d'Alika, avait jadis attiré sur lui la colère de Bibars. Après avoir obtenu son pardon par la médiation du commandant de Sihïoun, ou, suivant d'autres, de celui de Hama, il vint avec une suite nombreuse pour faire sa soumission au sultan, qui le reçut avec honneur et le combla de bienfaits. Il lui fit délivrer aussitôt le diplôme de la nouvelle charge qu'il venait de lui conférer, celle de commandant-général de tous les châteaux forts que possédaient les Ismaïlites en Syrie. La forteresse de Masziat devait également appartenir au sultan et avoir pour gouverneur l'émir Aseddin. Conformément aux ordres qu'il venait de recevoir, Saremeddin se rendit sous les murs de cette place, s'en empara par ruse et fit un effroyable carnage des habitans. Nedschmeddin, alors Grand-maître, âgé de quatre-vingt-dix ans, et son fils, implorèrent la clémence du sultan, qui, dans sa pitié, voulut bien restituer à ce vieillard son gouver-

(1) Après J.-C., 1269; de l'hégire, 668.

nement, mais sous la condition que désormais il partagerait l'autorité avec Saremeddin, et paierait un tribut annuel de 120,000 drachmes. Bibars, après avoir demandé à Saremeddin deux mille pièces d'or, se retira, emmenant avec lui à sa cour Schemseddin, fils de Nedschmeddin, comme gage de l'obéissance et de la fidélité de son père (1).

Sur ces entrefaites, Saremeddin s'était mis en possession de Masziat et en avait chassé Aseddin, qui y commandait au nom du maître de l'Égypte; mais, trop faible pour opposer une longue résistance aux troupes de Bibars qui s'avançaient en toute hâte, il s'était jeté dans le fort d'Alika. Ce fut alors qu'Aseddin quitta Damas, où il s'était réfugié, et revint à Masziat, dont il fut remis en possession par l'armée du sultan, qui y mit garnison, et donna même à cet émir une garde pour sa sûreté. Malik-Manszour, prince de Hama, chargé d'investir Aseddin du commandement et de déposer Saremeddin, s'empara de la personne de ce dernier et le mena devant Bibars, qui le fit jeter en prison. Le neuvième jour du mois de schawal, la forteresse d'Alika tomba au pouvoir de l'armée égyptienne.

Le sultan, qui avait rendu à Nedschmeddin, Grand-prieur d'alors (2), le commandement des

---

(1) Macrisi, Ibn-Forat.
(2) M. de Hammer donne à la fois à Nedschmeddin le titre

forts ismaïlites en Syrie (1), retenait toutefois Schemseddin auprès de lui comme gage de la fidélité de son père. Nedschmeddin, ayant appris que Bibars soupçonnait ses intentions, vint lui-même à la cour, et offrit de livrer tous ses châteaux et de vivre à l'avenir en Egypte. L'offre fut agréée, et Schemseddin partit pour Kehef, afin d'engager les habitans à se soumettre dans le délai de vingt jours. Le terme étant expiré sans qu'on le vît reparaître, le sultan le somma par une lettre d'exécuter sa promesse. Schemseddin demanda qu'on lui laissât seulement le château de Kolaia. Bibars y consentit, et chargea Aalem-eddin-Sandschar, juge de Homs, d'aller recevoir les clés de Kehef et le serment de fidélité de Schemseddin; mais les habitans, secrètement excités par ce dernier, fermèrent leurs portes au délégué du sultan.

Après une seconde tentative également infructueuse, Bibars fit mettre le siége devant le château. Alors Schemseddin quitta Kehef et alla trouver le prince égyptien, qui avait assis son

de Grand-maître et celui de Grand-prieur. Il n'a plus maintenant aucune importance, car l'Ordre, à proprement parler, n'existe plus depuis la mort de Rokneddin-Karschâh, septième et dernier Grand-maître. Comme Nedschmeddin commandait seul à cette époque les débris des Ismaïlites, il devient dès-lors indifférent de le désigner sous l'une ou l'autre de ces dénominations.

(1) Après J.-C. 1270; de l'hégire, 669.

camp devant Hama. Celui-ci le reçut avec bonté, mais lorsqu'il eut appris que les habitans de Kehef avaient envoyé dans son camp des assassins pour tuer les premiers de ses émirs, il donna aussitôt l'ordre de s'emparer de Schemseddin et de toute sa suite, et de les conduire en Egypte. Deux membres de l'Ordre qui avaient invité leurs parens renfermés dans le fort de Khawabi à se soumettre au sultan furent massacrés à Sarmin. D'heureuses intrigues amenèrent la reddition de Kehef en même temps que la force des armes fit tomber au pouvoir de Bibars la forteresse de Kolaia; et l'année suivante, les forts de Menifa et de Kadmus. Les habitans de Kehef voulaient opposer une plus longue résistance; mais lorsqu'ils se virent serrés de près et privés de tout secours, ils remirent au sultan les clés de la ville, et l'émir Dschemaleddin-Akonsza y fit son entrée le 22 du mois de silvidé. Dès ce moment Bibars, maître de tous les forts et châteaux que les Ismaïlites avaient possédés jusqu'alors, démolit leurs forteresses et détruisit leur domination en Syrie, comme avant lui Houlakou l'avait fait en Perse. Après Masziat, résidence du Grand-maître, la place la plus forte était, dans les derniers temps, le château de Schoiun, situé sur un rocher, abondamment pourvu d'eau (1),

(1) Dschihannouma.

à peu près à un jour de marche de Latakia, illustré d'ailleurs par les exploits de son gouverneur Hamsa, un des héros des Ismaïlites de Syrie. Il ne faut pas confondre ce Hamsa avec son homonyme le compagnon du prophète et l'un des plus vaillans héros de l'islamisme, ni avec un autre Hamsa, fondateur de la religion des Druses. Les nombreux combats et les entreprises des Assassins, leur courageuse résistance aux armées des croisés et à celles de Bibars, enfin les aventures et les incidens presque fabuleux dont est remplie toute leur histoire, ont été pour la foule des romanciers et des conteurs syriens une source féconde où ils ont abondamment puisé.

C'est alors que parurent les Hamsaname ou Hamsiades (1), espèces de romans chevaleresques auxquels les ouvrages d'Antar, de Doulhimmet, de Benihilal et d'autres auteurs égyptiens, avaient servi de modèle. Après la conquête de la Syrie par les Ottomans, le récit des aventures de Hamsa, de la bouche des conteurs arabes et des *orateurs de café* (kaffehausredner), passa chez les Turcs et servit de texte aux romans. Comme autrefois les exploits de Sid-Battal (Cid et campador), le Cid proprement dit des Orientaux, héros arabe qui succomba dans une bataille contre les Grecs, lors du siége de Constantinople par Haroun-al-

___
(1) Dschihannouma, p. 590.

Raschid (1). Le tombeau du Sid, dans le Sandschak-Sultanoeghi d'Anatolie, est encore aujourd'hui un lieu de pélerinage très fréquenté. Le Le sultan Souleïman le législateur, ajouta encore à sa célébrité par la pieuse fondation d'une mosquée, d'un couvent et d'une académie (2).

Masziat fut pris, Alika ensuite, et, deux ans après, Kahaf, Mainoka, Kadmos et les autres forteresses de l'Anti-Liban.

La puissance des Ismaïlites était détruite, les châteaux forts du Grand-maître du Roudbâr, ceux des Grand-prieurs du Kouhistân et de la Syrie avaient été conquis, leurs troupes massacrées et dispersées, et leur doctrine publiquement condamnée. Toutefois, elle fut encore enseignée en secret; l'Ordre des Assassins, comme celui des Jésuites, subsista long-temps encore après avoir été supprimé, surtout dans le Kouhistân, province hérissée de montagnes et peu favorable aux recherches des persécuteurs. L'histoire des croisades fait mention d'une dernière tentative d'assassinat dirigée contre saint Louis; mais les écrivains français ont déjà montré que cette hypothèse n'avait aucun fondement (3).

(1) Après J.-C., 922; de l'hégire, 379.
(2) Dschihannouma, p. 642.
(3) Eclaircissemens sur quelques circonstances de l'histoire du Vieux de la montagne, prince des Assassins. Mém. de l'Acad. des inscript., XVI, p. 163. V. la pièce justificative G. à la fin du volume.

Enfin, la secte disparut totalement du Kouhistân, soixante-dix ans après la conquête d'Alamout et celle de Bagdad, sous le règne du huitième successeur d'Houlakou, Abou-Saïd-Behadirkhan, protecteur éclairé des sciences, auquel Wassaf a dédié sa magnifique histoire. Abou-Saïd, de concert avec Schâh-Ali-Sedschistân, gouverneur du Kouhistân, envoya dans ce pays une ambassade à laquelle il confia la mission d'effacer toutes les traces de l'hérésie, et de convertir ce qui restait encore d'impies et de mécréans. Parmi les théologiens zélés qui devaient servir de missionnaires, se trouvait le scheikh-Amadeddin, surnommé aussi Bokhara, l'un des jurisconsultes les plus distingués de son époque. Son petit-fils, Dschelali-Nassaiholmolouk, dans l'ouvrage intitulé *Conseils aux rois*, composé pour le sultan Scharakh, fils de Timour, raconte l'histoire de cette mission ; il l'avait apprise de son père, qui lui-même avait suivi Bokhara dans le Kouhistân.

Amadeddin, ses deux fils, Hossameddin et Nedschmeddin, père de Dschelali, ainsi que quatre ulémas, en tout sept personnes, se rendirent à Kaïn, principale résidence des Ismaïlites, où, depuis Hassan II, les mosquées étaient tombées en ruines, et les fondations pieuses

---

(1) Nassaiholmolouk-Dschelali, dans la bibliothèque impériale de Vienne, n. 163.

confisquées au profit de l'état. La parole du Koran n'y était plus enseignée dans les chaires, et on n'entendait plus les crieurs appeler du haut des minarets les fidèles à la prière.

Le premier devoir de l'islamisme consiste à réciter cinq fois les prières, et c'est faire preuve de la ferveur de sa croyance que d'exhorter les autres à remplir ce devoir. Amadeddin résolut donc de commencer ainsi sa mission ; c'est pourquoi il se rendit en armes et avec les six compagnons de son apostolat sur la terrasse du château de Kaïn, du haut de laquelle ils se mirent à crier en même temps de quatre points opposés : *Dieu est grand; il n'y a pas d'autre Dieu que Dieu, et Mahomet est son prophète ! Récitez vos prières, faites le bien !* Les habitans du fort, entendant ces paroles étranges, coururent à la Mosquée pour chasser les missionnaires d'Abou-Saïd. Bien que ceux-ci eussent eu la prévoyance de s'armer, ils ne jugèrent pas à propos de combattre et d'échanger leur vie contre la couronne du martyre ; ils s'enfuirent vers un égoût et s'y cachèrent. Aussitôt que la multitude se fut dispersée, ils montèrent de nouveau sur la terrasse, répétèrent leurs exhortations, et une seconde fois se réfugièrent dans l'égoût. C'est ainsi que leur zèle opiniâtre, appuyé ensuite des forces du gouverneur, parvint à habituer ces oreilles rebelles aux formules de l'invocation, puis à la prière même, et la vraie semence de l'islamisme refleurit dans le champ de l'impiété (1).

Pendant que la sagesse politique d'Abou-Saïd s'efforçait d'anéantir en Perse les doctrines ismaïlites, elles se propageaient toujours en Syrie. Dans l'origine, elles avaient servi d'instrument aux vues ambitieuses des Fatémites; ce furent les sultans tschercassiens d'Égypte qui recueillirent les derniers fruits de cette politique meurtrière. Si des ennemis résistaient à leurs armes, ils s'en débarrassaient par le poignard. Nous trouvons un exemple mémorable de ce système d'assassinats dans l'histoire de l'émir Kara-Sonkor, qui avait quitté la cour du sultan d'Égypte et avait pris du service à celle du khan des Mongols. Deux ans après qu'Abou-Saïd eût envoyé dans le Kouhistân le savant Dschelali, dont nous avons déjà parlé (2), le sultan d'Égypte, Mohammed, fils de Bibars, fit partir de Masziat pour la Perse trente meurtriers qui devaient immoler à sa vengeance l'émir Kara-Sonkor. Ils vinrent tous à Tebris, où le premier fut mis en pièces, avant d'avoir pu exécuter son criminel dessein. Alors le bruit se répandit qu'il était venu des assassins pour tuer le khan Abou-Saïd, l'émir Dschoubân, le visir Alischâh et tous les Mongols de distinction. Une

(1) Nassaiholmolouk.
(2) Après J.-C., 1326; de l'hégire, 720.

seconde tentative contre Kara-Sonkor n'eut pas plus de succès que la première. Elle fut renouvelée à Bagdad, contre lui et contre Abou-Saïd, qui eut la prudence de se tenir pendant onze jours enfermé dans sa tente. Le sultan égyptien Mohammed, opiniâtre dans ses projets de vengeance, donna une somme considérable à un marchand nommé Jounis, pour soudoyer, à Tebris, de nouveaux assassins. Celui-ci en fit venir de Masziat, les cacha dans sa propre maison, et les y traita avec munificence. Un jour que l'émir Dschoubân sortait, accompagné des émirs Kara-Sonkor et Afrem, deux meurtriers guettèrent le moment favorable de les égorger. Le premier qui se jeta avec trop de précipitation sur l'émir Afrem, au lieu de lui percer le cœur, ne fit que déchirer son manteau, et fut mis en pièces sur la place. L'autre alors ne jugea pas prudent de s'approcher de Kara-Sonkor.

On fit des recherches dans les Foundouks (Fondaehi) de Tebris, pour découvrir la retraite des Assassins; le marchand Jounis fut même arrêté, et ne dut la vie qu'à la protection du visir. Les deux émirs prirent dès-lors toutes les mesures nécessaires à leur salut. Un valet de chambre de Kara-Sonkor, natif de Masziat, parcourut tout Tebris pour rencontrer celui qui avait dû poignarder son maître, et le trouva enfin dans son propre frère. Cet homme se laissa gagner par les présens de l'émir ; il reçut cent pièces d'or et une pension mensuelle de 300 dirhems, et trahit ses compagnons. L'un d'eux prit la fuite, un second se tua, un troisième périt au milieu des tortures sans faire aucune révélation. Cependant les meurtriers que l'on avait envoyé à Bagdad réussissaient mieux que ceux de Tebris. L'un d'eux se jeta sur le gouverneur au moment où il descendait de cheval, lui enfonça son poignard dans le cœur en disant : C'est au nom de Melik Naszir ; et s'enfuit à Masziat avec tant de rapidité qu'on ne put l'atteindre. De cette forteresse, il annonça au sultan Mohammed la mort du gouverneur (1). Les émirs Dschoubân et Kara-Sonkor redoublèrent de vigilance, et, au moyen de l'ismaïlite qu'ils avaient à leur solde, ils en découvrirent quatre autres qui furent exécutés sur-le-champ. Nedschmeddin-Selami, que le sultan Mohammed avait envoyé comme ambassadeur auprès du khan Abou-Saïd, s'insinua dans les bonnes grâces de l'émir Dschoubân et du visir ; il annonça la mort des quatre assassins à son maître, qui aussitôt en envoya quatre autres. Trois d'entre eux, découverts et saisis, périrent au milieu des tortures ; heureusement pour Selami, le quatrième, qui portait la lettre du sultan à son ambassadeur, s'enfuit à Masziat, d'où il écrivit à Mohammed.

(1) Macrisi, dans le livre des sectes. — Aboulféda.

Selami continua si habilement ses négociations avec l'émir Dschoubân et le visir Alischâh qu'ils firent la paix avec le sultan, sous la condition qu'il n'enverrait plus d'assassins dans leur pays. Kara-Sonkor n'en fut pas moins attaqué de nouveau à la chasse, par un meurtrier qui frappa à la cuisse seulement son cheval, et fut massacré à l'instant par les gardes de l'émir. Au nombre de ceux qui formaient le cortége de l'émir Itmasch, second envoyé de Mohammed, à la cour d'Abou-Saïd, se trouvaient deux Assassins; l'un se perça de son poignard, l'autre chargé de chaînes, fut exécuté après qu'on eut tenté vainement de lui arracher quelques aveux. Dschoubân, voyant que le sultan se jouait aussi indignement de la foi des traités, en fit de vifs reproches à l'émir Itmasch; celui-ci répondit, que s'il y avait eu réellement des Assassins parmi les gens de sa suite, c'est qu'ils se trouvaient à Tébris avant la signature du traité. Lorsqu'Itmasch et Selami furent de retour au Caire vers le sultan leur maître, celui-ci écrivit aux Ismaïlites de Masziat, pour se plaindre du mauvais succès de la mission dont ils étaient chargés. Ils envoyèrent alors un de leurs meilleurs compagnons, (réwafis), grand mangeur, qui tous les jours dévorait un veau et buvait quarante mesures de vin. Après être resté quelque temps au Caire, dans la maison de Kerimeddin, il entra dans la suite de Selami, qui se rendait comme ambassadeur, avec des présens auprès d'Abou-Saïd, à la cour du grand Khan des Mongols. A la fête du Baîram, les émirs présentaient leurs hommages au Khan; on donnait un grand festin dans le palais; Kara-Sonkor devait sortir le premier, avant les autres émirs; et l'assassin devait à ce moment lui donner le coup mortel. Par un hasard singulier, le visir rappela Kara-Sonkor, ou moment où il dépassait la porte du palais, et ce fut le gouverneur de Roum, vêtu de rouge comme Kara-Sonkor, qui reçut les coups de l'ismaïlite. On l'arrêta; mais il garda un silence obstiné au milieu des plus cruels supplices. Les assassins se succédèrent les uns aux autres, dociles instrumens de la vengeance du sultan; mais Kara-sonkor eut le bonheur d'échapper toujours à leurs tentatives multipliées. Si l'on doit ajouter foi au témoignage de Macrisi, cent vingt-quatre assassins perdirent la vie en essayant d'attenter à celle de l'émir.

Trois générations après la mission d'Abou-Saïd, le Kouhistân était revenu, extérieurement du moins, à la pratique de la vraie foi; le sultan Schahrakh, fils de Timour, y envoya Dschelali, petit fils d'Amadeddin. Celui-ci, était de Kaïn, mais comme il se tenait habituellement à Herat, il avait pris les surnoms d'Alkaïni et d'Alherati. Ses instructions lui ordonnaient de reconnaître l'état religieux de cette province. Dschelali se sentait d'autant plus porté à remplir cette mission inquisitoriale, que son grand père l'avait remplie autrefois ; le prophète lui était même apparu en songe, et lui avait mis dans la main un balai, avec lequel il devait retourner dans le pays. Dschelali vit dans ce rêve un avis du ciel, et se regarda dès-lors, comme destiné à *balayer* les souillures de l'incrédulité. Il remplit toute l'étendue de son mandat avec un zèle consciencieux et une tolérance ordinairement peu habituelle aux sectateurs de l'islamisme. Dans son ouvrage intitulé *Conseils aux rois*, que nous avons cité plus haut, il rend compte au sultan Schahrakh de sa mission, et donne des éclaircissemens tirés de l'histoire de Dschowaïni, du Dschihankouscha, ou *le conquérant de monde,* sur la politique secrète des Ismaïlites qui n'étaient pas encore convertis. En onze mois, Dschelali parcourut tout le Kouhistân ; il y trouva que les docteurs de la loi (ulémas) étaient orthodoxes et véritables sunnites ; que les paysans, les marchands, les ouvriers, étaient d'excellens moslimins ; que les émirs de Tabs et de Schirkouh, étaient aussi dans la bonne doctrine ; mais qu'il fallait observer avec défiance, les commandans des autres forteresses, les employés, (*Bedschian*) ; les derviches prétendus sofi (mystiques), et les seides (descendans du prophète).

Quoique le peuple fût assez scrupuleux obserservateur des véritables doctrines de l'islamisme, l'ordre des Ismaïlites, long-temps après la perte de son existence politique, s'agitait encore en secret dans l'espoir que des circonstances plus favorables, lui permettraient un jour de la recouvrer. Ils n'osaient plus, il est vrai, se défaire de leurs ennemis à coups de poignards, mais, fidèles aux anciennes habitudes de leur politique, ils cherchaient toujours à s'immiscer dans les affaires des gouvernemens, tâchaient surtout de se faire des prosélytes parmi les membres du divan, ainsi que d'étouffer dans leur naissance les plaintes ou les rapports auxquels aurait donné lieu la propagation de leur doctrine secrète. C'est pourquoi l'auteur du Dschihankouscha, aussi bien que celui du Siassetolmolouk (l'art de gouverner, ou politique des rois), donnent aux princes le conseil de n'accorder aucune charge à ceux des habitans du Kouhistân qui leur inspireraient les plus faibles soupçons. Les Ismaïlites placés dans les administrations financières ne restaient jamais en arrière de leurs paiemens, de telle sorte que le trésor n'avait jamais à diriger contre eux aucune poursuite; ils rançonnaient les villages qu'ils avaient pris à ferme, et l'excédant des contributions était envoyé aux chefs secrets, qui résidaient toujours à Alamout, point central de l'ancienne domination de l'Ordre. C'était là que se portait une partie du revenu des fondations pieuses, destiné à l'entretien des mosquées et des écoles, et à celui des serviteurs de la religion.

Les débris de l'Ordre des Ismaïlites se sont maintenus jusqu'à ce jour en Perse et en Syrie (1). Mais uniquement comme une des nombreuses sectes d'hérétiques, qui se sont élevées du sein de l'islamisme, sans prétention au pouvoir, sans moyen de recouvrer leur influence passée, dont du reste il paraissent avoir perdu le souvenir. La politique révolutionnaire, et la doctrine mystérieuse de la première loge des Ismaïlites, ainsi que la meurtrière tactique des Assassins leur sont également étrangères; leurs écrits sont un mélange informe de traditions empruntées à l'islamisme et au christianisme, et de toutes les folies de la théologie mystique (2). Il habitent ainsi que leurs ancêtres en Perse et en Syrie, les montagnes de l'Irak et le pied de l'Anti-Liban; les Ismaïlites de l'Irak reconnaissent pour leur chef suprême un Imam, qui tire son origine d'Ismaïl, fils de Dschafer Sadik, et qui réside sous la protection du schâh à Khekh village sur le territoire de

___

(1) Mémoire sur les Ismaélis et Nosaïris de Syrie, adressé à M. Sylvestre de Sacy, par M. Rousseau. — Annales des Voyages cahier XLII.

(2) Extrait d'un livre des Ismaélis, pour faire suite au Mémoire sur les Nosaïris et Ismaélis. — Annales des Voyages, LII. — V. la pièce justificative F à la fin du volume.

Roum. Comme d'après la doctrine des Ismaïlites l'imam est un rayon incarné de la divinité, l'imam de Khekh a encore aujourd'hui la renommée de faire des miracles, et les Ismaïlites, dont quelques uns sont dispersés jusque dans l'Inde, vont en pélerinage, des bords du Gange et de l'Indus, pour recevoir à Khekh la bénédiction de leur Imam. Les forteresses du district de Roudbâr, dans la montagne de Kouhkassân, principalement dans les environs d'Alamout, sont encore occupées par des Ismaïlites, qui, s'il en faut croire les voyageurs les plus modernes, y sont connus sous la dénomination générale d'Hosseinis (1).

Les Ismaïlites de Syrie, habitent dix-huit villages dispersés autour de Masziat, autrefois le siége de leur domination, et obéissent à un scheikh ou émir nommé par le gouverneur de Hamah. L'émir, revêtu d'une pelisse d'honneur, prend l'engagement d'envoyer à Hamah, tous les ans, la somme de seize mille cinq cents piastres; ses sujets se divisent en deux classes, les Souweidani et les Khisréwi. Ils sont ainsi appelés, ceux-là du nom d'un de leurs anciens scheikhs, ceux-ci à cause de leur vénération particulière pour le prophète Khiser (Elias,) le gardien de la source de vie. Les premiers, qui sont en bien plus petit

---

(1) A Topographical Mémoir on Persia.

nombre, habitent spécialement à Feudara un des dix-huit villages dont nous avons parlé : c'est une dépendance de la juridiction de Masziat. Trois milles à l'est de cette forteresse, est un château fort, dont le nom se prononce Kalamous, mais qui, suivant toute apparence n'est pas autre que le Kadmos des historiens et des géographes arabes. Delà descend jusqu'à la mer vers Tripoli une chaîne de montagnes. Ce n'est qu'en 1809 que les Nosaïris, voisins et ennemis des Ismaïlites, s'emparèrent par trahison de Masziat leur principale forteresse. Elle fut livrée au pillage et les habitans massacrés; le produit du butin fut évalué à plus d'un million de piastres.

Le gouverneur de Hamah ne laissa pas sans vengeance cette coupable entreprise des Nosaïris : la forteresse fut assiégée, prise et rendue à ses anciens maîtres. Les Ismaïlites n'en ont pas moins perdu toute existence politique; au-dehors, ils observent avec une rigoureuse fidélité tous les devoirs de l'islamisme; bien que dans leur intérieur ils ne se fassent aucun scrupule de les violer. Ils croient à la divinité d'Ali, à la lumière incréée, comme principe de toutes choses créées, et au scheikh-Raschideddin, Grand-prieur de l'Ordre en Syrie, contemporain de Hassan II, comme au dernier représentant de Dieu sur la terre. Outre les Nosaïris, nous mentionnerons encore, en passant, les Motewellis et les Druses, voisins des Ismaïlites de la Syrie. Ces trois sectes, par leur incrédulité et leur mépris de toutes les lois, étaient également abominables aux yeux des moslimins. Leur doctrine s'accorde sur beaucoup de points avec celle des Ismaïlites, et leurs chefs étaient animés du même esprit de fanatisme et d'impiété. L'origine des Nosaïris et des Druses, est plus ancienne que celle des Ismaïlites de l'est; car les premiers qui sont une branche des Karmathites, avaient déjà paru sous ce nom en Syrie, dès le cinquième siècle de l'hégire, tandis que les seconds reçurent leurs lois d'un missionnaire de Hamsa, nommé Hakembiemrillah, qui venait de la loge du Caire. Tous croient à l'incorporation de la divinité dans Ali; les Ismaïlites de l'est reconnaissent enoutre Hakembiemrillah, le plus insensé des tyrans, comme un dieu fait homme. Tous enfin, s'affranchissent également des devoirs de l'islamisme, ou les observent seulement en apparence, et tiennent la nuit des assemblées secrètes qui, s'il faut en croire les moslimins, sont de véritables orgies, où l'on s'abannonne à la débauche et à tous les plaisirs des sens. L'origine des Motewellis est, ainsi que leur doctrine, moins connue que celle des Nosaïris et des Druses. Ils tirent leur nom du mot corrompu de Motewilin, *les commentateurs*: on peut ainsi soupçonner que c'est une secte des Ismaïlites, qui enseignait le Tevil, ou l'interprétation allégorique des devoirs de l'islamisme, par opposition au Tensil, qui n'est que la lettre positive des paroles envoyées par Dieu, et où tous les vrais croyans doivent puiser la règle de leur conduite (1).

Le reproche d'immoralité qui a été fait à ces sectes en général, peut s'appliquer avec beaucoup plus de raison aux Motewellis, qu'à leurs voisins, dont nous avons déjà parlé plus haut. Car les habitans du village de Martaban, sur la route de Ladakia à Haleb, qui se disputaient l'honneur d'offrir aux voyageurs leurs femmes et leurs filles, et considèrent un refus comme une injure, sont des Motewellis (2). Quelques tribus de Kurdes syriens et assyriens ont encore une plus mauvaise renommée que les Ismaïlites, les Motewellis, les Nosairis et les Druses. On les nomme Jezidi, parce qu'ils partagent leur vénération entre le démon et Jezid, khalife ommiade, un des persécuteurs les plus acharnés de la famille du prophète, loin de les maudire l'un et l'autre, comme le font le reste des moslimins. Leur scheikh s'appelle Karabasch, c'est-à-dire, *tête noire*, parce qu'il roule autour de sa tête une écharpe noire. Leur fondateur est le scheikh Hadi, qui, d'après leur croyance, avait prié, jeûné et répandu des aumônes pour tous les disciples à venir; aussi pensaient-

---

(1) de Tevil et Tensil, autore Sylvestre de Sacy, in novis Commentariis societatis Gœttingensis.

(2) Volney, Voyages.

ils obtenir la grace d'aller directement au ciel sans observer aucun des devoirs de l'islamisme et sans paraître au tribunal de Dieu (1). Toutes les sectes qui existent encore aujourd'hui, ont reçu des moslimins les dénominations de Sindike, *esprits forts*, Moulhad ou Moulahid, *impies*, Batheni, *intimes* ou *intérieurs*. Leurs assemblées nocturnes ont fait donner, par les Turcs, tantôt aux uns, tantôt aux autres, le nom de Moumsoindiren ou *éteignoirs*, parce que, bravant les obstacles de leur religion, ils se plongent, après avoir éteint les lumières, dans toutes sortes de voluptés sans égard ni pour la parenté ni pour le sexe.

De pareilles imputations se sont toujours élevées contre les sociétés qui enveloppent leurs mystères du voile de la nuit; tantôt ce fut sans raison, comme on le voit par les assemblées des premiers chrétiens, que la voix de Pline a défendues, tantôt ce fut avec justice, témoin les mystères d'Isis, et postérieurement les Bacchanales de Rome. Ce fut la première fois, disent les historiens romains, qu'une société occulte, faisant servir la religion à cacher ses turpitudes, conspira pour renverser le gouvernement; l'analogie de ce sujet avec notre histoire nous engage à en dire quelques mots.

Six siècles après la fuite du prophète et la fondation de l'islamisme, les Ismaïlites, se couvrant

---

(1) Dschihannouma, p. 449.

du masque de la piété, ébranlèrent l'édifice élevé par Mohammed; le sixième siècle après la fondation de Rome et l'établissement de la république, les Bacchanales empruntèrent le voile de la religion pour détruire la cité et l'état (1). Selon le récit de Tite-Live, un grec sans naissance et sans nom, vint d'abord s'établir (2) chez les Etrusques; il n'était pas initié à tous ces arts qui forment l'esprit et le corps, et que nous devons à ce peuple parvenu dès-lors à une haute civilisation; ce n'était qu'un prêtre sans aveu, un devin fanatique; ce n'était pas même un de ces charlatans publics qui font profession de vendre au peuple des superstitions et des erreurs. Ministre d'une religion mystérieuse, il ne communiquait sa doctrine que dans l'ombre. Les adeptes furent peu nombreux d'abord, bientôt on admit indistinctement les hommes et les femmes; ensuite, pour attirer un plus grand nombre de sectateurs, on joignit aux pratiques reliigeuses les amorces du vin et de la bonne chère. Les vapeurs de l'ivresse, l'obscurité de la nuit, le mélange des âges et des sexes éteignant tout sentiment de pudeur, on se livrait sans réserve à tous les excès de la débauche; dans ces orgies infâmes, où chacun trouvait sous sa main les voluptés qui flat-

---

(1) Tite-Live, l. XXXIV, cap. 8.
(2) An de Rome, 566; avant J.-C., 186.

taient le plus son penchant. Le commerce impur des hommes et des femmes n'était pas le seul mal de ces réunions nocturnes; de la même source sortaient de faux témoignages, des actes supposés, des délations calomnieuses, des empoisonnemens et des meurtres si secrets qu'on ne retrouvait pas même le corps des victimes pour leur donner la sépulture. Le crime audacieux employait la fraude et plus souvent encore la violence; mais les hurlemens concertés et le son bruyant des tambours et des cymbales étouffaient les cris des infortunés auxquels on ravissait l'honneur et la vie (1).

Aussitôt que le consul Posthumus eut découvert le but et l'existence de ces assemblées secrètes, il en informa le sénat, prit les mesures les plus énergiques pour la sûreté de la ville, et sévit avec rigueur contre les membres de cette société des Bacchanales, comme ayant tenté de corrompre la religion et la morale. Le consul parla au peuple et l'engagea à veiller sur les dangers dont menaçait Rome cette conjuration coupable cachée derrière la religion :

« Je suis persuadé, dit-il, qu'il y en a parmi » vous que la séduction a précipités dans l'abîme.

---

(1) Tite-Live, l. XXXIX, trad. de Dureau Delamalle, tome XIII, p. 223. Paris, Michaud frères, 1811. — Crevier remarque que c'est sous de pareilles couleurs que Salluste et Cicéron représentent les complices de Catilina.

» Maintenant il me reste à dissiper l'erreur où
» pourraient vous jeter de trompeuses apparen-
» ces; car lorsque le crime se couvre du man-
» teau de la religion, on craint de porter atteinte
» aux droits du ciel en punissant les forfaits hu-
» mains (1). » La sévérité avec laquelle on poursuivit par le glaive et l'exil ceux qui étaient initiés aux Bacchanales, non-seulement à Rome, mais encore dans toute l'Italie, étouffa à sa naissance cette monstrueuse association qui, en devenant plus nombreuse, aurait peut-être amené la ruine de l'état. Si les princes de l'Orient avaient agi comme les consuls à l'égard des premières sociétés occultes fondées par les sectaires de la loge du Caire, les Ismaïlites n'auraient jamais pu acquérir d'influence politique, et de ces associations impures ne serait jamais sorti l'Ordre sanguinaire des Assassins.

Par malheur, il y avait, comme nous l'avons vu dans le cours de cette histoire, un assez grand nombre de princes qui professaient secrètement des doctrines d'athéisme. D'autres n'étaient pas assez forts pour s'opposer à ses progrès. L'aveuglement des souverains, la faiblesse des gouvernemens, la crédulité des peuples, la hardiesse d'un ambitieux aventurier, tel que Hassan-Sabah, donnèrent à ces sociétés mystérieuses un pouvoir

---

(1) Id., p. 245.

et une extension de plus en plus redoutables. Ceux qui avaient fait de l'assassinat un système, prirent enfin rang au milieu des princes de l'Asie, et, maîtres de cette puissance illimitée du poignard qu'ils avaient créée, puissance unique dans l'histoire, et qui fut entre leurs mains un arme si terrible, ils épouvantèrent long-temps les souverains et les peuples par le spectacle de tous les forfaits.

Nous avons plusieurs fois indiqué les analogies qui existent entre l'Ordre des Assassins et d'autres Ordres contemporains ou postérieurs; c'est vraisemblablement par l'influence des croisades que l'esprit de l'Orient s'est réfléchi dans celui de l'Occident. L'Ordre où ces analogies sont plus frappantes est incontestablement celui des Templiers; leurs statuts occultes, spécialement ceux qui concernent le mépris de la religion positive et l'accroissement de leur domination par la conquête des citadelles et des châteaux forts, paraissent avoir été les mêmes que ceux des Ismaïlites. Les Assassins portaient des habits blancs et des bandelettes rouges, les Templiers un manteau blanc et une croix rouge; c'est encore un point de ressemblance très-remarquable.

Si les Templiers, sous beaucoup de rapports, marchèrent sur les traces des Assassins, ils trouvèrent des imitateurs dans les Jésuites. Ceux-ci, après la suppression de leur Ordre, firent comme les Assassins après la chûte d'Alamout; ils tachèrent de conserver, sinon une puissance politique, du moins une influence cachée. La constitution de la loge du Caire, la série graduée des initiations, les dénominations de *maîtres*, de *compagnons*, d'*apprentis*, la doctrine publique et la doctrine secrète, le serment d'obéissance passive, nous retrouvons tout cela dans ce que nous avons vu, lu ou entendu de nos jours, sur les sociétés secrètes qui ont été les instrumens de tant de révolutions, et si nous cherchons des comparaisons dans l'histoire moderne, nous verrons que la procédure des tribunaux secrets de plusieurs ordres d'Allemagne offrait aussi quelque ressemblance avec celle de l'Ordre des Assassins (1).

Toutefois, on ne peut nier que quelques-unes de leurs institutions fussent réellement dignes d'éloges, elles n'avaient d'autre but que la propagation des connaissances et la protection réciproque des initiés. La *Maison des sciences* du Caire, ou l'école publique de la loge, était le temple des sciences et le modèle de toutes les académies. C'était en proclamant partout leur amour des lumières, leur bienfaisance et leur philanthropie, qu'ils séduisaient la multitude et parvenaient à leurs fins.

(1) De Kopp, Constitution des tribunaux secrets en Westphalie.

L'auteur de cette histoire s'est proposé un double but, de montrer la désastreuse influence des sociétés secrètes sous des gouvernemens faibles, et ensuite d'exhumer les trésors historiques si importans, si rares et souvent trop dédaignés de la littérature orientale. Ce double but, il souhaite l'avoir atteint, mais ne l'espère pas. Müller, dans les vingt-quatre livres de son histoire, n'a pas dit un mot des Assassins, et Gibbon qui, d'après son aveu, ne laissait jamais échapper une occasion de peindre des scènes sanglantes, n'a parlé d'eux que d'une manière très-superficielle. Et cependant, ces deux grands historiens, lorsqu'ils ont pu puiser à des sources fécondes, ont retracé avec cette vivacité de coloris qui les distingue, et arraché à l'oubli des événemens d'une bien moindre importance! Par cette esquisse rapide de tant de faits curieux, par cette fusion de nombreux documens, épars dans les écrits orientaux, sur l'Ordre des Assassins, on peut juger combien recèle de trésors cachés le champ encore inexploré de l'histoire orientale. Heureux l'écrivain qui saura les découvrir!

FIN.

PIÈCES JUSTIFICATIVES.

(A)

Rousseau (1), après avoir donné un apperçu des dogmes des Ismaïlites, ajoute :

« Tels étaient en substance les dogmes des premiers Ismaélis ; tels sont encore à peu près ceux que professent aujourd'hui leurs descendans établis en Syrie. Je dis à peu près, car il n'est pas douteux que ces derniers, prodigieusement déchus de leur ancienne organisation sociale, ne le soient aussi de leur croyance primitive. Cette croyance, défigurée maintenant plus que jamais, est devenue extravagante à l'excès, par une foule d'abus et de superstitions insensées qui s'y sont introduites avec le temps. Un certain schéikh *Raschid-eddin*, qui parut au milieu d'eux, il y a je crois trois cents ans, acheva de les égarer en leur faisant accroire qu'il était le dernier des prophètes en qui la puissance divine dût se manifester. Cet imposteur, versé dans les écritures sacrées, paraît être l'auteur du livre dont j'ai traduit quelques fragmens, et dans lequel il expose ses principes, comme s'il était lui-même *le tout-puissant*. »

(B)

Le souverain des Assassins est appelé Schéikh par les auteurs orientaux. Vincent-le-Blanc le nomme *Séguémir*, mot composé de *Schéikh* et d'*Emir*, et le fait résider en Arabie ; mais rien ne

---

(1) Annales des Voyages, cahier XLII, p. 13 de l'article et 283 de la collection.

doit étonner de la part d'un tel auteur. Le mot arabe *Scheïkh*, qui répond au latin *Senior*, et qui, dans la basse latinité en a les deux significations, a été ridiculement rendu par *Vetus*, *Vetulus*, *Senex*, au lieu de *Senior*, si l'on ne voulait pas dire *Dominus*. On lit *Vetulus de monte*, dans la chronique de Nicolas de Treveth (année 1236); *Vetulus de montanis*, dans celle de Guillaume de Nangis à la même année; *Vetulus de montibus*, dans Sanuto plusieurs fois, et *Senex de montanis*, dans la traduction latine de Marco Polo. Dans Haïton, *Sexmontius* n'est que la contraction de *Senex montis*, ce que Batilli, qui traduit *le Prince des six montagnes*, n'a pas entendu : nous l'avons vu nommé *Summus Abbas*, *Prolatus*, *Magister cultellorum*, par Jacques de Vitri; dans le même auteur (3° l. de l'édition du P. Martène), on lit que ce souverain était communément appelé *Simplex*. Lui-même se donne le titre de *Simplicitas nostra* dans sa lettre à Philippe-Auguste, rapportée par Guillaume de Neubridge; c'est une des deux qu'on lui a supposées. Cette *simplicité* consistait à faire tuer inhumainement ceux qu'il croyait ennemis de sa secte, ou qu'il regardait comme des prévaricateurs, ainsi que s'exprime Guillaume de Tyr. Les Assassins ont exercé leurs fureurs également sur les mahométans et sur les chrétiens; on voit, dans l'histoire, des khalifes, des princes, des visirs tués par leurs émissaires (1). Je suis persuadé aussi que le schéikh, tout simple qu'il se disait, faisait exécuter des assassinats à la sollicitation d'autres princes, par des motifs d'intérêt où la religion n'avait aucune part. On est en droit de le croire sur ce que le commandant de Syrie, qui invita Henri II, comte de Champagne, à passer sur ses terres, lui dit : *si inimicum aut insidiatorem regni haberet, ab hujus modi servis suis continuò interfici procuraret*. Ce sont les termes rapportés par Sanuto; ainsi quand on fait parler autrement le chef des Assassins dans sa let-

---

(1) Deux khalifes, l'un de Bagdad, l'autre d'Egypte; d'Herbelot à Bathania. Taparès, sultan du Khorassân, Ann. Comnen. Alexiad., l. VI. — Un roi de Mossul et des princes selgiucides; Extraits de l'histoire d'Aboulféda, par M. Deguignes. — Le fameux visir Nesam-el-Mulk, d'Herbelot à Malekschâh. — Sans compter plusieurs autres assassinats rapportés par Abulfarage en différens endroits de sa IXe dynastie.

tre datée du Messiat, que Nicolas de Treveth a insérée dans sa chronique, (année 1192) : *sciatis quod nullum hominem mercede aliquâ, vel pecuniâ occidimus*, c'est une des raisons qui doit la faire soupçonner de fausseté. En effet, il est très-vraisemblable que les Anglais fabriquèrent cette lettre adressée à Léopold, duc d'Autriche, pour procurer la liberté au roi Richard, qu'il retenait dans ses prisons, et qu'en même temps ils en firent adresser une autre à Philippe-Auguste, pour effacer ses soupçons sur le meurtre du marquis de Montferrat, et l'empêcher d'agir hostilement contre eux, en l'absence de leur roi. La meilleure justification de Richard doit se tirer de la générosité de son caractère; quelque férocité qu'eut sa valeur. Ce roi, blessé à mort au siége de Chaluz, en Limousin, par un arbalêtrier, non-seulement lui pardonna après la prise de la ville, mais encore ordonna avant de mourir qu'on lui donnât cent schellings.

Pour ce qui regarde la vraie cause de l'assassinat de Conrad, marquis de Montferrat, il y a grande apparence que Humfroi, seigneur du Thoron, premier mari d'Isabeau, fille d'Amaury, et héritière du royaume de Jérusalem, voyant passer sa femme avec la couronne entre les mains de Conrad, employa pour se venger le ministère des Assassins (1).

(C)

M. de Ravalière traduit ainsi cette lettre d'après le texte latin que Nicolas de Treveth nous a conservé, et que Rymer (2) a publié dans son recueil.

Le Vieux de la montagne à Léopold duc d'Autriche.

Comme plusieurs rois et plusieurs princes au-delà de la mer accusent Richard, roi d'Angleterre, de la mort du marquis, je jure par le Dieu qui règne dans l'éternité et par la loi que nous

(1) Mémoires de l'Académie des inscriptions et belles-lettres. T. XVII, p. 168. — M. Falconet, dissertation sur les Assassins, peuple d'Asie. 2e partie.

(2) Rymer, édit. de La Haye. 1745, t. I, p. 23, col. 1.

tenons, qu'il n'a aucune part à sa mort; je vais en exposer la véritable cause.

Un de nos frères venant de Satalie, fut poussé par la tempête proche la ville de Tyr; le marquis le fit tuer et prit son argent. Nous avons envoyé lui redemander l'argent et lui proposer de nous faire raison de cette mort. Il l'a rejetée sur Renaud de Châtillon, seigneur de Sidon. Mais nos amis, par les informations exactes qu'ils ont prises, ont reconnu que c'était par son ordre que l'homme avait été tué et l'argent enlevé.

Nous y avons renvoyé Eudrise, notre député : le marquis l'a menacé de le faire jeter dans la mer. Nos amis l'ont sauvé en le faisant sortir promptement de la ville. Il nous a certifié à son retour la vérité de ces faits. Dès ce moment, nous avons pris la résolution de faire tuer le marquis. En conséquence, nous avons envoyé à Tyr deux frères qui l'ont assassiné en présence de tout le peuple de la ville. Telle a été la cause de sa mort. Nous vous répétons, dans la vérité, que le seigneur Richard n'y a point trempé. Si on lui fait quelque tort à ce sujet, on le lui fera injustement et sans raison. Sachez certainement que nous ne faisons mourir aucun homme pour de l'argent, ni pour aucune autre récompense, mais seulement lorsqu'il nous a fait quelque mal.

Sachez aussi que les présentes ont été faites par nous à la mi-septembre, dans notre château de Messiat (Masziat), la quinze cent-quinzième année depuis Alexandre (1).

(D)

Mémoire sur la dynastie des Assassins et sur l'origine de leur nom; par M. SYLVESTRE DE SACY, *lu à la séance publique de l'Institut du 7 juillet 1809.*

Parmi les écrivains qui nous ont transmis l'histoire de ces guerres mémorables, qui, pendant près de deux siècles, ne cessèrent de dépeupler l'Europe pour porter le ravage et la désola-

(1) Mémoires de l'Académie des inscriptions et belles-lettres, XVI, pag. 157-158.

tion dans les plus belles contrées de l'Asie et de l'Afrique, il n'en est presque aucun qui n'ait fait mention de cette peuplade barbare, qui, établie dans un coin de la Syrie et connue sous le nom d'Assassins, s'était rendue redoutable aux Orientaux comme aux Occidentaux, et exerçait indifféremment ses atrocités sur les sultans musulmans et sur les princes chrétiens. Si les historiens des croisades ont mêlé quelques fables aux renseignemens qu'ils nous ont transmis sur les croyances et les mœurs de ces sectaires, il n'y a pas lieu de s'en étonner. La terreur qu'ils inspiraient ne permettait guère à nos guerriers d'approfondir l'histoire de leur origine et de se procurer des lumières exactes sur leur constitution religieuse et politique. Leur nom même a été défiguré et présenté sous une multitude de formes différentes, et c'est à cette cause qu'il faut attribuer l'incertitude des critiques modernes sur son origine et son étymologie. Entre les écrivains qui se sont occupés de recherches historiques et critiques sur les Assassins, aucun n'a répandu plus de jour sur cette matière que M. Falconet, membre distingué de l'Académie des belles-lettres. Cependant, comme ce savant ne s'était point appliqué à l'étude des langues de l'Orient, et ne pouvait par conséquent s'aider pour ces recherches des écrivains arabes et persans dont les ouvrages n'avaient été ni publiés ni traduits, il n'a pu remonter à la véritable origine de la secte des Assassins, ni découvrir l'étymologie de leur nom. C'est pour suppléer à l'imperfection de son travail que j'ai cru devoir traiter de nouveau ce sujet. Dans une dissertation que j'ai soumise au jugement de la classe, et dont je veux présenter une courte analyse, je me suis proposé de faire connaître en quoi consistait la doctrine de cette secte, par quels rapports elle se liait avec l'une des principales divisions du mahométisme, et enfin pourquoi elle avait reçu un nom qui, en passant dans l'Occident avec une légère altération, a fourni à plusieurs de nos langues modernes un terme destiné à exprimer un *meurtre commis de propos délibéré*.

Une des circonstances les plus singulières dont on ne peut manquer d'être frappé, lorsque l'on étudie l'histoire de la religion et de la puissance des Musulmans, c'est que leur empire, qui soumit dans un petit nombre d'années, toute l'Arabie, la

Syrie, l'Égypte, la Perse et plusieurs autres vastes contrées de l'Asie et de l'Afrique, fut déchiré dès les premiers instans par des divisions intestines qui semblaient devoir arrêter ses progrès, et rassurer les puissances voisines contre l'envahissement dont elles étaient menacées. Il est assez difficile d'expliquer comment l'esprit des factions, en armant les musulmans les uns contre les autres, n'empêcha point la rapidité et l'étendue de leurs conquêtes ; mais sans nous arrêter à cette considération qui n'est point de notre sujet, nous nous contenterons de rappeler que la mort de Mahomet fut le premier signal de la division parmi ceux qui avaient embrassé sa doctrine et combattu jusque là sous ses étendards victorieux. Ali, cousin de Mahomet, époux de sa fille Fatimé, et qui, à un zèle ardent pour la nouvelle religion, joignait plus d'instruction que le reste des musulmans, semblait appelé à remplacer le législateur et le pontife de l'islamisme, et à achever l'ouvrage qu'il laissait encore imparfait. Mais Mahomet n'avait point eu la prudence de désigner son successeur, ou, s'il l'avait fait, comme le soutiennent généralement les partisans d'Ali, il n'avait point donné à cette désignation assez de publicité pour qu'elle ne pût être contestée, et il avait négligé de la revêtir de cette sanction divine qu'il savait si bien donner à toutes ses volontés, lors même qu'il ne s'agissait que des intérêts de son ménage, et des tracasseries que lui suscitait la jalousie de ses femmes. Aussi Ali se vit-il successivement préférer le sage Aboubecr (Ebou-bekr), le farouche Omar, le faible Othman, et ce ne fut qu'après la mort violente de ce dernier que les vœux des musulmans semblèrent se réunir en sa faveur. A peine était-il monté sur le trône, qu'un ambitieux, soutenu d'une famille puissante, se déclara son rival, et parvint, par la perfidie et en mettant à profit les fautes d'Ali, à lui ravir une autorité dont la légitimité ne pouvait être contestée. Bientôt Ali tomba sous le fer des meurtriers. Ses deux fils ne tardèrent pas à éprouver un sort pareil, et dès-lors fut irrévocablement jeté le fondement de la division qui sépare encore aujourd'hui les disciples de Mahomet en deux grandes factions ennemies l'une de l'autre, et qui ne cessa pendant plusieurs siècles d'ensanglanter les provinces orientales de l'empire, et se fit ressentir jusqu'aux extrémités les plus méridionales de l'Arabie et jusqu'au bord de l'Océan atlantique. Les partisans d'Ali ne tardèrent pas à se diviser eux-mêmes en plusieurs partis ; réunis par leur vénération pour le sang du prophète qui coulait dans les veines du descendant d'Ali, ils n'étaient d'accord ni sur les prérogatives qu'ils attachaient à cette noble origine, ni sur la branche à laquelle devaient s'être transmis les droits à la dignité d'*imam*. Ce nom qui renfermait l'idée de toute la puissance temporelle et spirituelle, et qui, aux yeux de quelques fanatiques, allait presque de pair avec celui de la divinité, était le mot de ralliement de tous les ennemis des califes issus de la maison de Moavia et de celle d'Abbas ; mais tous ne reconnaissaient pas pour imam le même personnage. Entre les factions qui se formèrent parmi les sectateurs d'Ali, une des plus puissantes était celle des Ismaéliens, ainsi appelés, parce qu'ils assuraient que la dignité d'Imam avait été transmise par une suite non interrompue de descendans d'Ali, jusqu'à un prince nommé Ismaël ; et qu'après lui, cette même dignité avait reposé sur des personnages inconnus aux hommes, en attendant que le moment fût venu où la postérité d'Ali devait triompher de ses ennemis. Un des caractères particuliers de cette secte, c'est qu'elle expliquait d'une manière allégorique tous les préceptes de la loi musulmane, et cette allégorie était poussée si loin par quelques-uns des docteurs ismaéliens, qu'elle ne tendait à rien moins qu'à détruire tout culte public, et à élever une doctrine purement philosophique et une morale très-licencieuse sur les ruines de toute révélation et de toute autorité divine. A cette secte appartenaient les Carmates (Kharmathites), dont nous ne rappellerons pas ici les brigandages, et auxquels semblent avoir succédé les Wahabis, qui remplissent aujourd'hui de la terreur de leur nom plusieurs provinces de l'empire ottoman, et qui, sous l'apparence de réformateurs, paraissaient destinés à renverser la religion de Mahomet. De cette même secte étaient sortis les califes Fatimites. Ceux-ci, après s'être établis dans les provinces d'Afrique, ne tardèrent pas à enlever aux califes de Bagdad l'Égypte et la Syrie, et formèrent un empire puissant qui dura deux siècles et demie et fut renversé par Saladin. Ces califes Fatimites se reconnaissaient eux-mêmes pour Ismaéliens, mais l'intérêt de leur politique les obligeait à déguiser la doctrine secrète de leur secte qui n'était connue que d'un petit nombre d'adeptes, et les plus intolérans parmi eux n'imposaient d'autre obligation à leurs sujets que celle de reconnaître les droits d'Ali et de ses descendans à la souveraineté, et de vouer une haine mortelle aux califes de Bagdad. En la personne des Fatimites, la secte des Ismaëliens était montée sur le trône et avait enlevée aux abbassides une grande partie de leur empire; mais son ambition n'était pas satisfaite. La race du prophète ne devait point partager la souveraineté avec les descendans des usurpateurs, et l'honneur même de l'islamisme et de la doctrine enseignée et propagée par les imams exigeait que tous les musulmans fussent réunis dans une même croyance et dans l'obéissance au seul pontife légitime. Pour parvenir à ce but, des missionnaires, répandus dans toutes les provinces orientales, enseignaient en secret les dogmes des Ismaëliens, et travaillaient sans cesse à augmenter le nombre de leurs prosélytes et à leur inspirer l'esprit de révolte contre les califes de Bagdad et les princes qui reconnaissaient leur autorité.

Du nombre de ces missionnaires, était, vers le milieu du cinquième siècle de l'hégire, un homme nommé Hassan, fils d'Ali, qui avait été gagné à la secte des Ismaëliens, et se signala dans la suite par son zèle pour la propagation de cette même secte. Cet homme, d'ailleurs bon musulman, persuadé que le calife fatimite Mostanzer, qui régnait alors en Egypte, était imam légitime, résolut de se rendre auprès de lui, s'estimant heureux de pouvoir lui rendre ses hommages et révérer en lui l'image et le vicaire de la divinité. A cet effet, il quitta les provinces septentrionales de la Perse, où il exerçait les fonctions secrètes et dangereuses de missionnaire, et vint en Egypte. Sa réputation l'y avait précédé. L'accueil qu'il reçut du calife ne permettait pas de douter que bientôt il ne fût appelé aux premières dignités de l'état. La faveur excita, comme il est d'ordinaire, la jalousie, et bientôt les ennemis de Hassan trouvèrent une occasion de le rendre suspect au calife. Ils voulaient même le faire arrêter; mais Mostanzer ne se prêtant qu'avec peine à servir leur vengeance, ils se contentèrent de l'embarquer sur un vaisseau franc qui faisait voile pour la côte septentrionale d'Afrique. Après quelques aventures qui semblaient tenir du prodige, Hassan revint en Syrie; et de là, passant par Alep, Bagdad, Ispahan, il parcourut les différentes provinces soumises aux seldjoukides, exerçant partout ses fonctions de missionnaire, et n'oubliant rien pour faire reconnaître le pontificat de Mostanzer. Après bien des courses, il s'établit enfin dans la forteresse d'Alamout située dans l'ancienne Parthie, à peu de distance de Kazvin. Les prédictions de Hassan et de quelques autres missionnaires avaient tellement multiplié dans ses contrées les partisans des Ismaëliens, qu'il ne lui fut pas difficile de forcer le gouverneur de cette forteresse, qui y commandait pour le sultan Melekschâh, à la lui vendre pour une modique somme d'argent. Devenu maître de la place, il sut s'y maintenir contre toutes les forces du sultan, et, par les insinuations des missionnaires qu'il entretenait dans les lieux voisins et des excursions faites à propos, il soumit plusieurs places dans les environs d'Alamout, et se forma une souveraineté indépendante, dans laquelle cependant il n'exerçait l'autorité qu'au nom de l'imam, dont il se reconnaissait le ministre. La position d'Alamout, située au milieu d'un pays de montagnes, fit appeler le prince qui y régnait, *Schéikh-al-djébal*, c'est-à-dire le *Schéikh* ou *Prince des montagnes*, et l'équivoque du mot *Schéikh* qui signifie également *vieillard et prince*, a donné lieu aux historiens des Croisades et au célèbre voyageur Marc-Pol de le nommer le *Vieux de la montagne*.

Hassan et les princes qui lui succédèrent pendant près de deux siècles, ne se contentèrent pas d'avoir établi leur puissance dans la Perse. Bientôt ils trouvèrent moyen de s'emparer de quelques places fortes en Syrie. Masyat, place située dans les montagnes de l'Anti-Liban, devint leur chef-lieu dans cette province, et c'est là que résidait le lieutenant du prince d'Alamout. C'est cette branche d'Ismaëliens établie en Syrie qui a été connue des historiens occidentaux des Croisades, et c'est à elle qu'ils ont donné le nom d'*Assassins*.

Avant de passer à l'étymologie de ce nom, nous devons observer que Hassan et les deux princes qui lui succédèrent dans la souveraineté sur les Ismaëliens de Perse et de Syrie, quoique attachés aux dogmes particuliers de cette secte, ne laissaient pas cependant de pratiquer toutes les lois de l'islamisme; mais, sous le quatrième prince de cette dynastie, il survint un grand changement dans la religion des Ismaëliens. Celui-ci, nommé Hassan, fils de Mohammed, prétendit avoir reçu de l'imam des ordres secrets, en vertu desquels il abolit les pratiques extérieures du culte musulman, permit à ses sujets de boire du vin et les dispensa de toutes les obligations que la loi de Mahomet impose à ses sectateurs. Il publia que la connaissance du sens allégorique des préceptes dispense de l'observation du sens littéral, et mérita ainsi aux Ismaëliens le nom de *Molahid*, c'est-à-dire *impies*, nom sous lequel ils sont le plus souvent désignés par les écrivains orientaux. L'exemple de ce prince fut suivi par son fils, et, pendant cinquante ans environ, les Ismaëliens de Perse et de Syrie persistèrent dans cette doctrine. Après cette époque, le culte fut rétabli, et il se conserva parmi ces Ismaëliens, jusqu'à l'entière destruction de leur puissance.

L'ambassade que le Vieux de la montagne des historiens des Croisades, c'est-à-dire le souverain des Ismaëliens envoya au roi de Jérusalem, Amaury Ier, tombe sous le règne de l'un des deux princes apostats dont nous venons de parler. Il est donc vrai, comme le dit Guillaume, archevêque de Tyr, que le prince par lequel cette ambassade fut envoyée avait supprimé toutes les pratiques de la religion musulmane, détruit les mosquées, autorisé les unions incestueuses, permis l'usage du vin et de la chair de porc. Quant on a lu les livres sacrés des Druses, et les fragmens que nous possédons de ceux des Ismaëliens, on n'a pas de peine à croire que ce prince, comme le dit encore le même historien, connaissait les livres des chrétiens, et qu'il avait conçu le désir, non pas d'embrasser la religion chrétienne, mais d'en étudier plus à fond la doctrine et les pratiques.

Il est temps de passer au nom des Assassins. Ce nom, comme je l'ai dit, a été écrit de bien des manières; mais, pour me borner à celles qui ont le plus d'autorité, je dirai qu'il a été prononcé *Assassini*, *Assissini* et *Heississsini*: Joinville a écrit *Haussaci*. Les bornes que je me suis prescrites ne me permettent point d'entrer ici dans la discussion des diverses étymologies de ce nom, qu'un grand nombre de savans ont proposées. Il me suffit de dire qu'ils se sont tous égarés, parce que sans doute ils n'avaient jamais rencontré ce nom dans aucun écrivain arabe.

Les Assassins sont presque toujours appelés, dans les historiens orientaux, *Ismaëliens, Molahid*, c'est-à-dire *impies*, ou *Bateniens*, ce qui signifie *partisans du sens allégorique*. Un seul littérateur, dans une lettre qui nous a été conservée par Ménage, avait entrevu la véritable étymologie du mot Assassin ; mais il l'avait établie sur de mauvaises raisons, parce qu'il n'avait pas même soupçonné le motif pour lequel les Ismaëliens avaient été désignés sous cette dénomination.

Parmi les victimes de la fureur des Ismaëliens, une des plus illustres, est sans contredit Saladin. Ce grand prince échappa, il est vrai, à leurs attaques ; mais deux fois il fut près de perdre la vie par le poignard de ces scélérats dont il tira ensuite une vengeance éclatante. C'est en lisant dans quelques écrivains arabes, contemporains de Saladin, et témoins oculaires de ce qu'ils racontent, le récit de ces entreprises réitérées, que je me suis assuré que les Ismaëliens, ou du moins les hommes qu'ils employaient pour exercer leurs horribles vengeances, étaient nommés en arabe *Haschischin* au pluriel, et au singulier *Haschichi* ; et ce nom, un peu altéré par les écrivains latins, a été exprimé aussi exactement qu'il est possible par divers historiens grecs et par le juif Benjamin de Tudèle.

Quant à l'origine du nom dont il s'agit, quoique je ne l'aie apprise d'aucun des historiens orientaux que j'ai consultés, je ne doute point que cette dénomination n'ait été donnée aux Ismaëliens, à cause de l'usage qu'ils faisaient d'une liqueur ou d'une préparation enivrante, connue encore dans tout l'Orient sous le nom de *haschisch*. Les feuilles de chanvre, et quelquefois d'autres parties de ce végétal, forment la base de cette préparation, que l'on emploie de différentes manières, soit en liqueur, soit sous forme de pastilles, édulcorées avec des substances sucrées, soit même en fumigation. L'ivresse produite par le *haschisch* jette dans une sorte d'extase pareille à celle que les Orientaux se procurent par l'usage de l'opium, et, d'après les témoignages d'un grand nombre de voyageurs, on peut assurer que les hommes tombés dans cet état de délire s'imaginent jouir des objets ordinaires de leurs vœux, et goûtent une félicité dont l'acquisition leur coûte peu, mais dont la jouissance trop souvent répétée altère l'organisation animale et conduit au marasme et à la mort. Quelques-uns même, dans cet état de démence passagère, perdant la connaissance de leur faiblesse, se livrent à des actions brutales capables de troubler l'ordre public. On n'a point oublié que, lors du séjour de l'armée française en Égypte, le général en chef, Napoléon, fut obligé de défendre sévèrement la vente et l'usage de ces substances pernicieuses, dont l'habitude a fait un besoin impérieux pour les habitans de l'Égypte et surtout pour les classes inférieures du peuple. Ceux qui se livrent à cet usage sont encore appelés aujourd'hui Haschischin, et ces deux expressions différentes font voir pourquoi les Ismaëliens ont été nommés par les historiens des croisades, tantôt Assissini et tantôt Assassini.

Hâtons-nous de prévenir une objection que l'on ne manquerait pas de faire contre le motif sur lequel nous fondons l'origine de la dénomination d'*Assassins*, appliquée aux Ismaëliens. Si l'usage des substances enivrantes que l'on prépare avec les feuilles de chanvre est propre à troubler la raison, s'il jette l'homme dans une sorte de délire et lui fait prendre des songes pour des réalités, comment pouvait-il convenir à des gens qui avaient besoin de tout leur sang-froid et du calme de l'esprit pour exécuter les meurtres dont ils étaient chargés, et que l'on voit se transporter dans les contrées les plus éloignées de leur résidence, épier pendant plusieurs jours l'occasion favorable à l'exécution de leurs desseins, se mêler aux soldats du prince qu'ils devaient bientôt immoler à la volonté de leur chef, combattre sous ses drapeaux et saisir habilement l'instant où la fortune l'offrait à leurs coups. Ce n'est pas là assurément la conduite d'hommes en délire, ni celle de frénétiques, emportés par une fureur dont ils ne sont plus les maîtres, tels que nous sont peints par les voyageurs les Amoques, si redoutés parmi les Malais et les Indiens. Un seul mot suffira pour répondre à cette objection, et c'est le récit de Marc-Paul qui me le fournira. Ce voyageur dont la véracité est aujourd'hui généralement reconnue, nous apprend que le Vieux de la montagne faisait élever des jeunes gens choisis parmi les habitans les plus robustes des lieux de sa domination pour en faire les exécuteurs de ses barbares arrêts. Toute leur éducation avait pour objet de les convaincre qu'en obéissant aveuglément aux ordres de leur chef, ils s'assuraient, après leur mort, la jouissance de tous les plaisirs qui peuvent flatter les sens. Pour parvenir à ce but, ce prince avait fait faire auprès de son palais des jardins délicieux. Là, dans des pavillons décorés de tout ce que le luxe asiatique peut imaginer de plus riche et de plus brillant, habitaient de jeunes beautés, uniquement consacrées aux plaisirs de ceux auxquels étaient destinés ces lieux enchanteurs. C'était là que les princes des Ismaéliens faisaient transporter de temps à autre les jeunes gens dont ils voulaient faire les ministres aveugles de leurs volontés. Après leur avoir fait avaler un breuvage qui les plongeait dans un profond sommeil, et les privait pour quelque temps de l'usage de toutes leurs facultés, ils les faisaient introduire dans ces pavillons dignes des jardins d'Armide ; à leur réveil, tout ce qui frappait leurs oreilles et leurs yeux, les jetait dans un ravissement qui ne laissait à la raison aucun empire sur leurs âmes. Incertains s'ils étaient encore sur la terre, ou s'ils étaient déjà entrés en jouissance de la félicité dont on avait si souvent offert le tableau à leur imagination, ils se livraient avec transport à tous les genres de séduction dont ils étaient environnés. Avaient-ils passé quelques jours dans ces jardins, le même moyen dont on s'était servi pour les y introduire sans qu'ils s'en aperçussent était de nouveau mis en usage pour les en retirer. On profitait avec soin des premiers instans d'un réveil qui avait fait cesser pour eux le charme de tant de jouissances, pour leur faire raconter devant leurs jeunes compagnons les merveilles dont ils avaient été témoins, et ils restaient eux-mêmes convaincus que le bonheur dont ils avaient joui pendant quelques jours, trop rapidement écoulés, n'était que le prélude et comme l'avant-goût de celui dont ils pouvaient s'assurer la possession éternelle par leur soumission aux ordres de leur prince.

Quand on supposerait quelque exagération dans le récit du voyageur vénitien, quand même, au lieu de croire à l'existence de ces jardins enchantés, attestés cependant par plusieurs autres écrivains, on réduirait toutes les merveilles de ce séjour magique à un fantôme, produit de l'imagination exaltée de ces jeunes gens enivrés par le *haschich*, et que depuis l'enfance on avait bercés de l'image de ce bonheur, il n'en serait pas moins vrai que l'on retrouve ici l'usage d'une liqueur destinée à engourdir les sens, et dans laquelle on ne saurait méconnaître celle dont l'emploi ou plutôt l'abus est répandu aujourd'hui dans une grande partie de l'Asie et de l'Afrique. A l'époque de la puissance des Ismaëliens, ces préparations enivrantes n'étaient point encore connues dans les pays soumis aux musulmans. Ce n'est qu'à une époque postérieure que la connaissance en fut apportée des régions les plus orientales, et vraisemblablement même de l'Inde, dans les provinces de la Perse. De là elle se communiqua aux musulmans de la Mésopotamie, de l'Asie-Mineure, de la Syrie et de l'Egypte. Sans doute, les Ismaëliens, dont la doctrine avait plusieurs points de ressemblance avec les dogmes indiens, avaient reçu plutôt cette connaissance, et la conservaient comme un secret précieux et un des principaux ressorts de leur puissance. Un fait qui vient à l'appui de cette conjecture, c'est que l'un des plus célèbres écrivains arabes attribue à un ismaëlien de Perse l'introduction d'un électuaire préparé avec le chanvre, parmi les habitans de l'Égypte.

Je terminerai ce mémoire en observant qu'il ne serait pas impossible que le chanvre ou quelques unes des parties de ce végétal, par leur mélange avec d'autres substances qui nous sont inconnues, eussent été employées quelquefois à produire un état de frénésie et de fureur violente. On sait que l'opium, dont les effets sont en général analogues à ceux des préparations enivrantes formées avec le chanvre, est cependant le moyen dont se servent les Amoques pour se jeter dans cet état de fureur, dans lequel, n'étant plus maîtres d'eux mêmes, ils massacrent tous ceux qui se trouvent à leur rencontre, et se précipitent aveuglement eux-mêmes au milieu des lances et des épées. Le moyen employé pour changer ainsi les effets de l'opium, est, si l'on doit en croire les voyageurs, de le mêler avec du jus de citron et de laisser ces deux substances s'amalgamer ensemble pendant un intervalle de quelques jours.

(E)

Lettre au rédacteur du Moniteur (1).

Paris, le 23 décembre 1809.

Monsieur,

Vous avez bien voulu insérer dans votre n° 210, du 29 juillet de cette année, le Mémoire sur la dynastie des Assassins et sur l'origine de leur nom, que j'avais lu à la séance publique de l'Institut le 7 du même mois. Ce Mémoire a été l'occasion d'une lettre datée de Marseille, le 16 septembre 1809, et signée *M. R., anciens résidens au Levant*, insérée pareillement dans votre n° 269, le 26 septembre. Je ne sais si je me trompe en soupçonnant que la signature de cette lettre déguise un nom justement célèbre, dont l'autorité aurait pu ajouter beaucoup de poids aux objections que la lettre contient, si celui qui l'a écrite eût voulu se faire connaître. Quoi qu'il en soit, comme l'auteur ou les auteurs de cette lettre, en attaquant, d'ailleurs avec le ton le plus honnête et des expressions extrêmement obligeantes, l'étymologie que j'ai proposée du nom des *Assassins*, annoncent des connaissances peu communes dans la langue arabe, je crois devoir justifier mon opinion et répondre à leurs objections; il me paraît d'autant plus concevable de le faire, que le morceau que j'ai lu dans la séance publique du premier juillet n'est qu'un extrait très court d'un Mémoire beaucoup plus étendu, et que ce Mémoire, ainsi que tous ceux que j'ai soumis au jugement de la classe d'histoire et de littérature ancienne de l'Institut ne sera peut-être point publié de mon vivant, par des circonstances bizarres qu'il n'est ni en mon pouvoir ni au pouvoir de cette classe de l'Institut de faire cesser.

L'origine que j'ai attribuée au mot *Assassins*, paraît aux auteurs de la lettre dont il s'agit, *amenée trop de loin*. Ils en proposent en conséquence une autre, et veulent que le nom des *Assassins* ne soit autre chose que le pluriel de *hassas*, « mot » qui, ajoutent-ils, est employé par le peuple de Syrie et même

(1) T. XLI, n° 359, lundi 25 décembre 1809.

» de la Basse-Egypte pour désigner *un voleur de nuit, un homme*
» *de guet-à-pens.* »

Ces messieurs auraient pu étayer leur opinion d'autorités infinimens respectables, car cette étymologie n'est pas nouvelle et je n'avais pas manqué d'en faire mention ainsi que d'une multitude d'autres, qui, peut-être, ne leur sont pas connues, dans le Mémoire que j'ai lu dans nos séances particulières. Cette discussion ne pouvait trouver place dans une lecture destinée à une séance publique, je l'ai donc supprimée en entier. Permettez-moi d'en transcrire ici quelques lignes.

« Thomas Hyde, disais-je, qui sans doute n'avait jamais
» rencontré dans aucun écrivain arabe la véritable dénomina-
» tion des *Assassins*, a cru que ce devait être le mot arabe *has-*
» *sas*, dérivé de la racine *hassa*, qui signifie, entre autres choses,
» *tuer, exterminer*. Cette opinion a été adoptée par Ménage et
» par le savant Falconet. M. Volney l'a aussi admise, mais
» sans citer cun garant. »

Je discutais ensuite les diverses étymologies proposées par M. de Caseneuve, le prélat J. S. Assemani, M. Falconet, le célèbre Reiske, M. Court de Gebelin, M. l'abbé S. Assemani, de Padoue, enfin le ministre le Moyne, et je faisais voir qu'aucun de ces écrivains n'avait donné la véritable étymologie de ce nom, à l'exception du ministre le Moyne, qui avait bien vu que la dénomination d'*Assassins* ou *Assissins* devait dériver du mot arabe *haschisch*, qu'il écrivait peu correctement *Assissa* ou *Assessa* : « Mais, ajoutais-je, M. le Moyne a ignoré pourquoi les
» Ismaëliens portaient le nom de *Haschischin*, et il a donné
» une très mauvaise raison, ce qui a fait proscrire son étymo-
» logie. »

MM. M. R. s'imaginent assurément que c'est par conjecture que j'ai avancé que les Ismaëliens étaient désignés chez les Arabes sous le nom de *Haschischin*; car ils s'expriment ainsi : « Les
» plus anciens auteurs italiens et français ont écrit ordinaire-
» ment *Assassini*, quelquefois *Heisessini* et *Assissini*; Joinville
» a écrit *Haussaci*. Sur cette base, M. de Sacy ne *doute pas* que
» le mot arabe qui a servi de type ne soit *haschisch*, signifiant
» *herbe* en général, et, dans une acception particulière, *le chanvre*.
» Or, parce que les Arabes ont su depuis long-temps retirer du

» chanvre un breuvage qui enivre et rend furieux comme l'o-
» pium, et que ce breuvage a quelquefois servi à préparer des
» fanatiques à l'acte que les musulmans nomment *le combat*
» *sacré*, c'est-à-dire, *le meurtre de dessin prémédité*, M. de
» de Sacy veut qu'on ait appelé *hachichi* ou *haschischi*, c'est-
» à-dire les gens *à l'herbe*, toute la secte des Ismaëliens qui a
» fourni beaucoup de fanatiques de ce genre ; mais pour établir
» cette assertion, il faudrait prouver d'abord que l'emploi de ce
» breuvage a été habituel et général chez cette secte, au point
» de la distinguer de tous les autres Arabes qui s'en servaient
» sans tuer également. L'histoire ne nous apprend rien de sem-
» blable. Il paraît même que ce moyen artificiel n'aurait été
» employé que lorsque le zèle primitif commença à se refroidir ;
» mais ensuite le mot *haschisch* diffère trop réellement des mots
» *Assassin*, *Heissessin* et *Haussaci*, pour avoir dû leur servir
» de type original. »

Ces Messieurs me permettront de leur observer que, s'ils eussent lu avec attention mon Mémoire imprimé et le rapport fait
par mon estimable confrère M. Ginguené, des travaux de la classe
d'histoire et de la littérature ancienne, depuis le 1er juillet 1808,
ils auraient reconnu qu'il n'y avait là de ma part aucune conjecture. En effet, c'est en citant textuellement divers passages
d'auteurs arabes, relatifs aux entreprises formées à deux différentes fois par les Ismaëliens de Syrie contre Saladin, que j'ai
prouvé jusqu'à l'évidence que les écrivains employaient indifféremment dans le même écrit les noms d'*Ismaëliens*, de *Bateniens* et de *Haschischin* comme synonymes, et que le chef de
cette horde de brigands était appelé *le possesseur du haschischa*.
J'ai même fait remarquer à cette occasion que les écrivains de
Bysance nommaient les Assassins *Chasisioi*, et que le juif Benjamin de Tudèle les appelait en hébreu *Haschischin*. Ces faits
établis d'une manière incontestable, j'ai dû rechercher ce que
c'était que ce *haschisch* ou *haschischa*, possédé par le chef des
Ismaëliens, et dont ceux-ci empruntaient le nom de *Haschischin*;
et certes il ne m'a pas fallu faire un grand effort d'imagination
pour retrouver le *haschischa* des Ismaëliens dans celui des Syriens et des Égyptiens d'aujourd'hui. J'ai fait voir ensuite, par
des témoignages historiques très-positifs, qu'à l'époque où les

Assassins se rendaient fameux par leurs brigandages et leurs meurtres, l'usage des préparations enivrantes faites avec le chanvre n'était point encore introduit parmi le commerce des musulmans; enfin, j'ai établi par une multitude de faits et par le témoignage de Marc-Paul que le *haschisch* n'était pas employé chez les Ismaëliens pour jeter ceux auxquels on l'administrait dans un état de fureur et de frénésie où ils exécutaient des actions barbares presque sans en avoir la conscience; mais que c'était un secret connu seulement du chef de la secte et dont il se servait pour ôter momentanément l'usage de la raison aux jeunes gens auxquels il voulait inspirer, par tous les genres de séduction propres à enflammer l'imagination ou à exalter les sens, une obéissance aveugle à ses volontés.

La principale raison pour laquelle les auteurs de la lettre que je réfute ont peine à admettre que le mot *Assassins* ou *Assissins*, dérive effectivement de *Haschischin*, c'est qu'ils ne croient pas que les Occidentaux eussent substitué l'articulation du *sin* arabe, c'est-à-dire de notre *s*, à celle du *schin*, qui répond à notre *ch*; mais ils oublient peut-être qu'à l'époque des croisades la langue latine était pour ainsi dire l'idiôme commun des écrivains de toute l'Europe, et que, dans cette langue, on ne pourrait pas exprimer l'articulation du *schin* arabe. Il faut encore ajouter que le *schin* arabe n'est pas en général prononcé aussi fortement que notre *ch*; que les Arabes l'ont souvent employé pour rendre le *sigma* grec ou l's des noms latins comme dans *Pontus*, *Orosius*, *Philippus*, *Busiris*, etc.; enfin, que les Maures d'Espagne, en écrivant le castillan en caractères arabes, se servaient du *schin* pour rendre l's; par exemple, dans les mots *los cielos y las tierras*. (Voyez *Notices et Extraits des manuscrits*, tom. 4, pag. 631 et 642). Peut-être avons-nous un exemple de cette substitution de notre *s* au *schin* arabe dans le mot *Sarrasins*.

Je me trouve encore ici en contradiction avec les auteurs de la lettre qui rejettent les étymologies qu'on a proposées jusqu'à présent du nom des *Sarrasins*, pour le dériver de *sarrag* ou *Sarradj*, mot qui, suivant eux, veut dire *homme de selle*, et par conséquent *homme de cheval*, et enfin, par une conséquence ultérieure, *cavalier*. Ces Messieurs ne trouveront pas mauvais que je nie la conséquence et que je leur observe que *sarradj*, ou comme l'on prononce ailleurs *sarrag*, n'a jamais signifié et ne peut même signifier, en suivant l'analogie de la langue arabe, *qu'un homme qui fait ou qui vend des selles pour les chevaux, ou un valet d'écurie qui a soin des équipages de ces animaux.* Comme je ne veux pas en être cru sur ma parole, je citerai Golius qui n'a point omis le mot *sarrag*, comme on le dit dans le *post-scriptum* de la lettre, et qui le traduit ainsi : *qui conficit ephippia et ea quæ ad equi et currûs apparatum spectant.* Menins qui le rend en latin par *Ephippiarius, qui ephippia et quæ ad ea spectant conficit…. qui curam equorum et apparatus eorum, ephipii, phalerarum et habet*; en italien par *sellaro, palfreniere*; en français par *sellier, palefrenier*, Germanus *de silesiâ* qui le fait répondre à l'italien *sellaro*; enfin le P. F. Cannes qui, dans son dictionnaire espagnol arabe, s'en sert pour rendre le mot espagnol *sillero*. Les objections que MM. M. R. font contre une des étymologies du mot *Sarrasins*, que plusieurs savans ont voulu dériver du mot *sarikin*, *voleurs*, n'ont aucune force. Il n'est pas vrai qu'on ne puisse admettre cette étymologie sans supposer en même temps que les Arabes se seraient appelés eux-mêmes *les voleurs*, parce que, dans le fait, les Arabes connus des Grecs et des Latins, sous la dénomination des *Sarrasins*, ne se sont point donné eux-mêmes ce nom, ils l'ont reçu des peuples voisins qui peuvent fort bien les avoir désignés sous la qualification *de brigands*. Cette objection n'a pas plus de force contre ceux qui dérivent le nom de *Sarrasins, Saraceni, de scharki* ou *scharaki*, c'est-à-dire, *oriental.* Si c'est là la véritable origine de ce nom, il est hors de doute qu'il a été donné d'abord à quelques Arabes par des peuples qui habitaient une contrée plus occidentale et qu'il a pu ensuite s'étendre à la plus grande partie de cette nation. Comme dans l'une ou l'autre hypothèse, le mot *Sarrasins* aura une origine arabe, on pourra supposer avec vraisemblance, que cette dénomination, qui a succédé à celle des *Scénites*, aura été donnée d'abord aux Arabes nomades par les tribus civilisées établies au nord-est de l'Arabie et qui reconnaissaient l'autorité des Romains. En tous cas, si ces deux étymologies paraissaient trop forcées, j'aimerais mieux avouer que nous ignorons l'origine du mot *Sarrasins*, que de le dériver d'une expression qui n'est nullement propre à caractériser la nation arabe.

Je finirai en observant, comme je l'ai fait dans mon Mémoire, que peut-être le nom de *Haschischin* ou *Haschaschin*, car on dit l'un et l'autre, ne désignait pas proprement tous les Ismaëliens, mais était particulier à ceux que l'on destinait au ministère d'assassin, et qui étaient connus aussi sous le nom de *fédaouis* ou *dévoués*. « Je n'ai pas rencontré jusqu'à ce jour, disais-je,
» en terminant mon Mémoire, assez de passages ou ce mot soit
» employé, pour avoir à cet égard une opinion assurée; mais je
» suis porté à croire que, chez les Ismaëliens, on ne nommait
» *Haschischin* que les gens qu'on élevait spécialement pour
» commettre des meurtres, et que l'on disposait, par l'usage du
» *haschisch*, à une résignation absolue aux volontés de leur
» chef; cela n'aura point empêché que, chez les autres peuples,
» et surtout chez les Occidentaux, cette dénomination n'ait été
» étendue à tous les Ismaëliens.
» Agréez etc. etc.   SYLVESTRE DE SACY. »

(F)

Les Ismaélis de Syrie sont divisés en deux classes, les Souëïdanis et les Khedhréwis, qui ne diffèrent entre elles que par certaines cérémonies extérieures. L'une et l'autre reconnaissent la divinité d'Ali et admettent la lumière comme le principe universel des choses créées. C'est ce que ces sectaires appellent *nour-elaïn*, *la lumière de l'œil*, source de beaucoup d'équivoques et que la plupart de leurs scheikhs enseignent être une vertu ou force surnaturelle qui produit et conserve les différentes parties de l'univers........ Par suite de leur dissimulation en fait de religion, ils n'ont aucun temple public, ils vont cependant en pélérinage à Nedjef, lieu de la sépulture d'Ali, à quatre ou cinq journées de Bagdad, dans le désert. Ils ont aussi un autre endroit de dévotion près la Mecque, nommé Redhwoué, où ils se rendent furtivement quand ils le peuvent, mais je n'ai pu savoir quel est le saint ou le prophète qu'ils y honorent.

Les Khedhréwis qui forment la classe la plus nombreuse ont aujourd'hui pour chef l'émir Ali Zoghbi, successeur de l'émir

Mustafa Edris, son parent. Leur principale habitation est à Mésiade (1), ancienne forteresse située à douze lieue ouest de Hamah. Sur un rocher isolé au pied de cette place et de l'orient, est un gros bourg de même nom entouré de murailles et formé de plus de deux cents maisons. On y trouve des bains, des khans, des boutiques et une ou deux mosquées,

Les Ismaélis possèdent encore une autre forteresse nommée Kalamous, non moins grande que celle de Mésiade, dont elle n'est éloignée que de trois lieues ouest.

La seconde classe ou tribu des Ismaélis, composée des Souëïdanis, est bien moins nombreuse que la précédente. Elle est concentrée dans le village de Feudara, l'un des dix-huit compris dans la juridiction de Mésiade. Elle est pauvre et exposée au mépris des Khedhréwis. Son chef actuel s'appelle le scheikh Suléïman.

Les Nosaïris, que les musulmans appellent *Ghelât*, c'est-à-dire *outrés*, *extravagans*, diffèrent entièrement par leurs opinions religieuses des mahométans orthodoxes, et se rapprochent

(1) Le lieu nommé Mésiade par M. Rousseau est certainement le même qui servait du temps des croisades de chef-lieu aux Assassins ou Ismaélis de Syrie, dont ils s'étaient emparés en 535 et dont la prise par le sultan Bibars, en l'année 668, porta un coup funeste à leur puissance.

Il est remarquable que les écrivains varient beaucoup sur l'orthographe et la prononciation de ce nom. A. Schultens dans *l'index geogr.* qu'il a joint à la vie de Saladin par Boha-eddin, écrit Masiat. Koehler, dans son édition de la *description de la Syrie* d'Aboulféda (pag. 20, note 82), soutient qu'il faut écrire et prononcer Masiaf. Le célèbre Reiske, dans ses notes sur les annales d'Aboulféda (t. 3. p. 484), resté incertain entre ces deux leçons, et penche pour la seconde. Je ne trouve ce lieu ni dans le dictionnaire nommé Kamous ni dans le dictionnaire des *homonymes géographiques* de Yakout. Dans le *Marasid alatla* du même Yakout, ce nom est écrit Masiath. Renaudot, dans *l'histoire des patriarches d'Alexandrie* (p. 54), écrit Mosiab. Pour moi, je crois que la véritable prononciation est Mésiat, et, ce qui me confirme surtout dans cette opinion, c'est la lettre apocryphe rapportée par Nicolas de Treveth et qui est datée ainsi: *in domo nostrâ ad castellum nostrum Messiat in dimidio septembris.* (Voy. vet. aliq. Script. spicil. Op. D. L. Acherii. T VIII. P. 524.)

Si M. Rousseau a écrit Mésiade, cela n'empêche pas qu'il y ait un t dans l'arabe, le t, surtout à la fin des mots, se confondant souvent avec le d. (S. de S.)

beaucoup des Ismaélis. Ils admettent comme eux la divinité d'Ali et la métempsycose........ Les Nosaïris ont aussi des sacrifices de propitiation, mais la prière n'est presque point en usage parmi eux.

Ils sont infiniment supérieurs en nombre, en force et en richesses aux Ismaélis leurs voisins, qu'ils ne cessent d'inquiéter par les incursions qu'ils font souvent sur leurs terres. Cette nation se compose de plusieurs tribus : les plus remarquables sont celle de *Reslan*, de *Mélih*, et de *Schemsin*; toutes étroitement unies par les liens du sang et de la religion. Ces différentes tribus réunies sous l'autorité d'un seul scheikh ou chef, habitent la partie des montagnes de Semmak qui est appelée Safita, du nom de leur bourg principal situé à huit ou neuf lieues de Tripoli.

(G)

Le Vieux de la montagne, dit Guillaume de Nangis (année 1236), envoya des Arsacides en France pour assassiner le saint roi Louis, mais pendant qu'ils étaient en marche, Dieu changea ses dispositions meurtrières en sentimens de paix. Ce prince dépêcha d'autres envoyés pour avertir le roi du péril qu'il courait. Ceux-ci, arrivés à temps, aidèrent à découvrir les premiers. Le roi les combla de présens, et leur en donna de magnifiques pour leur souverain en témoignage de la paix et de l'amitié qu'il voulait entretenir. (1).

(1) Mémoires de l'Académie des inscriptions et belles-lettres, tom. XVI, p. 163. Eclaircissemens sur quelques circonstances de l'histoire du Vieux de la montagne, prince des Assassins.

ERRATUM.

Page 40, note, 2e ligne, au lieu de (1), lisez (2).
49, ligne 24e, au lieu de (1), lisez (2).
Id., note, 2e ligne, au lieu de (1), lisez (2).
104, note, au lieu d'*Ibn-Firat*, lisez *Ibn-Forat*.
Id., id., au lieu de *Kamaleddin*, lisez *Kemaleddin*.
107, note, au lieu d'*Ibn-Firat*, lisez *Ibn-Forat*
109, note, au lieu de (1), lisez (2).
110, note, au lieu d'*Ibn-Firat*, lisez *Ibn-Forat*.
122, note, ligne 1re, au lieu d'*Ibn-Firat*, lisez *Ibn-Forat*.
132, ligne 20e, au lieu de (1), lisez (2).
161, note 2e, au lieu de (4), lisez (2).
172, ligne 27e, au lieu de *prophête*, lisez *prophète*.
185, note, au lieu de (3), lisez (1).
193, ligne 26e, au lieu de (1), lisez (2).
210, lig. 8e, au lieu de *Raschid-Eddin*, lisez *Raschideddin*.
224, note, ligne 2e, au lieu de (1), lisez (2).
230, note, ligne 1re, au lieu de *Sahir-Eddin*, lisez *Sahireddin*.

TABLE DES MATIÈRES.

Pages.

LIVRE Ier. — Introduction 1
LIVRE II. — Fondation de l'ordre des Assassins et règne du premier Grand-maître, Hassan-Sabah. 61
LIVRE III. — Règne de Kia-Buzurgomid et de son fils Mohammed. 119
— Règne de Mohammed, fils de Kia-Buzurgomid . . . 140
LIVRE IV. — Règne de Hassan II, fils de Mohammed Ier et petit-fils de Kia-Buzurgomid, et de son fils Mohammed II 167
— Règne de Mohammed II, fils de Hassan II. 176
LIVRE V. — Règne de Dschelaleddin-Hassan III, fils de Mohammed-Hassan II, et de son fils Alaeddin-Mohammed III. 217
— Règne d'Alaeddin-Mohammed III, fils de Dschelaleddin-Hassan-New-Musulman 242
LIVRE VI. — Règne de Rokneddin-Karschâh, dernier Grand-maître des Assassins 255
LIVRE VII. — Conquête de Bagdad; chûte et fin de l'Ordre des Assassins. 283
Pièces justificatives 343

AUFFRAY, Imprimeur, passage du Caire.

www.ingramcontent.com/pod-product-compliance
Lightning Source LLC
Chambersburg PA
CBHW060552170426
43201CB00009B/749